믿음은 지금도 산을 옮긴다

믿음은 지금도 산을 옮긴다

초판 1쇄 발행 2023년 6월 16일

지은이 | 해리스 포크너
옮긴이 | 이원기
발행인 | 김태진
디자인 | 디자인 코끼리
인쇄 | 다라니인쇄
제본 | 경문제책사
펴낸 곳 | 엘페이지
     경기도 고양시 일산동구 산두로 54, 305-202 우편번호)10412
     전화) 031-905-2418 팩스) 02-753-2779
판매대행 | 에디터유한회사 02-753-2778, 두란노서원 02-2078-3400
출판등록 | 2015년 5월 29일 제2015-000119호
값 | 20,000원
ISBN | 979-11-976725-1-4 03230

믿음은

간절한 기도와 하나님의 응답으로 빚어진 기적의 이야기들 # 지금도

산을 옮긴다

해리스 포크너 지음 **이원기** 옮김

엘펍

"진실로 너희에게 이르노니
만일 너희에게 믿음이 겨자씨 한 알만큼만 있어도
이 산을 명하여
여기서 저기로 옮겨지라 하면 옮겨질 것이요
또 너희가 못 할 것이 없으리라"

–마태복음 17장 20절

　　우리는 하나님의 사랑을 넘치도록 받는다. 이 세상을 살다 보면 흔히 잊기 쉬워 끊임없이 상기할 필요가 있는 진리다. 하나님은 우리를 너무나 사랑하셔서 독생자까지 이 세상에 보내 우리 죄를 대신 짊어지워 대속 제물로 희생시킨 뒤 부활시키셨다. 그런 사실을 믿음으로써 우리는 죄와 비참함에서 구원받지만 우리 인생길은 절대 순탄하지 않다. 이 눈물 골짜기에서 지치다 보면 우리는 기도의 능력이 얼마나 위대한지, 하나님과 우리 사이의 관계가 어떠해야 올바른지, 또 믿음이란 무엇인지 기억할 여유조차 찾기 어렵다. 우리 주변에서 그런 믿음의 상실은 다반사일 뿐 아니라 전염력도 강하다.

　　저널리스트는 주로 최상과 최악이라는 양극단의 상황에 놓인 사람들의 이야기를 다룬다. 살인과 구조, 강탈과 재회 등 그 모든 사건과 사고를 취재하기 위해 현장으로 달려간다. 나는 지난 25년 동안 저널리스트로 활동하면서 기적으로 축복받는 사람도 보았고, 사탄의 행위로밖에 볼 수 없는 잔혹한 재앙에 직면하는 사람도 보았다. 어떤 사람은 부단하고 간절한 기도를 통해 자신의 꿈을 성취한다. 반면에 어떤 사람은 무작위로 찾아오는 비극에 휩쓸려 고통과 절망

6

의 나락으로 치닫는다. 하지만 나는 그들이 벼랑 끝에 다다랐다가 극적으로 돌아오는 모습을 수없이 목격했다.

그 모든 상황에서 한 가지 변치 않는 진리가 있다. 하나님의 임재다. 내려갈 수 있는 가장 낮은 곳에서도, 올라갈 수 있는 가장 높은 곳에서도 하나님은 늘 우리와 함께하신다. 그 사이의 모든 단계에서도 마찬가지다. 그분은 우리에게 자신의 의도를 명확히 알리실 때도 있고, 들릴 듯 말 듯 속삭이실 때도 있다. 하지만 하나님은 늘 그곳에 계신다. 우리는 언제 어디서든 단 한 번의 기도로 그분을 만날 수 있다.

이 책은 기도의 능력과 힘에 관한 실화를 바탕으로 하나님이 우리 일상생활 속에서 언제나 우리 곁에 계심을 증거한다. 하나님은 우리가 병마나 우울증, 심지어 죽음과 싸울 때만이 아니라 그저 일이 잘 풀리지 않을 때 등 어떠한 어두운 계곡에서도 우리의 길과 발을 비추는 등불이 되어 주신다. 우리가 환난에 휩쓸려 몸부림칠 때도 하나님은 여전히 우리를 보살피고 돌보아 주신다는 사실을 기억하면 큰 위안이 된다. 이 책에서 소개되는 기적의 이야기들은 하나같이 하나님의 위대하심과 은혜를 확연히 보여 주는 동시에 기도란 호소하는 말만이 아니라 실천하는 행동이기도 하다는 교훈을 준다.

어느 때보다 바로 지금이 그 교훈을 되새겨야 할 시점이다.

우리가 살아가는 이 혼돈의 세계에서 질서를 회복하려면 반드시 믿음이 필요하다. 이 책에 실린 실화들은 우리 세계의 정상적인 질서가 무너지는 상황에 부닥친 사람들을 다룬다. 대다수의 경우 그들은 자신의 잘못 때문이 아니라 무차별적으로 찾아오는 비극의 희생자다. 강력한 F4 등급 토네이도가 마을을 완전히 초토화한 와중에도 살아남은 앨라배마주의 한 할머니 이야기가 있다. 그 할머니의 집은 기도방 하나만 빼고 다 파괴되었다. 그런데도 그 할머니는 가족과 동네 주민에게 베푸신 하나님의 선하신 은혜에 소리 높여 감사하며 하나님의 이름을 칭송했다.

나는 그동안 저널리스트로 활동하면서 무작위적인 파괴를 초래하는 거대한 자연의 힘 앞에서 한 가족은 모두 희생되는 반면에 바로 곁의 다른 가족은 털끝 하나 다치지 않고 살아남은 이야기를 수없이 전했다. 많은 경우 그 차이는 믿음과 기도의 역할로 설명할 수밖에 없다. 그 모든 상황에서 믿음과 기도가 가진 긍정적인 영향이 너무나 뚜렷하기 때문에 나는 그 두 가지를 기적의 공통분모라고 확신한다.

그러나 지금 우리 세계의 상황은 너무나 심각하다. 하나님을 참되게 믿는 사람이 갈수록 줄어든다. 여론조사 전문기관 갤럽은 1944년부터 미국인을 대상으로 하나님을 믿는지 여부를 설문 조사하기 시작했다. 첫 조사에서 '그렇다'는 답변의 비율은 100퍼센트에 가까웠다. 1950년대와 60년대에 실시된 조사에서도 그 결과는 거의 변함이 없었다.

그러다가 갑자기 무엇인가 달라졌다. 하나님을 믿는다고 응답하는 사람이 점차 줄어들었고, 우리 삶에 하나님이 개입하신다고 믿는 사람은 더욱더 적어졌다. 가장 최근인 2022년 5월 발표된 갤럽 조사에서는 미국인의 81퍼센트만이 하나님을 믿는 것으로 나타났다. 좀 더 깊이 살펴보면 응답자 10명 중 4명만이 하나님이 우리를 위해 일하신다고 생각한다. 기적도 없으며, 기도의 응답도 없다고 믿는 사람이 그만큼 많다는 뜻이다.

기적도 없으며, 기도의 응답도 없다는 것은 단연코 진실이 아니다. 그럼에도 그런 절망적인 생각은 바이러스보다 더 빨리 퍼져 나간다. 우리에게 하나님을 떠올리게 하는 것이 거의 없는 지금 같은 세상에서는 불신의 회의에 빠지기가 더더욱 쉽다. 갈수록 경건함을 잃고 세속화하는 우리 사회가 미래 세대에 기도의 능력조차 무시하도록 강요하는 상황에서 지금 우리는 어디를 향해 나아가고 있는지도 알기 어렵다. 따라서 우리는 더 늦기 전에 하나님이 우리 삶에 개입하지 않으신다는 생각을 되돌려야 한다. 지금도 기도의 힘과 능력은 무엇보다 강하며 믿음은 여전히 산을 옮길 수 있다는 사실을 명심해야 한다.

하지만 하나님이 언제나 우리가 바라는 방식으로, 또 우리가 원하는 시점에 개입하시지는 않는다. 따라서 우리는 "내 사랑하는 형제들아 너희가 알지니 사람마다 듣기는 속히 하고 말하기는 더디 하며 성내기도 더디 하라"는 야고보서 1장 19절을 기억해야 한다. 특히 그 마지막 부분이 중요하다. 우리는 침묵을 불편하게 여긴다. 하나님이 침묵하신다고 생각할 때, 하나님이 우리를 잊으셨다고 믿을 때, 하나님이 우리의 부르짖음을 듣지 않으시는 것처럼 보일 때 우리는 화를 내기 쉽다. 반드시 하나님께 성을 내지는 않는다고 해도 우리는 우리가 사랑받을 가치가 없는 사람이기 때문에 하나님이 침묵하신다는 생각에서 우리 자신에게 분을 터뜨린다. 역사를 돌아볼 때 환난의 시기에 많은 사람의 입술에서는 이런 질문이 떠나지 않았다. "주여, 주님은 도대체 어디에 계시나이까?"

이 책에 담긴 이야기들은 하나님이 항상 우리와 함께하신다는 사실을 명확히 보여 준다. 그 이야기 중 다수는 하나님의 침묵으로 번민하는 사람들에게 위안과 힘을 준다. 우리로서는 하나님이 우리 기도에 언제 어떤 방식으로 응답하실지 알 수 없다. 때로는 침묵이 응답일 수 있다. 그 멈춤의 시간 동안 우리는 자신이 던지는 질문에 스스로 답하면서 문제를 해결해 나갈 수 있다. 이 책에 나오는 기적의 이야기를 자세히 살펴보면 하나님은 우리가 미처 생각하지 못한 방식으로도 우리에게 말씀하신다는 사실을 깨닫게 된다.

나는 부모로서 자녀들이 어떤 문제로 고통스러워할 때 두고 보기가 힘들다는 사실을 누구보다 더 잘 안다. 하지만 아이들이 대견스럽게도 자신의 문제를 스스로 해결하는 것을 보면 매우 기쁘고 가슴 뿌듯하다. 하나님은 하늘에 계신 우리 아버지로서 우리 일에 어느 정도로 개입하실지 스스로 판단하신다. 우리는 자유 의지를 가진 피조물로서 우리가 하는 선택에 스스로 책임져야 한다. 이 이야기들 속에서 우리는 하나님이 역사하심을 목격한다. 우리에게 필요한 자유를 준 뒤 결정적인 순간에 개입하셔서 우리 자신으로부터 우리를 구원하신다. 이를 통해 우리는 교훈을 얻고, 진리를 배울 기회를 갖는다. 먼저 우리는 기도란 단순히 우리의 요청에 대한 하나님의 응답을 얻고 축복을 받는 것이 아니라 하나님과 질문과 답을 주고받는 대화의 과정이라는 사실을 배운다.

또 감당하기 어려운 두려움이 엄습할 때나 하나님이 우리를 외면하신다는 생각이 들 때도 하나님은 절대로 우리를 홀로 내버려 두지 않으신다는 진리를 떠올릴 힘을 얻을 수 있다. 튀르키예에서 무고하게 투옥된 미국인 목사 앤드루 브런슨부터 어머니에 의해 길거리로 쫓겨난 어린 낸시 오언, 극심한 우울증에서 헤어나지 못해 몸부림친 티나 잔까지 그 모든 이야기에서 그들은 우여곡절 끝에 하나님이 자신과 함께하신다는 사실을 깨닫는다. 비록 고난의 한가운데서는 그런 사실을 모른다고 해도 나중에는 알게 된다.

우리는 기도가 우리를 강하게 만든다고만 생각하기 쉽다. 그러나 기도의 놀라운 점은 우리가 너무나 허약하고 궁핍한 존재임을 상기시킨다는 사실이다. 그것 역시 하나님이 우리에게 주시는 선물이다. 우리는 우리 자신의 허약함 속에서 하나님의 위대하심을 인식할 수 있기 때문이다. 이 책에는 우리가 가장 무력한 순간에 하나님이 우리를 통해 역사하시는 사례가 숱하게 담겨 있다. 무엇보다 우리는 하나님께서 구원의 사역을 이루시기 위해 먼저 자기 아들을 완전히 무력한 상태로 이 세상으로 내려보낸 뒤 낮아질 대로 낮아지게 만드셨다는 사실을 기억해야 한다.

나는 졸업식 축사나 젊은이들을 격려하는 연설을 할 때 "우리는 모두 조립식 가구와 같다"는 말을 자주 한다. 우리 삶도 조립식 가구처럼 부품을 하나씩 맞추어야 완성할 수 있기 때문이다. 나도 신앙

생활에서, 그리고 하나님과 나의 관계에서 내가 하는 처신을 통해 부품을 조립하듯 각 요소를 하나씩 맞추어 쌓아 가며 성숙을 추구했다. 2022년의 나는 1992년이나 1982년의 나와 같지 않다. 나와 성령님의 관계, 나와 성자 예수님의 관계, 나와 성부 하나님의 관계도 마찬가지다. 하나님은 늘 나를 주시하신다. 내가 최악의 상황에 있을 때나 최상의 상황에 있을 때나 항상 지켜보신다. 우리는 그분의 피조물이기 때문에 그럴 수밖에 없다.

그러나 하나님은 피조물을 지으실 때 각각에 고유한 목적을 부여하신다. 우리에게 주어지는 개인적인 사명이자 소명을 말한다. 나는 저널리스트로서 목격자와 증인의 역할을 하도록 하나님께서 목적하셨다고 믿는다. 그래서 나는 이 세상에서 일어나는 많은 일을 목격하고 그에 관한 이야기를 글과 말을 통해 전하면서 혼돈과 무차별적인 재난의 한가운데서도 엄연한 질서가 있다는 사실을 최대한 많은 사람이 깨달을 수 있도록 돕기 위해 노력한다. 그것이 나의 소명이다.

재난이 닥친 와중에는 우리가 못 볼 수도 있지만 분명히 그 속에도 질서가 있다. 우리 모두 그런 사실을 올바로 알아야 한다고 나는 굳게 믿는다. 특히 지금 우리가 계속 견뎌 나가야 하는 세계적인 상황 때문에 더욱 그렇다. 팬데믹, 집단 학살, 전쟁, 경제 위기가 매일 우리를 짓누른다. 그러면서 우리는 소망을 잃어 간다. 우리 삶에 하나님이 직접 개입하시는 이 실화들을 읽으면서 우리 마음속에 소망이 다시 피어나기를 진심으로 바란다.

궁극적으로 나는 이 책이 모든 독자에게 기도의 응답과 위로의 원천이 되기를 기대한다. 아울러 하나님의 뜻을 더 깊이 이해하도록 여러분의 질문을 끌어낼 수 있기를 바란다. 여러분이 마음을 가라앉히고 조용하고 차분한 분위기 속에서 이 책을 읽으면서 하나님의 역사하심 뒤에 있는 지혜의 이야기를 들을 수 있다면 더 바랄 게 없다. 하나님은 우리가 충만한 호기심으로 더 깊은 지식을 추구하기를 바라신다. 무엇보다 우리가 고요와 평안 속에서 오직 하나님만이 참된 응답이라는 사실을 깨닫기를 원하신다.

차 | 례

머리말 · 6

1장 구원 ──────────────

모든 것이 협력하여 선을 이루고······ · 19
어두움 속에서 찾은 빛 · 43
초강력 폭풍에도 끄떡없는 기도방 · 57
장군이 명한 기도 · 67

2장 목적 ──────────────

우리 엄마는 해결사! · 79
아이티의 미래를 위한 도전 · 92
예상치 못했던 기도의 응답 · 111
땅콩 안에 숨겨진 하나님의 목적 · 127

3장 회복 ──────────────

하나님의 침묵 · 143
용서로 이끄는 은혜의 손길 · 159

어느 날 밤 오로라에서 생긴 일 · 174

4장 인내

리즈 하월스와 기도의 용사들 · 189
'기적'이라는 이름의 사나이 · 205
어느 소방관의 꿈 · 217
치마요 예배당의 순례자 · 232

5장 치유

대니가 더그를 만났을 때 · 251
코로나19 덕분에 되찾은 생명 · 278
나의 북극성 · 311

감사의 말 · 331
당신에게 기도가 필요한 순간 | 상황별 기도문 14 · 333

구원

여호와의 말씀으로 하늘이 지음이 되었으며
그 만상을 그의 입 기운으로 이루었도다
그가 바닷물을 모아 무더기같이 쌓으시며 깊은 물을 곳간에 두시도다

–시편 33편 6~7절

거센 폭풍우가 몰아치면
우리는 금방이라도 비바람에 휩쓸려 갈 듯 위태로워진다.
그 폭풍은 하나님의 손이다. 우리가 마음대로 제어할 수 없다.
그럴 때 우리는 자신의 연약함을 깨닫는다.
그처럼 위급한 상황에서 응답받는 기도의 이야기들은
하나님이 언제나 자연을 직접 다스리신다는 사실을
우리에게 일깨운다. 하나님은 창조하신 천지 만물을
당신의 손바닥 안에 두고 계신다.

모든 것이 협력하여 선을 이루고……

거친 바다에서 표류하던 청소년 두 명의
간절한 부르짖음에서 기적이 이루어진다.

내가 환난 중에서 여호와께 아뢰며 나의 하나님께 부르짖었더니
그가 그의 성전에서 내 소리를 들으심이여
그의 앞에서 나의 부르짖음이 그의 귀에 들렸도다

—시편 18편 6절

"우린 해낼 수 있을 거야."

헤더 브라운은 바람이 점차 거세지는 마탄자스만의 출렁이는 바
닷물을 쳐다보았다. 건너편 섬의 포구까지 헤엄쳐 가야 하는 거리를
가늠하며 잠시 망설였지만 곧 친구 타일러 스미스의 말에 맞장구를
쳐 주었다.

"그래. 좋아, 같이 해 보자."

2019년 4월 어느 날 고교 졸업반 학생 헤더와 타일러는 급우들과
함께 해변에서 뛰어놀며 하루를 즐겼다. 미국의 대서양 연안 마탄자
스만 북부에 위치한 빌라노 비치는 세인트오거스틴의 알려지지 않

은 명소였다. 잘 숨겨진 해변이라 봄방학을 맞은 대학생들도 잘 알지 못하는 곳이었다. 더구나 그날은 바람이 세고 파도가 높아 크라이스트 처치 아카데미의 졸업반 학생들이 해변을 거의 독차지했다.

신나는 날이었다. 그들은 빌라노 비치의 반짝이는 흰 모래밭을 가로질러 바닷물 속으로 뛰어들었다. 헤더는 타일러와 함께 건너편 섬의 포구까지 헤엄쳐 건넌다면 급우 중 처음으로 기록을 세우게 된다는 생각에 전율을 느꼈다.

하지만 그들은 기상청이 그날 소형 선박 주의보를 발령했다는 사실을 전혀 몰랐다. "풍속이 빠르고 파고가 높아 소형 선박은 위험하니 작은 배를 운행한 경험이 많지 않다면 항해 취소를 권장한다"는 내용이었다.

그처럼 좋지 않은 기상 조건에도 초등학교 4학년 때부터 친구였던 둘은 빌라노 비치에서 아나스타시아섬까지 세인트오거스틴만을 가로질러 수영하기로 했다. 약 450미터 거리였다. 둘 다 운동을 잘했지만 수영 선수는 아니었다. 아무튼 그들은 충분히 해낼 수 있는 체력이 된다고 생각했다. 나중에 헤더는 친구들의 찬사를 받으려는 영웅 심리가 작용했다고 말했다. 헤더 옆집에 사는 또 다른 동급생도 같이해 보자며 따라나섰다.

그 넓은 해변에 안전 요원은 한 명도 보이지 않았다.

타일러와 헤더는 그들이 내린 일련의 결정이 재앙으로 치달았다가 기적적인 구조로 이어지리라고는 꿈에도 몰랐다. 하지만 절체절명의 위급한 상황에서 그들이 하나님께 부르짖은 기도는 생각지도 않은 방식으로 응답받았다. 자신들의 삶만이 아니라 생면부지인 사람의 삶까지 변화시키는 결과를 가져왔다. 하나님이 베푸시는 모든 것은 당연히 온 마음을 다한 "아멘!"으로 받아야 마땅하다. 하지만 이 사건에서 열일곱 살짜리 두 명의 목숨이 경각에 달렸을 때 하나님께서 그들에게 보내신 것이 바로 '아멘'이었다.

하지만 그 모든 것은 조금 뒤에 일어날 일이었다. 지금은 헤더와 타일러 그리고 다른 친구 한 명이 자신만만하게 헤엄쳐 나가고 있는 모습이다.

그들은 처음엔 큰 욕심을 내지 않았다. 일단 약 90미터 앞의 수면에서 까딱거리는 붉은색 부표까지 가기로 했다. 하지만 그쪽으로 헤엄쳐 가는 동안 부표가 밑바닥에 고정되어 있지 않은 듯이 느껴졌다. 부표가 점점 더 멀어졌기 때문이다. 그러면서 세 번째 친구가 힘에 부쳐 포기하고 해변으로 돌아갔다. 남은 헤더와 타일러는 대서양의 강한 해류에 휩쓸렸다. 수면 아래서 보이지는 않지만 느낄 수는 있는 거대한 힘에 속수무책으로 끌려 들어갔다.

타일러는 해변에도, 부표에도 닿을 수 없을 것 같다는 생각이 들자 계획을 바꾸기로 했다. 밀려왔다가 나가는 너울에 따라 오르고 내리는 동안 이제 해변마저 보일 듯 말 듯했다. 해변에 있던 친구들은 그 둘이 어디 있는지 맨눈으로 찾으려 했지만 보이지 않았다. 타일러는 나중에 기자들에게 그 순간 부표나 해변이 아니라 가까이서 파도 위로 솟아 있는 세인트오거스틴 등대로 목표를 바꾸었다고 말했다.

바다로 더 나아가지 않고 안전한 곳을 찾아 피해야 할 시점이었기 때문이다. 그러나 또다시 해류가 그들의 발목을 잡았다. 아무리 발버둥을 쳐도 소용없었다. 그들은 점점 더 먼바다로 끌려 들어갔다.

헤더는 커지는 공포 속에서도 돌아가면 어떻게 될까 생각했다. "괜한 만용을 부려 혼날 것이 두려웠다"고 그녀는 나중에 말했다. 그날 저녁 가족들이 모여 동생의 생일 파티를 열기로 되어 있었지만 못 하게 될 것 같았다.

그러나 곧바로 헤더는 그들이 부닥친 문제가 생일 파티를 못 하게 되는 것보다 훨씬 더 심각하다는 사실을 깨달았다.

타일러는 나중에 기자들에게 "등대가 가까워지는 게 아니라 계속 더 멀어지고 있다는 사실을 알고는 질겁했다"고 말했다. 등대에 도달하기도 불가능하다고 생각했다.

하나님의 눈에는 이 광경이 어떻게 비쳤을까? 아마도 간간이 흰 물결 치는 청회색의 넓은 바다에 작은 점 두 개가 떠 있는 모습이었을 것이다. 하나님께는 평온한 장면일 뿐이다. 예수님 일행이 갈릴리 호수를 건너면서 갑작스러운 거센 폭풍을 만났을 때 제자들은 예수님의 평온함에 놀랐다. 그들은 예수님이 하나님의 눈을 가졌다는 사실을 알지 못했다. 또 예수님은 말 한마디로 폭풍을 잠재울 수 있으므로 두려워할 필요가 없었다.

그러나 타일러와 헤더는 당연히 그런 능력이 없었다. 따라서 극심한 공포로 심장박동이 빨라지면서 공황 상태에 빠졌을 게 분명하다.

등대 쪽으로 다가가지 못하자 그들은 과연 뭍으로 돌아갈 수 있을지 의문을 품기 시작했다. 그들은 물속에 서서 걷는 자세로 헤엄치려고 했다. 시간은 그들 편이 아니었다.

　그들이 물속에 있은 지 한 시간이 지났다. 물론 사람은 생각보다 오래 물속에 서서 헤엄칠 수 있으나 파도가 거칠게 몰아치는 상황이라면 문제가 달라진다. 주변을 둘러봐도 온통 바닷물뿐이었다. 주의보가 발령된 만큼 보트도 보이지 않았다. 평시에도 그곳을 지나는 배는 몇몇 유람선뿐이었다. 구조받을 가망이 거의 없었다. 날씨가 갈수록 나빠지면서 헤더와 타일러는 끝없이 이어지는 성난 회색 바다에 둘러싸였다. 이제 그들에게 시간이 얼마 남지 않았다.

✳ ✳ ✳

　그 몇 주 전 에릭 와그너도 시간이 얼마 남지 않아 초조했다. 집을 옮길 수밖에 없는 처지였다. 그의 집은 요트였다.

　수년 전 에릭은 1977년 건조된 해터러스 모터 요트를 구입했다. 선체 길이 16미터에 객실 3개로 승선 가능 인원은 6명이었다. 그는 소프트웨어 전문가로 어디에서나 일할 수 있었다. 오랫동안 그는 플로리다주 델레이 비치 마리나에 요트를 정박해 두었다.

　"그게 나에겐 제2의 집이었다"고 에릭은 말했다. 겨울이면 그 마리나에 닻을 내리고 요트에서 살았다. 연중의 나머지 기간은 뉴저지주에 있는 집에서 가족과 함께 지냈다. 그는 델레이 비치를 떠날 생각이 전혀 없었다. 그러던 중 느닷없이 마리나가 대규모 리모델링에 들어간다는 통보를 받았다. 공사 기간이 무려 8개월이었다. 요트를 정박할 다른 마리나를 찾아야 했다.

　뉴저지로 돌아갈 생각은 없었지만 다른 정박지를 찾기가 여간 어려운 일이 아니었다. 어쩔 수 없이 에릭은 요트를 몰고 뉴저지 쪽으로 올라가기로 했다.

　그 역시 문제였다. 요트 애호가들은 해터러스를 명품으로 꼽지만 건조된 지 42년이 지난 그의 요트는 정기적인 보수 정비 작업이 필요했다. 에릭은 회사를 운영하느라 바빠 그런 일에는 신경 쓰지 못했다. 정박지를 비워야 할 시한이 임박하자 제대로 정비하지도 못하고 떠날 수밖에 없었다.

　에릭은 예상 항로를 잡았다. 뉴저지까지 1600킬로미터를 항해하려면 열흘이 걸린다는 계산이 나왔다. 그는 친구 세 명에게 부탁해 함께 항해하기로 승낙을 받았고 출발 일자는 4월 초로 잡았다. 그처럼 오래된 요트로 장거리 항해를 하려면 준비 시간이 많이 필요하다. 하지만 마리나 공사가 임박했기 때문에 시간이 없었다. 흔히 그렇듯이 약간의 지체가 계속 쌓이면 모든 일이 한없이 늦어지게 마련이다. 요트의 교체 부품을 주문했지만 재고가 없다는 통보가 왔다. 고객 서비스도 별 도움이 되지 않았다. 스트레스가 쌓이면서 좌절감이 들기 시작했다. 정박지를 비워야 할 시한에 맞추는 것도 문제였지만 폭풍 계절이 시작되기 전에 항해를 마쳐야 한다는 압박감도 심했다.

　"요트의 모든 부분이 정상적으로 작동하도록 정비하려면 감당하기 어려울 정도로 일이 많았다"고 에릭이 설명했다. "봄이 되면 날씨가 점점 더 나빠진다. 이 계절은 대서양 연안을 항해하기에 적합하지 않다. 그래서 가능한 한 빨리 플로리다주를 벗어나 기상 조건이 더 악화하기 전에 북쪽으로 올라가는 방법을 찾아야 했다. 날씨도 문제지만 바다 자체도 봄이 되면 더욱 사나워진다. 멕시코만류의 이동 방향과 바람의 방향이 서로 맞부딪히기 때문에 파도가 높고 매우 거칠다. 여름이나 가을엔 그런 일이 없어 항해가 훨씬 쉽다."

우여곡절 끝에 그들은 4월 16일 델레이 비치를 출발했다. 그러나 준비 작업을 서두르면서 충분히 신경을 쓰지 못한 나머지 유리섬유 선체의 구멍을 때운 패치 중 하나가 떨어져 물이 새기 시작했다. 다행히 수리하기 위해 요트를 물 밖으로 끌어 올릴 필요는 없었다. 마리나로 돌아가 다섯 시간 만에 패치 작업을 다시 한 뒤 다음 날 아침 출발했다.

하지만 또 다른 문제가 생겼다. 디젤 엔진이 제대로 돌아가지 않았다. 연료 탱크에 해조류가 잔뜩 끼어 있었다. 필터를 갈기 위해 잭슨빌 지역에 도착하니 예정보다 하루 늦은 17일이었다. 적어도 그때까지는 날씨가 괜찮았다.

다음 날인 18일 필터 교체와 엔진 정비는 잘 끝났으나 날씨가 나빠졌다. 소형 선박 주의보가 발효 중이었다. 에릭이 추정한 풍속은 30~40노트(시속 55~74km)였다. 그들은 좁은 만에 가득한 파도의 흰 마루를 볼 수 있었다. 그래도 에릭은 바람이 남풍이라 북쪽으로 향하는 요트를 뒤에서 밀어 주는 힘을 이용하고 싶었다. 넓은 바다로 나가 고속으로 북진하면 까먹은 시간을 바람 덕분에 어느 정도 벌충할 수 있기 때문이었다.

에릭은 동료들과 항해 계획을 논의했다. 뉴저지주 출신인 친구 트로이 테니스와 웨인 새비지, 플로리다주에 사는 친구 리치 페트러시크였다. 에릭을 제외한 모두는 속도보다 안전이 더 중요하다며 개방된 바다로 멀리 나가지 않는 게 최선이라고 말했다. 물론 예정보다 늦어졌지만 험난한 대양에서 진짜 어려움에 부닥치면 언제 도착할지 기약할 수 없다고 그들은 한목소리를 냈다. 하지만 요트의 소유주이자 선장은 에릭이었다. 최종 결정은 그가 내려야 했고, 모두 그 결정에 따라야 했다. 에릭은 최대한 신속하게 항해하는 모험을 택했다. 요트는 전체 길이 16미터로 구조적으로 볼 때 험한 바다에서도 충분히 항해할 수 있었다.

그러나 편안한 항해는 보장할 수 없었다. 얼마 안 가 에릭은 확 트인 넓은 바다로 나가는 것이 최선이 아니라는 사실을 깨달았다. 거칠고 높은 파도로 요트가 요동쳤다. 선실의 물건들이 날아다닐 정도였다. 그들은 용기도 좋지만 신중해야 할 때라고 판단하고 멕시코만류가 흐르는 바다로 나가려던 계획을 포기했다. 이제 그들은 항해 속도가 느리긴 해도 더욱 잔잔한 내륙 수로를 이용하기로 했다. 내륙 수로로 진입할 수 있는 만에서 몇 킬로미터 거리에 있던 그들은 해안에서 6.4킬로미터 떨어진 곳에서 항해하기보다 육지와 더 가까운 3.2킬로미터 떨어진 항로로 들어섰다.

그들은 먼바다 항해를 한번 시도해 본 것으로 만족하고 만 쪽으로 향했다. 좋지 않은 상황이지만 내륙 수로를 잘만 이용하면 괜찮을 듯했다. 그들은 보조 항해 장치가 설치된 갑판의 메인 브리지 상층에 있는 플라잉 브리지에 모였다. 일반 요트와 달리 그 배의 플라잉 브리지는 캔버스 지붕과 아이징글라스 창으로 둘러싸여 있었다. 거센 바람에 지붕과 창이 덜커덩거리며 소음을 더했다. 요트의 판매 안내서에는 1970년대 최신 인포테인먼트 시스템을 갖추었다고 나와 있었다. 선체 전체를 연결하는 스테레오 시스템이었다. 요트 구입 후 그 시스템을 개선한 덕에 그들 네 명은 플라잉 브리지에서 세찬 바람 소리와 엔진 소리 가운데서도 음악을 즐길 수 있었다. 에릭은 뱃머리가 파도를 더 잘 가를 수 있도록 속도를 높였다.

거친 파도에도 그들은 기분이 좋았다. 하늘에는 구름이 거의 없었다. 눈부신 햇살과 멀리까지 잘 보이는 시야 덕분에 지난 며칠 동안 겪은 어려움을 잠시 잊을 수 있었다. 플라잉 브리지는 높은 위치라서 멀리 해안선도 보였다. 가능한 한 안전하고 편안한 항해를 하기로 한 상태에서 해변이 잘 보이자 큰 위안이 되었다. 좋지 않은 상황이라도 최선을 다하자고 그들은 다짐했다.

나중에 알게 된 일이지만 에릭의 요트는 맨 처음 먼바다로 나가기로 했다가 그 결정을 번복한 과정과 다른 여러 문제로 인해 일정이 지연된 탓에 결과적으로 구조를 바라는 십 대 두 명의 간절한 기도가 응답받을 수 있도록 결정적인 시점에 그 장소에 등장할 수 있었다.

✳ ✳ ✳

헤더가 졸업식을 앞두고 선정한 성경 구절은 로마서 5장 3~5절이었다. "우리가 환난 중에도 즐거워하나니 이는 환난은 인내를, 인내는 연단을, 연단은 소망을 이루는 줄 앎이로다 소망이 우리를 부끄럽게 하지 아니함은 우리에게 주신 성령으로 말미암아 하나님의 사랑이 우리 마음에 부은 바 됨이니."

운동선수로서 그녀는 인내와 소망을 중시했다. 그날은 그들이 정처 없이 표류하게 되었지만 그전까지는 그들의 목표가 확고했다. 그들은 한 달 뒤면 졸업할 예정이었다. 헤더는 엠브리리들 항공대학에서 입학 허가를 받았다. 그곳에서 ROTC 해병 장교가 될 생각이었다. 최종 목표는 해병 조종사가 되는 것이었다.

한편 타일러는 플로리다 애틀랜틱 대학에서 기업 재무를 공부할 생각이었다. 그는 또 조종사 면허를 따 공군에 입대할 계획이었다. 삶에서 확실한 보장이란 건 없지만 그들은 믿음과 섬김의 견실한 기초 위에 확고히 서 있었다.

그들의 삶은 희망과 꿈이 가득했다. 그러나 이제 그들의 인내가 환난으로 시험받게 되었다. 로마서 5장 3~5절 바로 다음 구절은 비록 우리의 인내가 환난으로 시험당하지만 우리가 완전히 무력해질 때 예수님이 구원하러 오신다는 사실을 상기시킨다. 타일러와 헤더에게 바로 그런 일이 임하기 직전이었다.

헤더는 죽음에 대한 생각을 떨치며 마음을 굳건히 다졌다. '아니야, 난 계속 헤엄쳐야 해. 할 일이 너무 많아. 졸업도 해야 하고 오늘 저녁 내 동생 생일 파티에도 참석해야 해. 또 배구팀에도 들어가야 하고 해병 장교도 되어야 해. 지금 내 삶이 끝나선 안 돼.'

헤더는 희한하게도 신체적으로 지치지는 않았다. "몸 전체가 흥분 호르몬 아드레날린에 흥건히 젖는 듯했다. 거의 끝까지 추위를 느끼지 못했다. 익사한다는 생각은 전혀 들지 않았다."

타일러와 헤더에게 위안이 될 만한 것은 전혀 없었다. 그들은 파도에 따라 오르락내리락했으나 해안선을 볼 수 있을 정도로 너울이 높이 오르지는 않았다. 주변은 온통 바닷물이고, 위로 보이는 것은 하늘뿐이었다.

거의 두 시간이 지나자 타일러의 근육에 경련이 오기 시작했다. 그는 헤더와 떨어지지 않으려고 그녀의 팔을 끼고 물 위에 그냥 떠 있도록 서로 도왔다. "만약 우리가 계속 헤엄을 치려 했더라면 아마 익사했을 것"이라고 헤더가 나중에 말했다.

그들은 기도하기 시작했다.

타일러는 나중에 기자들에게 이렇게 말했다. "우리가 서로 팔을 끼었을 때 나는 하나님께 '거기 계시면 우리를 구하도록 무엇이든 좀 보내 주세요'라고 부르짖었다."

그때 그들의 눈에 무엇인가 언뜻 보였다. 그들은 그쪽을 향해 남은 힘을 다해 소리를 질렀다.

✳ ✳ ✳

요트 위에서 친구 네 명은 웃으며 환담을 나누었다. 요트는 여전히 많이 흔들렸으나 그들은 이제 얼마 안 가 괜찮아질 것이라는 사실을 알고 있었다. 곧 서쪽으로 방향을 틀어 만으로 진입하면 물결이 비교적 잔잔한 내륙 수로를 이용할 수 있기 때문이었다.

바다에는 다른 배가 한 척도 보이지 않았다. 에릭은 이렇게 말했다. "어선들은 전부 멕시코만류를 타기 위해 먼바다로 나간다. 북쪽으로 가려면 해류를 타는 게 가장 좋다. 돌아올 때는 남쪽으로 부는 바람을 타야 한다."

어느 순간 그들은 바람 소리와 엔진 소리, 또 음악이 혼합된 소음 너머로 무슨 다른 소리를 들었다고 생각했다. "사람의 외침 같은 소리를 들은 것 같았다. 우리는 대화를 멈추고 바다를 둘러보았다."

좌우를 둘러봐도 바다와 하늘 외에는 아무것도 보이지 않았다. 그래서 그들은 바닷새의 울음소리였다고 생각하고 대화를 이어 갔다. 잠시 후 또다시 무슨 소리가 들렸다.

타륜 앞에 앉아 있던 트로이는 머뭇거리지 않았다. 그는 곧바로 키를 왼쪽으로 틀며 소리쳤다. "저 뒤에 사람이 있어!"

요트가 방향을 트는 사이에 에릭은 어깨 너머 뒤를 쳐다보았다. "우리 뒤 약 300미터 떨어진 곳에 두 개의 작은 점이 보였다"고 그가 나중에 말했다. "그중 하나가 손을 흔들고 있었다."

타일러와 헤더는 요트를 보고는 선원들의 주의를 끌려고 목청껏 소리를 질렀다.

트로이는 급히 요트를 돌려 그곳으로 향했다. 네 명 모두 수년 동안 항해한 경험이 있었기 때문에 조난자를 구조할 때 어떻게 해야 할지 잘 알고 있었다. 트로이는 플라잉 브리지에서 계속 요트를 조종했고, 리치는 그와 함께 남아 방향을 지시했다. 에릭과 웨인은 뱃머리 쪽으로 달려갔다. 그들은 아래층 갑판으로 내려가 비상시에 대비해 마련해 둔 구명조끼와 밧줄을 집어 들었다.

요트가 솟구칠 때마다 그들은 물속에 있는 두 젊은이를 볼 수 있었다. 그 사이사이에 그들은 플라잉 브리지에 있는 두 사람과 상의했다. 바람 소리 때문에 말이 거의 들리지 않자 그들은 수신호와 손가락 가리키기로 소통했다. 에릭과 웨인은 밧줄을 구명조끼에 묶었다. 그처럼 거친 바다에서는 물속에 있는 조난자에게 너무 가까이 다가가면 위험할 수 있다. 요트가 옆으로 비껴가면서 물속에 있는 조난자가 프로펠러에 다치거나 선체에 부딪힐 수 있기 때문이다.

트로이는 요트를 조심스럽게 조종하며 두 젊은이 쪽으로 서서히 다가갔다. 마침내 에릭과 웨인은 구명조끼를 타일러와 헤더 쪽으로 던질 수 있었다. 타일러와 헤더는 요트 쪽으로 헤엄쳐 와 구명조끼를 붙들었다. 에릭은 밧줄을 당기며 외쳤다. "너희들 보트는 어디 있니?"

에릭은 카약 같은 작은 보트가 뒤집혀 젊은이들이 바다 멀리까지 표류하게 되었다고 생각했다. 그렇지 않고선 어떻게 그들이 해변에서 한참 떨어진 바다 위에 떠 있을 수 있단 말인가?

물결 따라 오르내리던 헤더는 너무 지쳐 겨우 대답했다. "나중에 말할게요!"

그제야 에릭은 젊은이들의 몸 상태가 얼마나 심각한지 알았다. 헤더의 눈빛과 목소리에서 그런 사실을 알 수 있었다. 타일러는 말을 전혀 하지 못했다. 둘 다 고통과 두려움이 가득한 휘둥그레한 눈과 멍한 표정이었다. 엔진을 끈 요트는 거센 파도에 좌우로 심하게 흔들렸다. 그런 상태에서 그들을 어떻게 끌어올릴 수 있을까? 에릭은 그들이 어떻게 해서든 사다리를 타고 스윔데크로 올라올 수 있기를 바랐다.

에릭은 조마조마한 마음으로 그들이 사다리 쪽으로 다가와 사다리를 붙드는 것을 지켜보았다. 그는 그들이 얼마나 오랫동안 물속에 있었는지, 또 얼마나 허약해진 상태인지 정확히 알 수 없었다. 그들은 도움 없이는 사다리를 올라올 수 없었다. 그런 사실을 깨달은 에릭과 웨인은 아래쪽으로 내려가 그들을 끌어올렸다. 에릭은 위에서 헤더를 당기고 웨인이 뒤에서 그녀를 밀어 올렸다. 에릭은 "그 아이가 내 눈을 똑바로 바라보면서 '하나님은 실제로 계시는군요'라고 말했다"고 돌이켰다.

당황한 에릭은 "그래, 그렇지"라는 말밖에 할 수 없었다.

에릭과 웨인은 물에 흠뻑 젖은 십 대 두 명을 갑판으로 데려갔다.

에릭은 나중에 이렇게 말했다. "그들의 상태가 아주 좋지 않았다. 특히 남자아이의 입술이 너무 창백했다. 또 몸을 가누기 어려울 정도로 덜덜 떨었다." 에릭은 그들에게 저체온증이 올까 걱정했다. 그와 친구들이 그들을 대형 타월로 감싸 주었다.

"보트가 있었니?" 에릭이 물었다. 그는 그들이 어떻게 해변에서 멀리 떨어진 바다에 나와 있었는지 여전히 궁금했다.

"아뇨." 타일러가 이가 달그락거릴 정도로 심하게 떨며 간신히 대답했다. "우린 수영하고 있었어요."

에릭은 믿을 수 없다는 표정으로 머리를 흔들었다. "물속에 얼마나 오래 있었니?"

"모르겠어요." 헤더가 말했다. "지금 몇 시예요?"

에릭은 1시가 다 되었다고 알려주었다.

헤더는 "그럼 두 시간이네요."

에릭은 너무 놀라 입을 다물지 못했다. 이런 상태의 바닷속에 두 시간 동안 있었다면 아마도 영원처럼 느껴졌을 것이라고 그는 생각했다.

아이들의 건강 상태가 걱정되자 트로이는 보트가 좌우로 너무 많이 흔들리지 않도록 엔진의 시동을 걸었고 웨인은 해안경비대에 연락했다. 그들 네 명 중에는 구급 훈련을 받은 사람이 없었기 때문에 아이들을 해안경비대에 빨리 인계하는 게 최선이라고 생각했다. 에릭은 그들을 선실로 데려가 모포로 몸을 감싸도록 했다. 리치는 아이들의 체온을 올리기 위해 마실 물을 따끈하게 데웠다.

몇 분 지나자 헤더와 타일러의 혈색이 돌아오기 시작했다. 에릭은 그처럼 창백한 입술을 본 적이 없었다. 그는 아이들이 물속에서 얼마나 더 버틸 수 있었을까 생각했다. 경련이 줄어들자 아이들은 자초지종을 이야기하기 시작했다.

"완전히 절박한 상황에서 우리는 기도하기 시작했어요······." 헤더가 말했다

"제가 하나님께 부르짖기 시작했죠." 타일러가 끼어들었다.

에릭은 타일러가 한 말의 의미를 곰곰이 생각했다. 타일러가 말을 이었다. "바로 그때 여러분이 나타났어요."

"내 요트의 이름이 '아멘'이야." 에릭이 말했다.

침묵이 흘렀다. 에릭과 친구들에게 지금까지 일어난 모든 일이 구조를 위해 하나씩 절묘하게 맞아떨어진 신비함과 아이들과 주고받은 말의 의미심장함으로 그들 모두 말문이 막혔다. 에릭은 이렇게 회상했다. "감정이 북받쳤다. 너무나 놀라운 일이었다. 나는 믿음이 있는 사람이다. 그들도 믿음을 가진 크리스천이라는 사실을 나는 알았다. 나는 그들에게 그런 사실을 이야기하며 목이 메었다. 얼마나 위험한 상황이었는지 새삼 느낄 수 있었다. 조금만 늦었더라도 바다에 떠 있던 두 아이는 목숨을 잃었을 것이다." 헤더와 타일러는 그 이야기를 들으며 울음을 터뜨렸다.

아멘 호는 해안경비대 구조선과 만나기 위해 항로를 다시 잡았다. 곧 두 아이는 가족과 친구의 품으로 돌아갔다. 에릭과 친구들은 요트로 항해를 계속했다. 뉴저지 쪽으로 방향을 틀고서야 그들은 구조한 아이들의 성도 모른다는 사실을 깨달았다. 그들의 이야기가 언론에 보도된 것은 에릭이 그 경험을 페이스북에 올린 뒤였다.

나중에 타일러는 잭슨빌의 CBS 제휴 채널 WJAX 방송 기자에게 기도와 그에 대한 응답이 어떻게 이루어졌는지 설명했다. "나는 하나님께 '우리를 위한 계획이 진짜 있으시다면 도와주세요. 어떻게 좀 해 주세요'라고 외쳤다. …… 우리가 그렇게 부르짖자 '아멘'이라는 이름의 요트가 홀연히 나타나 우리를 구해 주었다. 결코 우연이 아니었다. 하나님이 보내신 게 분명했다."

그들의 학교인 크라이스트 처치 아카데미는 페이스북에 올린 성명서에서 학생들이 구조된 것을 두고 기적이라고 강조했다. "교직원과 학생들, 학부모들은 헤더와 타일러를 하나님께서 보호해 주신 것에 깊이 감사하고 있습니다." 그들은 또 헤더와 타일러를 구조해 준 에릭과 친구들에게도 고마움을 전했다.

에릭은 나중에 구조로 이어진 모든 상황을 돌이키며 기자들에게 "헤더와 타일러는 우리와 하나님께 감사하다고 말했으나 사실은 전적으로 하나님께 감사를 드려야 마땅했다"고 말했다. "하나님이 개입하지 않으셨다면 우리가 그 넓은 바다에서 하필 그곳을 지나갈 이유가 없었다."

돌이켜보면 에릭과 친구들은 자신도 모르게 하나님이 작정하신 일을 수행하고 있었다. 그들에게 닥친 상황부터 그들이 내린 결정 하나하나까지 전부 다 하나님의 뜻에 따라 진행되고 있었다.

에릭은 자신들을 적시적지에 있도록 해 준 모든 상황을 생각하며 그 오묘함에 놀라지 않을 수 없었다. 요트가 처음엔 그들을 지나쳤지만 뒤에서 불어오는 바람 덕분에 구해 달라고 외치는 아이들의 소리가 파도를 넘어 바람에 실려 와 아멘 호 선상의 모든 소음을 뚫고 그들의 귀에 들릴 수 있게 된 것은 결코 우연이 아니었다. "기적이 아니면 무엇이었겠나? 내 생각에 우연이라고 보기는 불가능하다. 너무 많은 일이 정교하게 맞아떨어져 하나의 결과로 이어졌기 때문이다. 나는 그것이 전적으로 하나님의 개입이었다고 확고히 믿는다.

나의 뜻과는 무관했다. 나는 단지 하나님이 정하신 시간과 장소로 보내졌을 뿐이다. 그곳에서 그들을 본다면 누구나 그들을 건져 올리지 않았겠는가?"

에릭은 이렇게 덧붙였다. "물 위에서 머리만 까딱거리는 두 사람을 탐지할 정도로 성능 좋은 레이더는 없다. 우리는 레이더를 켜지도 않았다. 밤에만 사용하고 낮에는 맨눈으로 항해한다. 우리는 그때 쾌청한 날 대낮에 항해하고 있었다. 시계에는 전혀 문제가 없는 날이었다. 하지만 넓고 푸른 바다에서 부표 같은 작은 물체는 의식적으로 찾지 않으면 눈에 들어오지 않는다."

또 에릭은 요트 이름의 의미에 관해서도 생각했다. '아멘'이라는 이름은 그가 아니라 요트의 전 주인이 붙인 것이었다. 에릭은 그 요트를 구입한 뒤 페인트칠을 다시 할 때 이름을 바꿀 생각을 했지만 적당한 이름이 떠오르지 않아 그냥 두기로 했다. 더구나 기적 같은 구조 사건 후로는 그 이름을 절대 바꾸지 않겠다고 마음먹었다.

헤더도 그 사건 이후 당시를 돌아보며 그 일이 자기 삶에 어떤 영향을 미쳤는지 깊이 생각했다고 말했다. "나는 독실한 기독교 가정에서 태어났다. 따라서 우리 곁에 늘 하나님이 계신다는 사실을 알고 있었다. 하지만 기독교 중학교와 고등학교에 다니며 너무 오랫동안 그런 교육을 받다 보니 마음이 무뎌져 하나님의 임재 사실이 나의 삶에서 배경 소음이 되어 버리는 상황에 이르렀다. 그러나 내가 아멘 호에 구조되는 일을 직접 경험하면서 하나님께서 나를 바다에서 건져 주셨다는 사실을 믿어 의심치 않게 되었다. 일어날 수 없는 많은 일이 실제로 일어났고 요트의 이름도 '아멘'인 것을 보면서 그 믿음이 더욱 확고해졌다. 성경은 하나님이 우리의 구원자라고 가르친다. 그 주말은 우연히도 부활절이었다. 부활절 예배에서 목사님이 하나님은 우리의 구원자라고 말씀하셨지만 나는 별생각이 없었다. 그러다가 그 사건을 겪으면서 하나님이 우리의 구원자라는 말이 그냥 다른 사람을 통해 전해 들은 이야기가 아니라 실제로 내가 경험한 진리가 되었다."

과거의 헤더처럼 우리에게도 복음이 삶의 '배경 소음'이 되어 버리는 상황이 올 수 있다. 시험에 빠져도 그럴 수 있고 하나님의 위대하심과 우리 모두에게 베푸시는 하나님의 사랑과 긍휼을 당연시할 때도 그럴 수 있다. 일상생활과 세상사의 근심 걱정이 우리 주의를 산만하게 만들 수도 있다. 헤더는 그 이후에도 자신이 하나님에게서 멀어지는 상황을 경험했다고 털어놓았다. "대학 1학년 때가 좀 힘들었다. 할 일이 너무 많았다. 배구팀 소속이면서 해병 ROTC 사관후보생이었다. 서열이 가장 낮은 신입생이었기 때문에 어느 집단에서든 거의 모든 일을 감당해야 했다. 공부도 소홀히 할 수 없었다. 너무 많은 일을 벌이며 현명한 선택을 하지 못했다. 진정한 자유에 대한 첫 경험이었다. 내가 하고 싶은 것을 하고 스스로 결정을 내리는 것이 신났다. 하지만 최선의 결정을 하진 못했다."

많은 젊은이가 그렇듯이 헤더도 삶을 보는 관점에서 큰 변화를 겪었다. "그렇게 1학년을 지낸 뒤 또다시 '구조'를 받았다고 말할 수 있다. 코로나19 위기가 닥쳤을 때 모든 것이 분명해졌다. '대학까지 나오면서 내가 한 게 도대체 뭐지?'라는 생각이 들었다. 더는 그렇게 살지 않겠다고 결심했다. 나는 하나님이 내 삶 안에 계신 것을 실제 경험을 통해 확인하지 않았는가? 그것을 다른 사람들에게 보여 줄 필요가 있었다. 내가 구조된 데는 이유가 분명히 있다고 다시 각오를 다졌다. 이전과 똑같이 살아선 안 된다는 사실을 깨달았다."

헤더와 타일러가 구조된 기적적인 사건에서 잊지 말아야 할 점은 그들이 그토록 오래 바다에 떠 있을 수 있었다는 사실이다. 하나님의 힘이 헤더에게 전해진 것이었다. 헤더는 이렇게 말했다. "참 희한한 일이다. 해병 사관후보생이 되면 여러 가지 자격을 갖추기 위해 훈련을 해야 한다. 그중 하나가 수영장에서 하는 훈련이다. 훈련받고 나니 이제는 물속에서 어떻게 서서 걷는 듯이 수영하고, 어떻게 엎드려 떠 있을 수 있으며, 또 물속에서 에너지를 어떻게 아낄 수 있는지 알게 되었다. 하지만 그때 바다에서 표류할 때는 그런 방법을 전혀 몰랐다. 꼭 필요할 때는 몰랐고 그 후에야 그런 방법을 배운다는 사실이 참으로 얄궂다. 지금도 수영장 물에 떠 있을 때는 이런 생각이 든다. '아무것도 몰랐던 그 당시에 내가 어떻게 그렇게 바다에 떠 있을 수 있었을까?'"

물론 그 의문에 대한 답은 '하나님을 통하면 모든 일이 가능하다'는 것이다. 하나님은 헤더와 타일러, 에릭, 이 세 사람을 만나게 해서 그들의 삶을 변화시킴으로써 우리 모두 배울 수 있는 본보기를 세우셨다.

한참 지난 뒤 에릭은 헤더와 타일러에게 연락할 수 있었다. 그들의 부모도 에릭에게 감사를 표했다. 매년 그날이 다가오면 헤더의 아버지는 에릭에게 감사의 엽서를 보낸다. (이제 헤더는 동생에게 그날이 더는 동생의 '생일'이 아니라 '우리의 날'이라고 말한다.) 에릭은 자신과 가족이 하나님의 자녀로서 여러모로 축복받았음을 믿는다고 말했다. "나도 다른 사람들처럼 걱정거리가 있고 스트레스도 많다. 그럴 때는 성경을 묵상하면서 하나님과 대화하면 훨씬 나아진다. 과거엔 일이 잘못되면 하나님께 거세게 항의하며 불만을 나타냈다. 그러나 지금은 하나님께서 내가 이해할 수 없는 훨씬 더 큰 그림을 그리신다는 사실을 깨닫고 용서를 구한다. 그러면 하나님은 즉시 나를 용서하신다. 그렇게 나는 용서의 삶을 살아간다. 많은 사람이 나를 힘들게 하고 부당하게 대했지만 용서하고 털어 버린다. 그래야 한다. 용서는 모든 것을 더 낫게 만든다는 하나님의 말씀이 진리다. 자녀들에게도 그렇게 가르치고, 그들도 그대로 따른다. 나의 부모님도 마찬가지다. 살아가면서 믿음 있는 사람도 보고, 믿음 없는 사람도 보지만 믿음 있는 사람이 훨씬 더 평탄하고 행복한 삶을 산다는 게 내가 내린 결론이다."

에릭은 기적적인 구조에 참여한 뒤 많은 생각을 하게 되었다. 그는 하나님이 자신을 찾아오신 데는 십 대 아이들을 구조하는 것만이 아니라 자신에게 믿음을 지킬 필요성을 상기시키려는 목적도 있었다고 믿는다. "누구나 신앙은 있지만 믿음에 집중하기 어려운 때가 있다. 나도 그랬다. 하지만 하나님의 역사하심을 보고 나의 믿음이 완전히 새로워졌다. 그때부터 가족 또는 친구와 신앙에 관해 대화하기 시작했다. 그 후 오랫동안 형제자매, 조카, 그 외에 많은 사람과 신앙과 종교에 관해 매우 심도 있는 대화를 나누었다. 많은 친구가 나에게 그 구조 사건에 관해 들은 다음 기도를 많이 하게 되었다고 털어놓았다. 이전에는 믿음이 있어 보이지 않던 사람들이었다. 그 구조 사건은 누구를 의지하고 믿어야 할지 확실히 나에게 일깨워 주었다. 시련과 시험과 환난이 닥쳐도 하나님을 향한 믿음을 끝까지 붙잡고 견뎌 내면 구원이 있다는 가르침이었다."

에릭은 개인적으로나 사회생활에서나 많은 어려움을 겪었다. 때로는 하나님의 임재를 잊기도 했다. 반드시 어려운 시기에만 그런 것도 아니었다. 그는 이렇게 말했다. "때로는 모든 일이 잘 풀리는 진짜 이유를 잊어버린다. 마치 자신의 힘으로 성공한 것처럼 삶의 즐거움에 빠지기 쉽다. 잘되는 모든 일은 내가 잘해서 그렇다고 생각한다. 하지만 헤더와 타일러가 기적적으로 구조된 것을 보면서 무언가에 성공한다면 결국 믿음 때문이라는 사실을 실감했다. 나는 기도하고 묵상하며 모든 것을 하나님께 맡긴다. 내가 스스로 할 수 있는 것은 전혀 없기 때문이다. 하나님을 전적으로 의지하면 스트레스가 사라지고 불안이 가라앉아 훨씬 더 중요한 일에 집중할 수 있다. 하지만 우리는 그 메시지를 잊기 쉽다. 한동안 옆길로 벗어나기도 한다. 그러다가 헤더와 타일러의 기적적인 구조 같은 놀라운 경험이 우리를 다시 정상 궤도로 돌아가게 하는 계기가 된다."

에릭이 전부 다 말하진 않았으나 이 사건은 여러 가지 생각을 떠올리게 한다. 그중 하나는 아멘 호가 바로 그 순간 그 장소에 도착하게 된 과정이었다. 에릭이 항해를 하기 전과 항해 초기에 많은 일이 어그러졌다. 하나님의 작정과 도우심이 아니었다면 항해 자체가 아예 불가능했을 것이다. 심지어 여러 차례 아주 사소한 일로 항해가 지체되면서 에릭은 크게 좌절했지만 그 덕분에 오히려 그는 하나님의 개입으로 이루어진 기적적인 구조에서 작은 역할을 해낼 수 있었다. 이 모든 일은 하나님의 의지와 권능으로 실행되는 거대한 계획에서 우리가 각각 어떤 역할을 맡을지 누구도 알 수 없다는 사실을 일깨워 준다.

더구나 에릭이 말했듯이 우리는 종종 하나님의 임재를 잊어버릴 뿐 아니라 일상생활의 소음과 간섭 때문에 하나님이 우리를 부르시는 소리를 잘 듣지도 못한다. 아멘 호와 그 요트에 탄 사람들은 험난한 파도와 각종 소음 때문에 구해 달라고 외치는 십 대 아이들의 소리를 듣지 못하고 그냥 지나치기 쉬웠다. 물론 천만다행으로, 또 기적적으로 요트를 돌려 다시 그들에게 다가갔지만 말이다. 그러나 하나님은 끊임없이 우리에게 다가오려고 애쓰신다. 그날 대서양에서 하나님은 헤더와 타일러의 간절한 부르짖음을 듣고 응답하셨고, 그들을 구조하기 위해 에릭과 그의 친구들을 그곳으로 보내셨다.

우리는 늘 하나님과 대화하며 살아가려고 애쓰지만 때로는 하나님이 우리에게 하시는 말씀이 잘 들리지 않거나 그 의미를 완전히 이해하지 못할 수도 있다. 하나님은 그날 타일러와 헤더를 구하셨을 뿐 아니라 그 일로 에릭과 그의 가족 그리고 친구들의 삶까지 변화시키셨다. 그뿐이 아니다. 그날 하나님의 메시지는 바람과 파도를 타고 타일러와 헤더, 에릭에게만이 아니라 바다 너머 우리 모두에게 전해졌다.

마가복음 4장에서 보듯이 예수님 일행이 배로 갈릴리 호수를 건너면서 광풍을 만났을 때 제자들이 잊었던 것은 하나님이 언제나 만물을 다스리신다는 사실이었다. 그들은 하나님이 자신들과 함께 그 배 안에 계신다는 사실을 깨닫지 못하고 배가 침몰할까 전전긍긍했다. 우리도 마찬가지다. 바로 우리 눈앞에서 닥쳐 오는 세상의 폭풍에만 신경을 쓰다 보면 우리가 탄 인생이라는 배의 고물에서 평안히 주무시는 분이 누구인지 잊기가 너무나 쉽다. 늘 그곳에 계시는 분은 바로 하나님의 아들이시다.

어두움 속에서 찾은 빛

절망적인 상황에서 극단적인 선택을 했지만
하나님의 개입으로 구조된 여성이
소망 가득한 치유의 길을 연다.

여호와 그가 네 앞에서 가시며 너와 함께하사
너를 떠나지 아니하시며 버리지 아니하시리니
너는 두려워하지 말라 놀라지 말라

−신명기 31장 8절

요셉은 지하에 얼마나 오래 있었는지 기억조차 나지 않았다. 옥중의 일과는 매일 똑같았다. 한동안은 빛이 창살을 통과하면서 천장에 남기는 그림자의 움직임으로 시간을 가늠했다. 일 년 정도 지나자 그조차 포기했다.

요셉은 넓은 평야 지대에서 자랐다. 감옥에서 밤에 잠을 청할 때면 별 가득한 하늘과 소 떼, 들판 등 어린 시절 눈에 익은 광경이 선히 그려졌다. 이제는 가족들도 막내아들이자 막냇동생인 그를 까마득히 잊었다.

다른 수감자들이 들어오고 나갔다. 그들은 요셉을 기억하겠노라고 말했지만 나가면 바로 잊었다.

아무도 기억하지 않는 존재. 외톨이. 모두가 요셉이 있다는 사실조차 잊는 듯했다.

요셉은 기도했다. '하나님, 어디에 계시나요?'

요셉은 애굽(이집트)의 지하 감옥에 갇혀 있었다. 나중에 그는 이스라엘의 열두 아버지 중 한 명이 된다. 하지만 그 지하 감옥에서 그는 누구의 아버지도 될 수 없다고 느꼈을 것이다.

우리는 성경을 통해 요셉이 아버지 야곱의 사랑을 한 몸에 받던 어린 시절 입었던 채색옷을 잘 안다. 그러나 요셉의 이야기는 아무도 기억하지 않는 외톨이 신세를 슬퍼하며 절망한 순간들도 담고 있다.

사실 요셉은 단 한순간도 혼자가 아니었다.

✳ ✳ ✳

요셉이 감옥에서 겪었던 것처럼 혼자 힘으로는 빠져나올 수 없는 깊은 구덩이에 떨어진 상황은 심한 우울증에 걸린 상태에 견줄 수 있다. 위스콘신주에 사는 티나 잔은 오랫동안 우울증과 씨름했다. 게다가 산후우울증까지 겹치면서 티나는 헤어날 수 없는 나락으로 떨어졌다. 좋아하는 성경 내용인 요셉의 이야기를 묵상해도 아무런 위안이 되지 않았다. 더는 하나님의 음성이 들리지 않는다고 느꼈다.

그 적막함 때문에 티나는 자신을 포함해 아무도 이해할 수 없는 일을 하게 되었다. 극단적인 선택이었다. 자신이 누구에게도 존재감이 없다는 참을 수 없는 외로움 때문이었다.

"왜 다 떨쳐 버리지 못해!" 어느 친척의 따끔한 그 말이 수백만 리 떨어진 곳에서 들리는 듯했다. 티나는 당시 아들을 낳은 뒤 산후조리를 위해 어머니 집에서 지내고 있었다. 어떤 생각이나 느낌도 없는 듯 매일같이 허공만 멍하니 바라보았다. 그러면서 계속 왜 자신은 아무것에도 관심을 두지 못하는지 의아스러울 뿐이었다.

그러나 친척의 그 한마디에 티나는 갑자기 모든 것을 한꺼번에 느꼈다. 오랜 세월의 고통이 그 순간으로 압축되었다. 평생 자신을 괴롭히는 우울증과 힘들었던 어린 시절 등. 자신의 문제에 대한 해결책은 주변의 모든 사람을 밀쳐 내고 현실에서 도피하는 것이라는 원초적 본능이 지배했다.

티나는 오로지 한 가지 생각뿐이었다. 전부 다 떨쳐 버려야 해! 이 세상을 떠나야 해!

티나는 그 극단적인 생각을 당장 실행에 옮겼다.

티나는 벌떡 일어나 방에서 나가 자동차 키를 들고 밖으로 뛰쳐나갔다. 어떤 소리도 그녀의 귀에 와닿지 않았다. 돌아오라는 어머니의 만류도, 여섯 살짜리 딸아이의 애원도 들리지 않았다. 티나는 자동차에 올라타고 샤워노에서 그린 베이를 향해 차를 몰았다.

티나의 귀에는 한 목소리만 들렸다. 그 지역에서 가장 높은 다리로 가서 강으로 뛰어내리라는 소리였다. 티나는 가속 페달을 최대한 밟고 위태롭게 차들을 추월하며 오직 한 가지 목적을 향해 질주했다. 순식간에 수 킬로미터를 달렸다. 다리에 도착하자 티나는 급히 차를 세우고 나와서 다리의 가장자리로 성큼성큼 걸어갔다.

콘크리트 안전벽에 닿자 곧바로 벽을 타고 올랐다. 약 60미터 아래 폭스강의 검푸른 수면이 눈에 들어왔다.

티나는 주저 없이 뛰어내렸다.

순간적으로 몸이 공중에 떠 있는 듯했다. 하지만 그 순간을 더는 기억할 수 없다.

그때 갑자기 어디선가 한 손이 나와 그녀의 팔을 붙잡았다.

✳ ✳ ✳

성경이 전하는 일관된 메시지 중 하나는 '두려워하지 말라. 하나님이 너희와 함께하신다'는 것이다. 그러나 이 영원한 진리도 우리가 깊은 구덩이에 빠지면 기억하기가 절대 쉽지 않다. 티나 잔은 그런 상태에 있는 것이 어떤지 잘 알았다. 그녀의 삶 전체가 결국 모든 것에 등을 돌리는 극단적인 선택을 하게 만들었다. 그러나 투신을 기도하기 몇 년 전만 해도 적어도 겉보기에는 그녀가 아메리칸드림을 다 이룬 듯했다.

티나와 남편 대니얼은 남부럽지 않게 살았다. 대니얼은 기계설비 기술자로 일하면서 널리 인정받았다. 티나는 제약회사의 판매 대리인으로 높은 연봉을 받으며 승승장구했다. 그들은 누구나 꿈꾸는 그림 같은 집을 짓고 살았다. 1988년 딸 세라가 태어나자 그들의 행복은 절정에 달한 듯했다.

그러나 겉으로 잘 드러나지 않았지만 티나의 정신 건강에 문제가 있었다. 특히 우울증으로 수년 동안 고통받았다. 사람들에게 둘러싸여 있을 때도 자신이 홀로 고립되어 있다는 느낌을 떨치지 못했다. "외향적인 성격으로 보인다고 해서 외로움을 타지 않는 건 아니다"라고 그녀는 말했다.

그런 고립감은 학대당했던 어린 시절에서 비롯되었다. 그러다가 심리치료사의 도움으로 그 트라우마에서 어느 정도 회복하기 시작했다. 상태가 약간 호전된 듯하자 티나는 치료를 그만두었다. 그러나 사실은 큰 상처를 작은 반창고로 대충 가린 셈이었다.

티나는 또다시 우울증에 시달렸지만 더는 심리치료나 상담을 받지 않았다. 자기 내면을 억누르고 스스로 자신을 고립시키는 것을 '치료책'이라고 생각했다. 어두운 곳에서 나와 밝은 빛에 눈이 부셔 잠시 눈을 가늘게 뜨고 주변을 둘러본 뒤 모든 게 '정상'인 체했다는 뜻이다. 그 경험이 습관으로 굳어졌다. 홀로 고통당하면서도 행복한 모습을 한 가면을 쓰고 자신과 가족의 어두운 과거에 관해서는 아무에게도 털어놓지 않았다.

티나의 삶은 정서적으로만이 아니라 현실적으로도 기복이 심했다. 2000년이 되자 직장 생활에 제동이 걸렸다. 다니던 제약회사가 경영난으로 구조조정에 들어가면서 500여 명을 감원했다. 티나도 그중 한 명이었다. 그녀는 충격과 분노에 휩싸였다. 자신의 전부를 회사에 바쳤는데 느닷없는 해고가 보답이라니 기가 막혔다.

티나는 직장 생활에서 잘못한 게 없었다. 우울증에 시달리면서도 열심히 일했다. 가족과 함께 지내는 시간을 희생해야 하는 장기 출장도 마다하지 않았다. 단 하루의 병가도 낸 적이 없었다.

집에 있다가 주방에서 전화로 해고 통보를 받은 그녀는 전화기를 떨어뜨린 채 멍한 상태로 한참 동안 서 있었다. 회사의 배은망덕함이 너무나 괘씸해 벌렁거리는 가슴을 진정시킬 수 없었다.

티나는 창밖을 쳐다보았다. 밀려왔다 밀려가는 파도처럼 바람이 나뭇가지를 이리저리 뒤흔들었다. 그 위로 넓은 하늘에는 구름 한 점 없었다. 그러나 생기발랄한 녹음과 푸른 하늘이 그녀의 눈에는 그저 우중충한 회색으로 비쳤다.

"나는 낙담한 심정으로 하나님께 '이제 어떻게 해야 하죠?'라고 물었다"고 티나는 말했다.

그다음 일어난 상황에 그녀는 깜짝 놀랐다. 그냥 묻고는 기대하지도 않았는데 답이 왔기 때문이다.

"내면에서 이런 목소리가 들렸다. '큰길 아래로 쭉 내려가면 보험회사처럼 보이는 건물이 있는 걸 알지? 그 교회에 가보도록 해.'"

티나는 어려서부터 성당에 다녔다. 그러다가 나중에 루터교 교회에 나갔다. 성인이 될 때까지 거의 매주 교회에 갔다. 결혼 후에는 시부모가 다니는 교회에 나가기 시작했다. 그녀의 삶에서 하나님은 늘 한 부분을 차지했다. 기도도 자주 했다. 그러나 티나에게 하나님은 늘 시야의 주변부에 머물렀다. 거기에 계신다는 사실은 알지만 눈에 바로 보이지 않는다는 이유로 하나님의 임재를 진지하게 의식하지 않고 살아왔다.

해고 통보를 받던 날 하나님이 알려 주신 교회는 눈에 잘 띄지 않았다. 다목적 사무실 건물에 거의 숨어 있다시피 했다. 티나는 그 앞을 자주 지나쳤지만 그곳이 교회인 줄 알지 못했다.

티나는 하나님이 하신 말씀을 곰곰이 돌이켜 보았다. 처음에는 자신에게 왜 또 다른 교회가 필요한지 이해가 가지 않았다. 이미 교회에 다니고 있었기 때문이다. 그러나 깊이 생각할수록 자신의 신앙생활은 진정한 소망을 바탕으로 한 것이 아니라 일종의 의무처럼 여겨진다는 사실을 깨달았다. 그저 일요일이 되면 교회에 가서 다른 교인들에게 형식적으로 묵례하며 미소를 짓고는 자리에 앉아 스테인드글라스를 올려다보며 반사적으로 기도하고 찬송했을 뿐이었다.

또 그녀는 우울증이 약간 좋아졌으나 여전히 자기 삶에 커다란 빈 곳이 있다는 사실을 알았다. 혼자서는 그 공간을 도저히 채울 수 없다는 생각이 들었다.

그 주 일요일 티나는 동생과 함께 사무실 건물에 자리 잡은 그린베이커뮤니티 교회 문 앞으로 갔다. 입구에 모여 있던 교인들이 그녀를 반갑게 맞았다.

그들은 교회 안에 있는 카페에서 파는 커피 컵을 들고 있었다. 티나는 처음엔 그처럼 자유분방한 색다른 느낌 때문에 그 교회에 끌린다고 생각했다. 그러나 곧 교인들과 그 교회의 본질적인 면이 마음 깊이 와닿았다. "그 교회에서 처음 예배를 드리면서 '이곳이 내가 다녀야 할 교회'라는 생각이 절로 들었다." 목사님이 그리스도를 자신의 삶에 받아들이라고 권유하는 기도를 시작하자 티나도 이전에 경험하지 못했던 느낌과 열정으로 기도할 수 있었다.

티나는 그때까지 살아오면서 늘 찾으려 했던 교회를 드디어 발견한 것이라고 확신했다. 건물 외부에는 아무런 표시가 없었으나 하나님이 그러하시듯이 그 공동체의 거룩한 기운은 그곳의 어디에나, 누구에게나 깃들어 있었다. 그녀의 눈을 덮고 있던 비늘을 벗겨 내는 데 약간의 도움이 필요했을 뿐이었다.

그러나 그것으로 문제는 끝나지 않았다. 그녀의 삶에서 하나님으로만 채워질 수 있는 '하나님 모양의 빈자리'는 그 교회를 발견함으로써 채워졌으나 그녀의 앞날은 여전히 험난했다. 특히 우울증은 끈질기게 그녀를 붙들고 늘어졌다.

티나는 2004년 늦은 봄 둘째를 출산한 후 극심한 산후우울증에 빠졌다. 외부의 위협으로부터 자신을 보호해 주는 단단한 껍질 속에 움츠린 애벌레처럼 그녀는 죄책감, 불안, 숨 막히는 슬픔에서 도피하기 위해 내면의 방어막 속으로 숨어들었다. 약도 소용이 없었다. 항우울제는 그녀를 정신적으로 신체적으로 무감각하게 만들 뿐이었다.

우울증은 우리에게 '너는 외톨이야'라고 속삭인다. 터무니없는 거짓말이지만 실제로 우울증에 빠지면 옆에서 누가 뭐라고 해도 우리는 완전히 혼자라고 느낀다. 티나가 극심한 산후우울증에 시달릴 때 교회 친구들과 어머니, 시댁 식구들과 남편이 모두 나서서 도움을 주려고 무척 애썼다. 하지만 그녀는 주변에서 무슨 일이 일어나는지조차 모를 정도로 무감각했다. 교회에서 여성 교우들이 교대로 집에 찾아와 밥을 지어 주고 빨래도 해 주었다. 시댁 식구들은 딸아이 세라와 갓난아기 노아를 돌봐 주었다.

혼자서는 도저히 자신과 아이들을 돌보지 못하게 되자 티나는 어머니 집으로 들어갔다. 어머니는 티나가 집에만 머물지 않도록 친구들 집에 놀러 갈 때 그녀를 데리고 다녔다. 그러나 티나는 갈수록 더욱더 고립되어 갔다. 어머니와 함께 집에 있을 때나 다른 집을 방문할 때나 거의 혼수상태에 있는 듯했다. 그냥 앉아서 멍하니 허공만 쳐다보았다. 마치 붐비는 공항의 무빙워크 위에서 사람들과 그들의 대화가 그녀 곁으로 하염없이 스쳐 가는 것과 마찬가지 상황이었다.

티나는 산후우울증이 어떤지 잘 알고 있었다. 다만 몰랐던 것은 아이를 출산할 때마다 증상이 더 심해진다는 사실이었다. 첫째를 낳았을 때도 그랬지만 둘째가 태어난 뒤에는 더 견디기 힘들었다. 산후우울증은 출산 후 3개월째가 가장 힘들다. 티나도 그 시점에 더는 견딜 수 없는 한계에 도달했다고 느꼈다. 그래서 극단적인 선택을 결심했다.

그날이 2004년 7월 19일이었다. 티나는 '너는 외톨이야'라는 내면의 거짓 속삭임을 그대로 믿고 실제로 자기 삶 안에 있는 모든 사람과 영원히 단절되어 완전히 혼자가 되기로 마음먹었다.

하지만 티나는 결코 혼자가 아니었다. 가족과 친지, 교회의 교우들은 그녀를 잃는 상황이 되도록 손 놓고 있지 않았다. 그들은 티나가 삶을 포기하는 순간에 기적적으로 개입했다. 먼저 티나의 어머니가 행동에 나섰다.

티나가 집을 뛰쳐나갈 때 어머니는 그녀가 목적지를 외치는 소리를 들었다. 다리였다. 딸의 앞을 막을 수 없었던 어머니는 곧바로 사위 대니얼에게 전화를 걸었다. 대니얼은 긴급 구조대에 상황을 설명하면서 자기 차가 주차된 곳으로 달려갔다.

티나가 고속도로에 들어섰을 때 대니얼은 이미 집으로 향하고 있었다. 두 사람은 서로를 지나쳤다. 대니얼은 중앙분리선을 넘어 유턴한 뒤 아내의 뒤를 쫓았다.

바로 그 얼마 전 경찰관 레스 볼트는 교대 근무를 마치고 우체국에 가서 볼일을 본 다음 다시 차로 돌아와 무전기를 켰다. 곧바로 무전기에서 "레오 프리고 메모리얼 다리로 가는 고속도로에서 고속 질주하는 차량 발견"이라는 긴급 보고가 흘러나왔다. 볼트는 곧장 추격에 합류했다. 티나의 차를 따라잡으려면 속도를 시속 170킬로미터까지 높여야 했다.

볼트는 투신자살하려는 사람을 다루는 방법을 훈련받은 노련한 경찰관이었다. 따라서 이 상황이 자신에게도 매우 위험하다는 사실을 알고 있었다. 티나가 다리의 중간 지점에서 차를 멈췄을 때 볼트는 바로 뒤에 따라붙었다. 그가 차에서 급히 내릴 때 이미 티나는 다리 가장자리로 걸어가고 있었다. 그는 "이봐요! 잠깐만요!"라고 소리쳤다.

티나는 아무런 소리도 못 들은 듯 반응을 보이지 않았다.

볼트는 순간적으로 무슨 일이 벌어질지 직감했다. 한 발만 늦어도 그녀를 구할 수 없었다. 티나가 다리 위에서 뛰어내리는 찰나 볼트가 곧바로 몸을 날려 그녀의 손목을 움켜잡았다.

순찰차의 카메라에 찍힌 동영상은 위기일발의 섬뜩한 장면을 보여 주었다. 볼트는 다리의 가장자리 끝에 기대어 겨우 티나의 손목을 붙잡을 수 있었다. 티나가 뛰어내릴 때 콘크리트 보호벽 너머 밖으로 약간 튀어나와 있는 포장도로 끝머리에 그녀의 발이 걸렸다. 그 때문에 잠시 낙하가 멈췄다. 바로 그 순간 볼트가 티나를 잡아 뒤로 끌어당길 수 있었다. 티나는 버둥거리며 저항했다. 볼트는 보호벽에 몸을 겨우 지탱하면서도 끝까지 티나의 손목을 놓지 않았다.

"나는 떨어지고 싶었다"고 티나는 기억했다. "하지만 그가 내 손을 놓지 않았다."

볼트가 티나를 끌어올리는 버팀대로 사용한 그 콘크리트 보호벽이 없었다면 동료 경찰관이 와서 티나의 다른 쪽 팔을 붙잡을 때까지 걸린 16초 동안 그도 버티지 못했을 가능성이 컸다. 곧 세 번째 경찰관이 도착해 그녀의 다리를 붙잡았다. 그들은 힘을 합쳐 티나를 보호벽 너머로 안전하게 끌어냈다.

그처럼 긴박한 순간 구조에 성공하려면 많은 일이 서로 잘 맞아떨어져야 한다. 볼트 경찰관이 규정된 절차를 따랐다면 자기 안전은 보장할 수 있었겠지만 티나를 구할 수는 없었다. 그는 과감한 결단으로 규정 준수를 거부했다. 그로써 티나는 그에게 큰 신세를 졌다. 그러나 결정적인 시점에 구조가 성공할 수 있었던 것은 무엇보다 그녀를 위해 늘 기도해 준 교회 친구들의 개입 때문이었다고 티나는 확신한다. 실제로 매 순간 하나님의 손이 그녀를 위해 움직이고 있었다. 그 모든 것은 티나의 가족과 교회의 기도에 대한 응답이었다.

그 사건 후 티나의 삶에 많은 변화가 있었다. 회복에 오랜 시간이 걸렸으나 그녀는 그 일을 겪은 뒤 믿음이 더욱 강해졌다. 그러나 앞에서도 말한 바와 같이 우울증은 매우 끈질기다. 티나는 구조된 뒤 자살 충동을 일으키는 극심한 우울증을 막기 위해 전기경련요법 (ECT) 치료를 받았다. 그 때문에 그녀는 많은 기억을 잃었다. 기억상실은 ECT 치료를 받는 사람들이 감수해야 하는 흔한 부작용이다. (ECT는 자살 충동이 있거나 자해 환자들이 받는 최후의 치료다. 존스홉킨스 병원의 데이터에 따르면 항우울제보다 효과가 더 빨리 나타나고 성공률도 높으나 효능이 오래가지는 않는다.)

티나는 교회에 돌아간 기억이 나지 않지만 그녀의 믿음 공동체는 두 팔을 활짝 펴서 그녀를 환영했다. 그러면서 그녀에게 기대하지 않았던 일이 일어났다.

비슷한 처지에 있는 사람들이 그녀를 계속 찾아와 위안을 구했다. 티나는 이렇게 말했다. "그들은 자신의 우울증과 자살 충동에 관한 이야기를 내게 털어놓았다. 그들은 곁에 누가 있어도 늘 혼자라고 느끼며 깊은 외로움에 시달렸다. 하지만 나를 만나고 나서는 자신과 똑같이 느낀 사람이 있다는 것을 알게 되어 많은 위로가 된다고 말했다."

지금 티나의 삶은 기도를 중심으로 이루어진다. 성경을 읽고 기도하는 것으로 하루를 시작하고 묵상과 기도로 하루를 마감한다. 그녀에게 기도를 부탁하러 오는 사람도 많다. 그동안 티나는 책도 냈고,

지금은 산후우울증 같은 정신 건강 문제에 관한 열린 마음과 교육을 주창하는 사회운동가로 활동한다. 동시에 그녀는 헌신적인 어머니이자 교회 지도자다.

티나는 성경에서 특히 요셉의 이야기를 좋아한다. 요셉이 아버지의 사랑을 독차지하자 시기하는 형들이 막내아우인 그를 노예로 팔아넘겼다. 애굽에서 노예로 숱한 고난을 겪으면서도 요셉은 애굽의 이인자인 총리의 자리에 올랐다. 그 지위 덕분에 그는 기근에 시달리던 가족을 구할 수 있었다. 티나가 그 이야기에 끌리는 것은 어려움에 부닥쳐서도 믿음으로 끝까지 견디며 올바른 일을 하려고 했던 요셉의 소망에 깊이 공감하기 때문이다.

창세기에 나와 있는 요셉의 이야기가 끝나는 부분에서 그는 자신이 겪은 고난이 견디기 힘들었던 점을 부인하지 않는다. 그러나 그는 자신이 애굽 땅에 노예로 팔려 감으로써 결과적으로 선한 일들이 이루어졌다고 강조한다. 요셉은 자신을 팔아넘겼던 형제들을 이렇게 위로한다. "당신들은 나를 해하려 하였으나 하나님은 그것을 선으로 바꾸사 오늘과 같이 많은 백성의 생명을 구원하게 하시려 하셨나니 당신들은 두려워하지 마소서"(창세기 50:20~21).

✳ ✳ ✳

지금 티나는 그 다리에서 뛰어내리다가 구조된 경험 덕분에 자신의 세계가 생각지도 못했던 방향으로 확대되었다고 말한다. "하나님께서 나의 세계를 활짝 열어 다른 사람들이 소망을 가질 수 있도록 내 삶을 그들과 나눌 수 있게 만드셨다." 그녀는 요셉의 말을 돌이키며 이렇게 조언했다. "우리가 만나는 모든 것이 선을 이루기 위해 사용될 수 있다. 그러나 우리가 만나는 모든 것이 선은 아니다."

티나는 과거 걸핏하면 극심한 우울증에 시달리면서 자신을 붙잡을 수 있을 정도로 강한 사람은 없다고 확신했다. 그러나 그녀의 삶에 개입하려는 하나님의 사랑은 너무나 강해 티나를 가볍게 들어 올려 하나님의 안전한 품속으로 끌어들였다. 그날부터 티나는 하나님의 임재 안에서 얻는 안전함에 이루 말할 수 없는 평안을 느끼며 치유의 길을 걸을 수 있었다.

초강력 폭풍에도 끄떡없는 기도방

앨라배마주의 한 할머니는 토네이도로
집과 생활 터전을 완전히 잃고도 그 자리에서
생명을 지켜 주신 하나님을 찬양한다.

이에 그들이 그들의 고통 때문에 여호와께 부르짖으매
그가 그들의 고통에서 그들을 인도하여 내시고
광풍을 고요하게 하사 물결도 잔잔하게 하시는도다

—시편 107편 28~29절

어네스틴 리즈의 집이 사라졌다. 메가톤급 토네이도가 기둥을 무너뜨리고 벽돌까지 한 장씩 날려버려 벽도 천장도 남지 않았다. 군데군데 강풍에 박살이 난 잔해만 수북이 쌓여 있었다. 잔뜩 찌푸렸지만 이제는 조용해진 하늘 아래서 어네스틴의 가족들이 무너진 집에 남아 있는 것들을 살폈다. 종잇조각처럼 찢어진 캐비닛, 물을 잔뜩 머금은 소파, 벽돌 덩어리들 사이에서 72세인 어네스틴이 하나님을 찬양했다.

어네스틴은 잔해 무더기 사이에서 손자와 영상통화를 하며 이렇게 말했다. "하나님께 감사를 드려야지! 너무 기뻐! 우리가 살아남은 건 오직 하나님의 자비로우심 덕분이야."

어네스틴은 성령 충만함을 입어 상기된 모습으로 밝게 웃고 있었다.

2019년 3월 강력한 폭풍이 잇따라 발생하면서 메가톤급 토네이도가 만들어져 플로리다부터 조지아, 앨라배마주까지 미국 남부의 일부를 초토화했다. 23명이 목숨을 잃었다. 전부 앨라배마주 리 카운티 주민이었다. 주택과 상가가 무너지고 나무가 뿌리째 뽑혔다. 피해 규모는 수백만 달러에 이르렀다. 그러나 그처럼 위력적인 폭풍도 리 카운티를 비롯해 피해 지역 주민들의 마음과 정신, 그리고 믿음을 무너뜨리지는 못했다. 어네스틴의 이야기는 불가항력의 재난도 용기와 하나님에 대한 굳건한 믿음으로 거뜬히 극복할 수 있다는 사실을 잘 보여 준다.

리 카운티의 보리가드 마을에 사는 어네스틴은 집이 무너지면서 고관절 골절상을 입었다. 그런데도 그녀는 자신과 가족을 지켜 주신 하나님의 은혜를 생각하며 마냥 즐거워했다. 폭풍이 지나간 뒤 그녀가 자기 집이 있었던 곳에서 휠체어에 앉아 하나님께 감사하는 모습은 유튜브 동영상으로 만들어져 네티즌들 사이에서 급속히 퍼졌다.

어네스틴은 등번호 2번이 새겨진 미식축구 운동복 셔츠로 몸을 감싸고 산소 공급 튜브를 단 채 "하나님, 감사합니다!"라고 외쳤다. 이어 환한 미소를 띠며 "여러분도 하나님께 감사하세요"라고 여러 번 말했다. 어네스틴의 조카가 찍은 그 동영상은 토네이도가 남긴 끔찍한 파괴의 흔적을 잘 보여 주었다. 뿌리째 뽑혀 쓰러진 나무들,

뒤집혀 나뒹구는 보일러, 물에 잠긴 소파, 지붕의 잔해, 무너진 벽돌벽. 주변이 온통 그처럼 처참한 모습인데도 어네스틴은 낙담하지 않고 생명을 보존해 주신 하나님의 자비와 권능을 소리 높여 찬양했다. 그녀는 자신과 가족이 살아남은 것은 오로지 하나님이 개입하신 덕분이라며 그분의 이름을 칭송했다.

그 드라마는 하루 전에 시작되었다. 어네스틴의 집 바로 곁에 딸라숀 윌슨과 사위 콜라야가 살았다. 라숀은 나중에 앨라배마주의 뉴스 사이트 AL.com과 가진 인터뷰에서 당시 상황을 설명했다. 그녀는 메가톤급 토네이도가 그 동네에 근접했다는 경보를 듣고 남편과 함께 아들 쿰란(사해 문서가 발견된 곳의 지명을 따서 이름을 지었다)을 데리고 어머니의 집으로 달려갔다.

그들은 그 집에서 욕실이 가장 안전하다고 판단하고 어네스틴을 그곳으로 모신 뒤 모두 함께 숨을 죽이며 토네이도가 지나가기만을 기다렸다. 어네스틴은 손자 쿰란에게 주님께 기도하라고 일렀다. 라숀도 아들에게 기도하도록 여러 번 이야기했다.

흔히 토네이도가 닥칠 때 나는 소리는 화물열차가 바로 곁에서 지나갈 때의 굉음과 비슷하다고 한다. 지붕이 뜯겨 날아가고 벽이 무너져 내리는 집 안에 있으면 얼마나 끔찍하고 두려울까? 그런 일을 당하지 않은 사람은 상상하기조차 어렵다. 집 안의 쇠못이 뽑혀 나가고, 벽돌이 우르르 떨어지며, 창문이 박살 나고, 온갖 물건이 사방으로 어지럽게 날아다니면 지옥이 따로 없다는 느낌이 들 수밖에 없다.

하지만 놀랍게도 그들은 살아남았다. 그들은 토네이도가 지나간 뒤 사방을 둘러보았다. 기둥과 벽, 지붕 등 집 안의 거의 모든 구조물이 붕괴했지만 작은 한 부분은 그대로 남아 있었다. 어네스틴이 성소로 생각하던 기도방이었다. 방이라고 하지만 집의 한구석에 마련된 작은 공간일 뿐이었다. 그러나 그곳은 어네스틴이 수십 년 동안 하나님과 대화를 나누며 교제하던 곳이었다. 어네스틴은 "하나님께 기도하고 하나님을 믿으면 그분은 절대 우리 곁을 떠나거나 우리를 버리지 않는다는 사실을 모두가 확실히 깨닫도록 그 기도방을 남겨 두신 게 분명하다"고 말했다.

토네이도가 무섭게 위력을 떨치며 사방에서 집이 무너지는 상황에서 라숀은 하나님의 임재를 느꼈다. 욕실마저 무너져 내리면서 기둥이 자신들 위를 덮친 것도 하나님의 섭리라고 생각했다. 그녀는 AL.com에 "그곳에 임재하신 하나님의 손이 우리를 눌러 덮어 보호해 주셨다"고 말했다.

라숀은 그처럼 잔해에 깔린 것이 오히려 구원의 은혜라고 생각했다. 토네이도의 위력이 너무나 강했기 때문에 몸이 노출되면 그대로 바람에 휩쓸려 날아갈 수 있었다. 그랬다면 크게 다치거나 목숨을 잃었을 가능성이 컸다. 강력한 토네이도가 지나가고 난 뒤 두 번째 약간 약한 폭풍이 지나갈 때 차가운 비바람 속에서 라숀은 화장대에 매달려 버텼다.

곧 어네스틴을 구하려고 이웃들이 달려왔다. 자신들의 집도 피해가 컸지만 그들은 기꺼이 구조에 나서 잔해 아래 깔려 있던 어네스틴을 끌어냈다.

어네스틴이 겪은 일을 우리가 상상하기는 힘들지만 그녀와 가족들이 그 끔찍한 토네이도가 지나간 직후 그 자리에서 하나님을 찬양할 수 있었다는 사실은 믿음과 기도의 힘을 생생하게 보여 주었다. 토네이도가 잇따라 두 차례 그 지역을 관통했다. 그중 하나는 넓이가 800미터, 풍속은 시속 219~266킬로미터로 추정되었다.

앨라배마주가 치명적인 토네이도의 직격탄을 맞은 것은 그때가 처음이 아니었다. 2011년에도 여섯 차례 이상의 토네이도가 그곳을 덮쳐 주민 230여 명이 목숨을 잃었다. 리 카운티는 '딕시 앨리(Dixie Alley)'라는 별명이 붙은 지역에 위치한다. 미국 남부에서도 대형 폭풍과 토네이도가 잦은 회랑을 형성하는 곳이다. 그래서 그곳 주민들은 늘 하늘을 걱정스럽게 바라본다. 다른 한편으로 여론조사기관 퓨리서치 센터에 따르면 앨라배마는 주민 중 복음주의 기독교 신자의 비율이 미국에서 가장 높은 주다.

그러나 통계 수치가 모든 것을 말해 주지는 않는다. 앨라배마 주민들의 믿음을 실질적으로 보여 주는 것은 그처럼 끔찍한 상황을 겪은 어네스틴 리즈를 비롯한 많은 토네이도 피해자들이 고통 속에서도 하나님의 은혜를 증거하는 생생한 증언이다.

치명적인 토네이도의 한가운데서 살아남은 어네스틴이 그 직후 현장에서 하나님께 감사를 드리며 외친 주님 찬양은 다른 모든 곳에 사는 사람들의 상상과 믿음에도 불을 지폈다. 특히 리 카운티는 주민들의 유대감이 강할 뿐 아니라 많은 친척이 함께 모여 사는 곳이다. 이번 토네이도로 목숨을 잃은 23명은 모두 약 2.6제곱킬로미터 안에 살았다. 그중 7명이 어네스틴과 가족들의 친척이었다.

아울러 그 동네는 일상생활에 믿음과 예배가 녹아 있는 곳이다. 현지 업체들은 재난에 모든 것을 잃은 사람들에게 지원금과 차량을 제공했다. 인터넷을 통한 모금 운동도 활발하게 펼쳐졌다. 사망자 외에 부상자도 90명에 이르렀기 때문에 상처를 어루만져 주는 손길이 많이 필요했다. 그래서 주민들은 단합을 통해 위로와 소망을 찾았다. 그로부터 1년 뒤의 한 인터뷰에서 어네스틴은 이렇게 말했다. "당시 일을 계속 떠올리게 된다. 그런 일을 겪고 나면 모든 것이 달라 보인다."

치명적인 토네이도가 지나간 직후 주민들은 너나없이 구호품을 교회로 가져갔다. 나중에 어네스틴의 고관절 골절과 재정적인 어려움이 알려지자 이웃들이 합심해서 도움을 주었다. 지역 병원 산하의 재단은 그녀가 회복하는 동안 사용할 수 있는 아파트를 제공했다. 그 지역의 한 침례교회는 어네스틴에게 필요한 가구를 지원했다.

도움과 위로를 받은 사람은 어네스틴만이 아니었다. 그곳에서 약 80킬로미터 떨어진 조지아주에 사는 할머니 하이디 매코넬은 라숀의 가족사진 조각을 발견하고는 그녀에게 돌려주었다. 하이디는 "만약 내가 가족사진을 전부 잃어버렸다면 작은 조각이라도 돌려받고 싶을 것"이라고 말했다. 라숀은 하이디에게 감사를 표하며 이렇게 말했다. "겨우 사진 한 장의 일부이지만 그건 나의 것이고 그게 나다. 내가 잃어버린 사진이다. 내가 아직도 무엇을 갖고 있다는 사실이 별거 아니라고 생각할 수 있겠지만 실은 아주 중요하다."

우리가 수없이 보았듯 비극이 닥칠 때 사람들은 한마음으로 뭉쳐 집과 가게를 다시 세우고, 희생된 사람들을 애도하며 그들을 기억하기로 다짐한다. 어떤 사람은 믿음을 지키고 어떤 사람은 믿음을 더 강하게 세운다. 많은 사람이 피해 복구를 위해 할 수 있는 모든 일을 한다.

2019년 12월 말 어네스틴은 새집으로 이사할 수 있었다.

기독교 구호단체 사마리안 퍼스(Samaritan's Purse, 아낌없이 도움을 주는 착한 사마리아인을 본받자는 취지로 이름 붙였다)의 대표 프랭클린 그레이엄 목사(고 빌리 그레이엄 목사의 아들)는 어네스틴이 겪은 일과 기도방에 관한 놀라운 이야기를 들었다. 그는 믿음과 감사의 메시지로 많은 사람을 감화시킨 어네스틴에게 새집을 지어 주는 것을 자선단체의 목표로 삼았다. 어네스틴은 조지아주 콜럼버스의 WRBL 방송과 가진 페이스북 라이브 인터뷰에서 이렇게 말했다. "말로 다 할 수 없는 축복이다. …… 최고의 선물이다. 여러분과 함께 있고 새집을 갖는 것 외에 내가 원하는 다른 선물을 생각할 수 없다. 물론 하나님이 얼마나 선하신지 증거하는 것은 제외하고 말이다."

기도는 언제나 어네스틴의 가족사에서 핵심적인 역할을 했다. 라숀은 나중에 AL.com과 가진 인터뷰에서 "기도가 우리의 중심"이라고 말했다. "늘 우리는 기도를 통해 어려움을 헤쳐 왔다. 지금도 마찬가지다."

라숀은 어머니 옆집에 살면서 지난 3년 동안 어머니를 돌보았다. 기도 없이는 하기 어려운 일이었다. 어네스틴은 고관절 골절을 치료하기 위한 수술 후 합병증으로 혼자 거동할 수 없었다.

어네스틴은 프랭클린 그레이엄 목사를 만났을 때 그의 아버지 빌리 그레이엄 목사를 존경했다며 TV로 설교를 들으며 그와 함께 기도한 과거를 회상했다. 그레이엄 목사는 "당신과 당신 가족의 굳센 믿음이 우리에게 축복이지요"라고 말했다. 어네스틴은 이렇게 화답했다. "믿음이 우리가 가진 전부예요. 우리는 믿음과 함께 성장하면서 예수님에 관해 알았어요. 우리는 오랫동안 그리스도를 증거했어요." 그녀는 그레이엄 목사와의 만남이 TV로 중계되어 기쁘다며 그의 손을 잡고 "예수님에 관해 이야기해요!"라고 말했다.

우리 주위에 착한 사마리아인과 같은 선행을 베푸는 사람들이 많지만 그들의 이야기는 거의 알려지지 않고 그냥 묻힌다. 마트의 계산대에서 상품 한두 가지만을 사는 사람에게 순서를 양보하는 행동부터 거액의 기부금을 내는 자선 활동까지 작은 일이든 큰일이든 믿음에서 비롯된 행동은 다른 사람들을 감화시켜 더 많은 선행을 부른다. 그러면 더 넓은 사회의 상처가 치유되고 어려움에 부닥친 수많은 사람이 도움을 받을 수 있다.

그리스도의 십자가는 예수님이 우리를 위해 자신을 대속 제물로 바친 사실을 기억하게 하는 상징이다. 같은 맥락에서 어네스틴의 무너지지 않은 기도방은 많은 사람에게 기도의 능력을 증거하는 상징이 되었다. 또 어떤 사람들은 그 일을 기적이라고 생각한다. 어느 쪽이든 살아남아 새롭게 살아가도록 하는 하나님의 은혜라는 메시지는 같다. 하나님은 언제나 거기에 계신다. 특히 혼돈의 소용돌이 속에서 우리 목소리가 들리지 않는 듯한 어두움의 시간에도 그곳에 임재하신다. 하나님은 진실로 위대하시다. 생명이 스러지고 개인적인 비극이 닥치는 와중에 수많은 사람을 은혜로 감동 감화시키신다. 소망과 희생, 섬김의 메시지가 어둠 속에 밝은 빛을 비춘다.

라숀은 기도의 중요성을 강조하면서도 반드시 기도방에서만 기도할 필요는 없다고 말했다. "하나님과 개인적으로 교제하고 대화하는 시간을 가질 수 있는 곳이면 어디든 상관없다."

어네스틴의 기도방은 우리가 언제 어디서든 하나님과 연결될 수 있다는 사실을 말해 준다. 우리는 항상 하나님께 다가갈 수 있다. 반드시 치명적인 토네이도나 기적적인 생존의 순간이 아니더라도 그분은 우리의 삶에 적극 개입하신다. 그것이 우리 구주 예수 그리스도와 우리 사이의 관계에서 이루어지는 기적이다. 인생의 극적인 순간에도, 또 옷장에 옷을 거는 것 같은 가장 평범한 일상에도 하나님은 늘 우리 곁에 계신다. 그분을 신뢰하고 의지하는 믿음을 통하면 불가능한 일이 없다.

어네스틴의 감사하는 마음과 강한 믿음은 놀라울 정도로 순수하다. 모든 것을 잃어도 여전히 하나님을 찬양할 수 있는 사람이 우리 중에 얼마나 될까? 정든 집이 완전히 파괴되어 사라질 때의 상실감은 누구든 감당하기 어렵다. 그러나 그런 상황에서 어네스틴이 하나님을 찬양한 것은 예수님의 가르침을 떠올리게 한다. "너희를 위하여 보물을 땅에 쌓아 두지 말라 거기는 좀과 동록이 해하며 도둑이 구멍을 뚫고 도둑질하느니라 오직 너희를 위하여 보물을 하늘에 쌓아 두라 거기는 좀이나 동록이 해하지 못하며 도둑이 구멍을 뚫지도 못하고 도둑질도 못 하느니라 네 보물 있는 그곳에는 네 마음도 있느니라"(마태복음 6:19~21).

어네스틴은 2022년 1월 24일 하나님의 부르심을 받고 이 세상을 떠났다. 그러나 한 가지는 분명하다. 하늘에 쌓아 둔 그녀의 보물은 실로 엄청날 것이다.

장군이 명한 기도

소박한 작은 기도가
제2차 세계대전의 판세를 바꾼다.

너희가 나를 두려워하지 아니하느냐 내 앞에서 떨지 아니하겠느냐
내가 모래를 두어 바다의 한계를 삼되 그것으로 영원한 한계를 삼고
지나치지 못하게 하였으므로 파도가 거세게 이나 그것을 이기지 못하며
뛰노나 그것을 넘지 못하느니라

−예레미야 5장 22절

1944년 12월 8일 동이 틀 무렵 제임스 오닐 군목은 사무실에서 그날 하루를 준비하고 있었다. 오닐은 프랑스 낭시의 카세른 몰리포에 사령부를 둔 미군 제3군의 수석 군목이었다. 사령관은 조지 패튼 주니어 중장이었다. 오닐 군목은 패튼 장군이 치른 모든 전투에서 그와 함께했고, 그를 진정으로 존경했다.

전화벨이 한 번 울리자 오닐은 곧바로 수화기를 들었다. "나 패튼 장군이오." 전화선 저편의 목소리가 흘러나왔다. "혹시 날씨에 관한 좋은 기도문이 있소? 우리가 이 전쟁을 이기려면 이 비를 좀 그치게 해야 하는데."

오닐은 창밖으로 쏟아지는 폭우를 쳐다보았다. 하늘이 뚫린 듯 끊임없이 내리는 비는 지난 9월부터 모젤과 사르 전투를 치르는 동안 내내 패튼의 전차와 보병 부대의 발을 묶어 놓았다. 이런 악조건 아래서는 독일 쪽으로 전진하기가 무척 어려웠다. 현재로는 연합군이 진지를 구축하고 기다리며 파리를 재점령하려는 나치 독일군으로부터 프랑스를 보호하고 있을 뿐이었다. 날씨가 좋아지지 않으면 양측의 대치가 지속되면서 전쟁은 교착 상태에 머물 수밖에 없었다.

오닐은 패튼의 의중을 즉시 알아챘다. "확인해 보겠습니다, 장군님. 한 시간 내로 보고하겠습니다."

오닐은 소지하고 있는 기도서 몇 권을 급히 살펴봤지만 적당한 기도문을 찾을 수 없었다. 약속한 시각이 가까워지자 그는 직접 기도문을 쓸 수밖에 없다고 판단했다. 그는 타자기로 3×5인치 크기의 파일 카드에 다음과 같은 기도문을 작성했다.

전능하시고 자비로우신 하나님 아버지, 주님의 크나큰 선하심에 간구하오니 우리를 힘들게 하는 이 무자비한 비를 그치게 해 주시옵소서. 우리에게 전투하기에 적당한 날씨를 허락해 주시고, 우리 군인들의 기도 소리에 귀를 기울여 주시옵소서. 주님의 권능으로 무장한 우리가 승리에서 승리로 나아가 적들의 압제와 악을 무찌르고 사람과 국가 사이에서 주님의 공의를 확립할 수 있게 이끌어 주시옵소서. 아멘.

오닐은 타이핑을 마치고 기도문 내용을 다시 검토했다. 그의 생각에 패튼 장군이 개인적인 경건의 시간을 위해 기도문을 원했던 것은 아닌 듯했다. 기도문을 인쇄해서 장병들에게 나누어 주려는 의도일 가능성이 컸다. 몇 주 뒤면 성탄절이었다. 그런 점을 염두에 둔 오닐은 카드를 뒤집어 간단한 성탄절 인사말과 패튼 장군의 이름을 타이핑한 다음 그 아래 서명란을 만들었다.

오닐은 타자기에서 카드를 뽑아낸 뒤 무거운 트렌치코트를 입고 옛 프랑스군 막사의 연병장을 가로질러 패튼 장군의 사무실로 향했다.

패튼은 오닐을 사무실로 불러들인 뒤 기도문을 받아 읽어 보고는 고개를 끄덕였다. 그는 오닐에게 카드를 되돌려 주면서 명령을 내렸다. "25만 부를 인쇄해 우리 제3군의 모든 장병이 한 장씩 갖도록 배포하시오."

"알겠습니다, 장군님!" 오닐은 그렇게 쉽게 대답했지만 방금 받은 임무가 얼마나 큰일인지 실감하고는 약간 벙벙했다. "그런데 장군님, 여기 뒤쪽을 보시면……." 그는 카드를 뒤집어 성탄절 인사말이 있는 쪽을 보여 주었다.

패튼은 카드를 다시 받아 들고 읽은 다음 빙그레 웃었다. "아주 좋아."

오닐은 이렇게 덧붙였다. "장군님이 직접 서명하시면 개인적인 정감이 담겨 장병들이 더 좋아할 겁니다."

패튼은 책상으로 가서 카드에 서명한 다음 책상에 앉은 채로 오닐에게 카드를 다시 내밀며 말했다. "잠시 좀 앉아 보시오. 기도 문제에 관해 좀 더 이야기하고 싶소."

오닐이 의자에 앉자 패튼은 두 손으로 얼굴을 문지르며 한동안 침묵했다. 그러다가 188센티의 장신으로 우뚝 서서 창가로 다가갔다. 각을 세워 다림질한 군복에 계급장과 명찰 등 모든 세부 장식이 완벽했다. 매우 강건해 보였고 오랜 세월 군인으로서 지켜 온 절도 있는 생활 습관이 몸에 배어 태도와 표정에 그대로 드러났다. 그는 성난 날씨를 물끄러미 바라보며 물었다. "이봐요 군목, 우리 군에서 기도를 얼마나 하고 있소?"

"군목들이 하는 기도를 말씀하시는 건가요, 아니면 장병이 하는 기도를 말씀하시는 건가요?"

"모두 다 포함해서 말이오."

오닐은 잠시 생각한 뒤 대답했다. "솔직히 말해 기도를 많이 하고 있다고는 생각하지 않습니다. 치열한 전투 중에는 모두가 기도하지만 지금처럼 비가 계속 오는 상황이면 모두 그냥 앉아서 무슨 일이 일어나기만 기다립니다. 모든 것이 조용하죠. 위험할 정도로 조용합니다. 일반적으로 야전에서는 실제 전투 상황이 아니면 기도하기가 어렵습니다. 군목도 장병도 교회 건물과 멀리 떨어져 있습니다. 그들 대다수는 기도가 예배 환경에서 특별한 자세를 취하고 격식을 갖추어야 하는 의식적인 행위라고 생각합니다. 이곳에서는 기도하는 사람이 별로 없는 것 같습니다."

패튼은 책상으로 다시 가서 의자에 앉아 양손의 검지 두 개로 연필을 잡고는 몸을 뒤로 기댔다. "군목, 나는 기도의 필요성과 그 능력을 확신하는 사람이오. 모든 사람이 원하는 것을 얻는 방법은 세 가지요. 계획하고, 실행하고, 기도하는 거요. 대규모 군사작전도 예외가 아니오. 우선 신중한 계획 또는 사고가 필요하고, 그다음 잘 훈련된 장병들이 그 계획을 실행해야 해요. 하지만 계획과 실행 사이에는 늘 우리가 알 수 없는 무엇이 있소. 그 미지의 무엇이 성공과 실패, 승리와 패배를 좌우한다고 봐요. 그건 실제로 시련이 닥칠 때 그에 대한 행위자의 반응에 절대적인 영향을 미친다고 나는 믿소. 어떤 사람들은 그걸 운이라고 부르지만 나는 하나님이라고 불러요. 모든 일에 하나님이 관여할 여지가 있소. 바로 그 때문에 기도가 필요한 거요."

패튼은 잠시 멈추었다가 말을 이었다. "지금까지 하나님은 우리 제3군에 넘치는 자비를 베푸시며 선하게 행하셨소. 우리는 퇴각한 적도 없고 전투에서 패하지도 않았소. 기아도 역병도 없었소. 그 전부 다 고국에서 수많은 사람이 우리를 위해 기도한 덕분이라고 봐요. 우리가 아프리카에서, 시칠리아에서 그리고 이탈리아에서 승리를 이어 갈 수 있었던 것도 다른 사람들이 우리를 위해 기도했기 때문이오. 하지만 우리 자신도 열심히 기도해야 해요. 생각하며 계획하고 노력으로 실행하게 하는 것만으로는 훌륭한 군인이 될 수 없소. 모든 군인에게는 계획과 실행보다 더 중요한 것이 있소. 용기와 인내력이오. 그런 덕목은 자신보다 더 높은 차원에 있는 진리와 권능의 영역에 들어 있소. 훌륭한 삶은 사고와 실행의 결과만이 아니오. 더 중요한 것은 외부의 힘을 받아들이는 거요. 다른 사람들은 그것을 뭐라고 설명하는지 모르겠지만 나는 믿음, 기도, 하나님이라고 생각해요."

패튼은 잠시 성경에 나오는 기드온의 전쟁에 관해 이야기했다. 기드온이 승리를 거두는 데는 기도가 결정적인 역할을 했다. 또 패튼은 기도를 구명 밧줄로 생각하고 기도에 전적으로 의지한 사람들의 사례도 들었다. 그의 열정적인 말 한마디 한마디를 오닐은 마음에 새겼다. 패튼은 이렇게 결론지었다. "우리는 이 비를 그치게 해 달라고 하나님께 기도해야 해요. 나는 이 비가 전쟁의 승패를 결정한다고 봐요. 우리가 모두 합심해서 기도한다면 그건 마치 하늘에 있는 전원에 플러그를 꽂는 것과 같소. 그 기도가 전기회로를 완성하게 된다고 확신해요. 그 회로를 타고 우리의 강한 힘이 발휘되는 거요."

패튼은 그 말을 마치고 책상머리에서 다시 일어섰다. 오닐도 대화가 끝났다는 표시로 알고 일어났다. 오닐은 자기 사무실로 돌아가자마자 패튼 장군의 말을 바탕으로 '다섯 번째 훈련 서한'을 작성했다.

제3군 장병들에게 보내는 그 서한에서 오닐은 기도의 중요성을 강조하며 패튼 장군이 지적한 요점을 일목요연하게 정리했다. 그 서한을 읽어 본 패튼은 한 자도 수정하지 말고 그대로 장병들에게 나누어 주라고 지시했다. 그에 따라 기도문 카드와 훈련 서한 25만 부가 인쇄되어 군목 486명을 포함해 제3군의 장병 전원에게 배포되었다. 배포된 날이 12월 11일과 12일이었다. 돌아보면 바로 그 시점이 하나님의 섭리가 작용한 결정적인 타이밍이었다.

그동안 비는 계속되고 날은 더욱 추워졌다. 해마다 그 시기가 되면 프랑스 북부의 숲과 벨기에 아르덴 지방의 날씨는 늘 그랬다. 12월 16일 히틀러의 군대는 전차 소리를 뒤덮는 요란한 폭우와 겨우 몇 미터 앞만 보일 정도의 짙은 안개를 최대한 활용하면서 승리를 위한 최후의 총공세를 개시했다.

독일 제6기갑군은 얼어붙은 진흙땅 위를 최대 속도로 달려 연합군이 느슨하게 방어하고 있던 140킬로미터 전선을 따라 대규모 기습 공격을 감행했다. 12월 19일 패튼이 이끈 제3군의 전차 부대는 독일군의 공격을 막기 위해 북쪽으로 이동했지만 계속되는 악천후로 전진이 거의 불가능했다.

그것이 후에 널리 알려진 벌지 전투의 시작이었다.

독일군의 초기 공세로 연합군은 혼돈에 빠졌다.

패전과 군민을 상대로 한 대규모 학살 소문이 나돌았다. 벨기에인들은 독일군이 그 지역을 재점령하는 최악의 상황에 대비해 연합군 깃발을 내리고 독일 나치의 스와스티카 깃발을 내걸었다. 수은주는 더욱 곤두박질쳤다. 6주에 이르는 전투 동안 평균 기온은 영하 7도였고 땅에는 20센티의 눈이 쌓여 있었다.

독일군은 거의 아무런 저항을 받지 않고 연합군을 격파하며 전진했다. 곧 그들은 연합군 약 1만 2000명이 주둔한 전략 요충지 바스토뉴를 포위했다. 포위된 연합군 중에는 유명한 미군 제101공수사단(별명 '울부짖는 독수리')도 포함되어 있었다. 병력 규모가 5대1로 우세한 독일군은 항복을 요구했다. 제101공수사단을 이끈 앤서니 매컬리프 준장은 독일군의 항복 요구에 한마디로 답했다. "엿 먹어!" 그러나 그런 굳은 결의에도 계속되는 폭우로 독일군의 공세를 막아 낼 가망이 없어 보였다.

공중 지원이 절실했으나 악천후로 비행기가 뜨지 못하면서 패튼과 그의 전차 부대는 효과적으로 반격할 수 없었다. 최소한 24시간 동안은 비가 그쳐야 전열을 재정비하고 부대를 정위치에 둘 수 있었다. 패튼은 독일군의 항복 요구에 대한 매컬리프 준장의 답변을 전해 듣고는 반드시 그를 구해야 한다고 결심했다. "그처럼 뱃심 좋고 말주변 있는 사람을 독일군에게 당하게 둘 순 없지."

그러다가 성탄절 아침 날씨가 급변했다. 비가 그치고 안개가 걷혔다. 미군 기상 전문가들은 놀라지 않을 수 없었다. 나쁜 날씨가 지속된다는 조짐뿐이었기 때문이다. 그다음 주 내내 맑은 날이 이어졌다. 비행기를 띄우기에 완벽한 날씨였다. 성탄절 다음 날 패튼은 연합군 폭격기와 전투기 수천 대의 지원을 받아 독일군 방어선을 뚫고 들어가 바스토뉴에서 매컬리프와 그의 부대를 구출했다.

더욱 기적적인 것은 단 몇 차례의 궂은날을 빼고 쾌청한 날씨가 이어졌다는 사실이다. 그에 따라 제2차 세계대전에서 최다 사상자를 낸 가장 치열한 전투가 치러졌다. 미국 국방부에 따르면 미군 약 50만 명을 포함해 100만 명 이상의 연합군이 벌지 전투에서 독일군과 싸웠다. 약 1만 9000명이 전사하고 4만 7500명이 부상했으며 2만 3000명 이상이 전투 중 실종되었다. 독일군에서는 전사자, 부상자, 포로가 10만 명에 육박했다.

치열한 전투는 한 달 이상 계속되었고, 연합군은 1945년 1월 25일 전투 종료를 선언했다. 독일군은 퇴각했다. 연합군은 재편성 후 베를린으로 진격했다. 그로부터 5개월이 채 지나지 않은 5월 7일 나치는 결국 백기를 들었다. 그로써 유럽의 전쟁은 완전히 끝났다.

전쟁사학자 존 아이젠하워는 벌지 전투를 분석한 책 《쓰디쓴 숲(The Bitter Woods)》에서 이렇게 적었다. "1944~45년의 아르덴 전투는 유럽에서 치러진 여러 힘든 전투 중 하나였지만 사실은 그 전체의 축소판이었다. 바로 이 전투에서 미군과 독일군이 결정적으로 맞붙었고, 그 결과 나치는 전쟁 능력을 완전히 상실했다."

✳ ✳ ✳

패튼 장군에 관해 흥미롭고도 미묘한 사안 중 하나는 그와 종교의 관계였다. 실용주의가 천성인 그는 목표를 달성하기 위해 물불을 가리지 않았다. 하지만 한편으로 그는 철석같으면서도 별난 믿음을 갖고 있었다. 윤회설이 좋은 예다. 그는 자신이 여러 번 환생했는데 전부 군인으로 살았다고 확신했다.

나는 이 책을 쓰기 위해 자료를 조사하면서 패튼 장군의 손자인 벤저민 패튼을 만났다. 미국 역사의 중요한 시점에 그토록 많은 사람을 이끈 패튼 장군의 믿음에 관해 궁금한 점이 많았기 때문이다. 벤저민은 할아버지가 문제의 해결책을 찾기 위해 "실제로 하늘의 구름을 쳐다보았다"고 말했다. 그러나 그 구름 속에서 자신이 본 것을 다른 사람들에게 믿으라고 강요하지는 않았다고 덧붙였다.

그는 이렇게 말했다. "할아버지의 믿음을 한마디로 규정하기는 어렵다. 믿음이 확고했지만 대다수 사람이 생각하는 것과는 달랐다. 그의 믿음은 실용주의이자 공리주의에 근거했다. …… 언제나 임무를 완수하고 전투에서 승리해야 하는 투철한 사명감을 갖고 그 목표 달성을 위한 올바른 기도, 올바른 말씀에 초점을 맞추었다."

주님의 말씀을 복음으로 새기면서 임무 수행에 전력을 다한 패튼 장군의 자세는 대를 물려 이어졌다. 벤저민은 그것을 믿음의 유산이라고 설명했다. "우리 아버지 조지 패튼 소장은 할아버지보다 한 걸음 더 나아가 기회만 있으면 '네 손이 일을 얻는 대로 힘을 다하여 할지어다(전도서 9:10)'라는 성경 말씀을 인용하셨다. 그것이 아버지가 나에게 물려준 중요한 교훈이다. 현재를 충실히 살라는 뜻이다. 어떤 전투를 앞두고 있든 피하지 말고 정면으로 돌파하라는 것이다."

1945년 1월 말 연합군이 벌지 전투 승리를 선언한 뒤 며칠 지나 오닐 군목과 패튼 장군이 룩셈부르크에서 다시 만났다. 패튼은 오닐을 보고는 그에게 다가가 빙그레 웃었다. "우리 기도가 응답받았소. 나는 진작에 그렇게 될 줄 알았지."

그렇게 말하면서 패튼 장군은 승마용 채찍으로 오닐의 철모 옆면을 톡톡 두 번 쳤다. "아주 잘했어"라고 부하를 칭찬하는 그 나름의 방식이었다.

목적

"사람으로는 할 수 없으나
하나님으로서는 다 하실 수 있느니라"

－마태복음 19장 26절

하나님은 우리가 일반적으로 생각하는 가능성
그 너머를 볼 수 있도록 우리를 인도하신다.
그분이 주시는 상상력과 혁신의 선물은
우리 눈에서 비늘을 벗겨 내어 우리가 꿀 수 있는 모든 꿈을
뛰어넘어 완전히 새로운 가능성을 열어 준다.

우리 엄마는 해결사!

아들을 극심한 고통에서 벗어나게 하려고
하나님께 도움을 구한 여성은 아들 문제를 해결할 뿐 아니라
세계를 바꿀 수 있는 꿈도 선물로 받는다.

주 우리 하나님의 은총을 우리에게 내리게 하사
우리의 손이 행한 일을 우리에게 견고하게 하소서
우리의 손이 행한 일을 견고하게 하소서

-시편 90편 17절

"이봐요, 세라." 데이비드 밴더스틴 박사가 책상 맞은편에 넋 나간 듯이 앉아 있는 세라 올슨에게 말했다. "이 방법 외에는 없어요."

세라는 그의 말을 들으려 하지 않았다. "다른 방법이 분명히 있을 거예요." 그녀가 고집했다. "우리 아들은 합병증, 감염, 수술로 몇 달 동안 고통을 겪었어요. 극심한 통증에 시달렸어요. 통증으로 의식까지 잃었잖아요?"

소아 비뇨기 전문의인 밴더스틴 박사는 안타까운 심정으로 세라를 설득하려 했다. "그랬죠. 종종 견디기 어려운 통증을 겪는 사람들이 있어요. 당신 아들 리바이도 그중 한 명이죠. 하지만 우린 가능

한 모든 방법을 전부 검토했어요. 리바이에게 다른 방법은 효과가 없어요."

4년 전인 2016년 세라의 아들 리바이는 척추갈림증을 갖고 태어나 그 후 1년 동안 여섯 차례가 넘는 수술을 받았다. 리바이가 세 살이 되었을 때 의사들은 요도에 도관을 삽입하지 않고 방광에서 바로 배뇨할 수 있도록 복부에 스토마라고 부르는 작은 구멍을 뚫었다. 그 상처가 아물 때까지 스토마가 열려 있도록 하려고 의사들은 그 구멍으로 임시 도관을 삽입해 방광과 연결했다. 일이 순조롭게 진행되면 임시 도관은 한 달 안에 필요없어진다.

리바이의 경우 스토마 수술은 잘 되었으나 임시 도관이 문제였다. 감염이 계속되고 극심한 방광 경련이 일어나 추가 수술이 필요했다. 합병증이 끊이지 않으면서 스토마에 난 상처는 잘 아물지 않았다. 어린아이에게 너무 가혹한 고통이었다.

그런 상태로 6개월이 지나자 세라는 의사들에게 리바이에게서 도관을 제거해 달라고 요구했다. 그들은 도관을 제거하고 스토마가 닫히게 두었다. 그러면서 이렇게 경고했다. "결국은 도관을 다시 삽입해야 할 겁니다."

그 '결국'이 너무 빨리 찾아왔다.

세라는 이제 겨우 네 살인 리바이에게 스토마가 필요하다는 사실을 알았다. 미니애폴리스 어린이병원의 밴더스틴 박사는 미국 최고의 소아 비뇨기 전문의 중 한 명이었다.

세라는 밴더스틴 박사의 설명을 들으면서 어쩔 수 없이 도관을 다시 삽입해야 한다는 사실을 인정했다. "하지만 폴리 도관은 다시는 사용하지 않을 거예요. 그 때문에 우리 아이를 죽게 할 순 없어요. 다른 해결책이 있을 거예요."

"뭐라고 말해야 할지 모르겠군요, 세라." 밴더스틴 박사가 조용히 말했다. "저는 이 일을 오랫동안 해 왔어요. 나도 다른 게 있으면 좋겠지만 이 상태에서는 폴리 도관이 최선의 선택입니다. 다른 도관은 존재하지 않아요. 다른 도관을 원한다면 직접 발명하는 수밖에 없어요."

세라는 밴더스틴 박사의 방을 나서면서 오로지 한 가지 생각뿐이었다. '새로운 의료기기를 발명해야만 우리 아이를 살릴 수 있다면 좋아, 그렇게 하겠어. 이 엄마가 뭔가를 발명해 내고야 말 거야!'

세라가 집으로 가서 가장 먼저 한 일은 기도였다. 기독교 가정에서 성장한 그녀는 네 살 때부터 예수님을 믿었고, 하나님과 대화하는 것이 언제나 삶의 중요한 일부분이었다.

세라는 기도를 시작했을 때 처음에는 화가 났다고 인정했다. "나는 하나님을 원망했다. '보세요, 주님. 저는 이 방법에 동의할 수 없어요. 이 도관은 다른 사람에게는 괜찮을지 몰라도 리바이에게는 맞지 않아요. 왜 하필 제 아이에게 이런 일이 일어나야 하나요? 제가 리바이를 사랑하는 것보다 주님이 이 아이를 더 사랑한다면 왜 이런 일이 일어나도록 허락하시나요?'"

세라는 침실 문 밖에서 세 자녀인 재커리, 리바이, 틸리가 노는 소리를 들었다. 아이들의 소리에 마음이 약간 가라앉았다. 세라는 기도를 이어 갔다. "주님, 의사는 저에게 직접 뭔가를 발명해야 한다고 말했어요. 그런데 저는 그게 무슨 의미인지조차 모르니 어떻게 해야 하나요?"

대학을 중퇴한 세라는 공학이나 의학, 새로운 기기 개발에 관해서는 아무것도 몰랐다.

세라의 기도는 계속되었다. "주님, 어떻게 해야 할까요? 제가 뭔가를 발명해야 할까요? 저는 엄마 역할은 어느 정도 잘한다고 생각하지만 새로운 기기 발명은 일자무식이거든요. 그런 일은 엄두조차 낼수 없어요."

세라는 그다음에 일어난 일을 마치 벼락에 맞은 듯했다고 설명했다. 순간적인 깨우침으로 문제 해결 방법을 정확히 알게 되었기 때문이다. 실제로 어떤 기기의 모양이 머릿속에 구체적으로 떠올랐다. 하나님이 직접 보여 주신 게 분명했다. 나중에 그녀는 이렇게 말했다. "내가 이런 말을 하면 사람들이 정신 나갔다고 생각하겠지만 분명히 하나님이 내 귀에 대고 직접 말씀하셨다. 나는 그분이 무엇을 말씀하시는지 바로 알아들었다."

세라가 들은 하나님의 말씀은 이랬다. "세라, 그처럼 고통받는 사람이 리바이만이 아니다. 이스라엘 백성이 도움을 간구할 때 내가 그들을 해방하겠다는 메시지를 전달하기 위해 모세를 보낸 것을 기억하라. 이제 나는 세라 네가 나의 모세가 되기를 원한다. 리바이처럼 괴로움을 당하는 나의 백성이 많기 때문이다. 너를 도구로 사용하겠다. 나는 너의 자연적인 능력을 훨씬 뛰어넘는 많은 일을 하도록 너에게 요구할 것이다. 너는 내 말을 그대로 따르고 전력을 다해야 한다. 메드트로닉이나 3M 같은 의료기기 대기업이 이런 아이디어를 낸다면 사람들이 곧바로 신뢰하겠지만 나는 그들을 사용하지 않겠다. 그들 대신 미네소타주 휴고 출신으로 혼자 세 아이를 키우는 세라 올슨 바로 너를 사용하겠다. 너를 포함해 모두가 말이 안 된다고 생각하겠지만 너는 내가 하라는 대로만 하라. 나를 믿고 따르라."

세라는 머릿속에 떠오른 기기의 모양을 종이에 옮겨 그렸다. 유튜브 동영상을 통해 3D 프린팅이 가능한 CAD 디자인을 어떻게 하는지 공부한 다음 친구의 도움으로 도안을 완성하고 3D 프린터로 그 원형을 찍어 낼 수 있는 업체를 섭외했다. 드디어 원형을 손에 넣자 세라는 밴더스틴 박사를 찾아갔다.

"박사님, 저에게 뭔가를 발명해야 한다고 말씀하신 것 기억하세요?" 세라는 밴더스틴 박사에게 물었다.

"네. 하지만 그건 다른 방법이 없다는 사실을 강조하기 위해 농담으로 한 말이죠."

"저에겐 농담이 아니었어요. 전에 말씀드린 것처럼 저는 폴리 도관을 다시는 사용하지 않을 거예요. 그래서 제가 직접 뭔가를 발명했죠." 세라는 그 말과 함께 기기 원형을 그에게 내밀었다.

밴더스틴 박사는 기기 원형과 세라를 번갈아 쳐다보았다. "진짜 이걸 발명했다고요?"

세라는 고개를 끄덕이며 차근차근 설명했다. 대부분은 밴더스틴 박사가 이미 아는 내용이었다. 폴리 도관은 방광에서 관이 빠져나오는 것을 막기 위해 방광 내부의 관 끝에 액체를 채운 풍선을 매단다. 다시 말해 방광 내부에 이물질을 넣는다는 뜻이다.

"방광은 내부에 그런 이물질을 원치 않아 거부 반응을 일으키죠." 세라가 설명을 이어 갔다. "그 때문에 감염과 방광 경련이 일어나요. 누구나 견디기 힘든데 특히 아이들에게는 끔찍한 고통이에요."

밴더스틴 박사는 흥미로운 표정을 지었다. "계속하세요."

세라는 이렇게 말했다. "그런 부작용을 없애려면 그 도관을 안정시키는 장치를 외부에 달아야 해요."

밴더스틴 박사는 기기 원형을 자세히 살폈다. 외부용 접착 패치와 긴 포트(리바이는 그것을 '도마뱀 혀'라고 불렀다)가 도관을 몸 밖에서 안정적으로 고정할 수 있어 보였다.

그의 표정이 밝아졌다. "이거 쓸 만하겠는데요."

"그럼 리바이에게 폴리 도관 대신 내가 발명한 이 기기를 사용할 수 있을까요?" 세라가 물었다.

밴더스틴 박사는 난감한 듯 고개를 저었다. 먼저 특허를 내야 한다는 설명이었다.

세라가 예상하지 못한 장애물이었다. "특허요? 특허를 어떻게 내죠?"

"그건 나도 몰라요." 밴더스틴 박사가 말했다. "하지만 세라 당신이 이 기기를 발명했으니 어떻게든 특허를 받는 일까지 마무리를 지어 보세요."

32일 뒤면 리바이는 스토마를 다시 뚫는 수술을 받아야 했다. 세라는 귀를 기울여 주는 사람이면 누구나 찾아가 도움을 구했다. "의료기기 특허를 내려면 무엇을 알아야 하죠? 도움을 줄 수 있는 사람을 알면 소개해 주세요." 마침내 그녀는 특허 개발자를 만났다. 그들은 밤을 새우며 특허 출원서를 작성했다. 그 기기는 리바이의 수술 예정일 이틀 전 임시 특허를 승인받았다.

밴더스틴 박사는 리바이의 스토마 수술에 새 기기를 사용했다. 결과는 말 그대로 기적적이었다. 리바이는 이전에 첫 스토마 수술을 받은 뒤 폴리 도관 문제로 발생한 합병증 때문에 2주 반 동안 입원하면서 여섯 차례의 추가 수술에다 약을 많이 먹어야 했다. 게다가 6개월이 지나도 스토마의 상처는 아물지 않았다. 그러나 이번 수술에서 엄마가 발명한 기기를 부착하자 리바이는 상태 관찰을 위해 하룻밤만 병원에서 보낸 뒤 바로 퇴원할 수 있었고, 상처도 감염이나 합병증 없이 열흘 만에 아물었다.

몇 주 뒤 밴더스틴 박사의 방에서 세라는 기쁨을 감추지 못하며 자랑스럽게 선언했다. "우리가 해냈어요. 정말 믿어지지 않아요. 이제 제 일은 끝났어요."

"리바이의 문제는 끝난 게 맞아요." 밴더스틴 박사가 말했다. "하지만 세라 당신의 일은 끝나지 않았어요. 전 세계 사람들을 도울 수 있고 많은 목숨을 구할 수 있는 기기의 특허를 당신이 소유하게 되었죠. 거기에는 엄청난 책임이 따라요. 이제 이 기기를 시장에 내놓을 수 있는 길을 찾아야 해요."

세라는 또다시 넋이 나간 듯 멍해졌다. "그게 도대체 무슨 뜻인가요?"

"글쎄요, 나도 잘 모르겠지만 한번 생각해 보세요. 의료기기 대기업들이 이 일을 알면 가만히 있겠어요? 그들은 폴리 도관과 경쟁하는 기기가 시판되는 걸 용납하지 않을 겁니다. 현재 폴리 도관의 시장 규모는 70억 달러에 이르죠. 그게 이 분야에서 사용되는 유일한 기기이기 때문에 그래요. 물론 지금까지 그렇다는 얘기죠. 그러니 이제 당신 혼자 이 일을 해내야 해요. 그런 일을 한 사람은 이 세상에서 단 한 명도 없었어요."

세라는 계속 기도하면서 가는 곳마다 자신이 발명한 의료기기의 시판에 도움을 줄 수 있는 사람을 아는지 수소문했다. 그녀는 그 기기의 이름을 '리바이의 외부 도관 안정장치(Levi's External Catheter Stabilizer)'의 머리글자를 따서 렉스(LECS)라고 불렀다. 곧 한 지인으로부터 의료기기 회사의 CEO를 안다는 이야기를 듣고 그의 조언을 얻기 위해 면담을 신청했다.

세라는 그 CEO의 널찍하고 반지르르한 책상 앞에 앉아 자초지종을 이야기하며 열정적으로 의견을 구했다. "이제 어떻게 해야 할까요? 의료기기를 어떻게 시장에 내놓아야 하죠?"

그 CEO는 그냥 웃음을 터뜨렸다.

세라는 완전히 무시당하는 느낌이었다. "도대체 뭐가 그렇게 우습죠?"

"이봐요, 세라." 그는 숨을 고르며 말했다. "당신을 보면 무엇이 떠오르는지 알아요?"

"무슨 말인가요?"

"약에 취한 횡담비를 생각나게 하네요."

세라는 눈을 깜박거리며 말했다. "뭐라고요?"

"당신은 현실성이 전혀 없는 일을 갖고 너무 흥분했다고요. 그건 당신이 감당할 수 있는 일이 아니에요. 그냥 멈추세요. 당장 그만둬요. 개인이 독자적으로 할 수 있는 일이 아니라는 뜻입니다. 시간과 돈 낭비일 뿐입니다. 많은 사람을 화나게 만들고, 자신의 명예도 훼손될 수 있어요. 의료기기 시장은 아주 냉혹하죠. 그들이 당신을 잘근잘근 씹어 뱉어 낼 겁니다."

그가 이야기하는 동안 세라는 속으로 계속 기도했다. '그만 포기해야 할까요? 아니면 하나님께서 다른 사람들에게도 유익을 주기 위해 나 자신과 나의 발명품을 사용하시려고 한다고 확고히 믿고 계속 노력해야 할까요?' 사실 답은 이미 정해져 있었다.

세라는 조용히 일어나 넓은 책상 끄트머리에 두 손을 얹고 그 CEO 쪽으로 몸을 기울였다. "제 이야기 잘 들어 보세요." 그녀는 도전적으로 말했다. "당신은 의료기기 회사의 대표로서 이 분야에서 나보다 훨씬 더 많이 알겠지요. 하지만 당신도 매일 아침 바지를 입을 때 나와 똑같은 식으로 입잖아요. 그러니 당신이 할 수 있다면 나도 할 수 있어요. 당신이 내 의욕을 꺾으려고 한 말이 오히려 내 마음에 불을 지폈어요. 난 이 일을 해낼 겁니다. 이 의료기기가 언젠가는 병원에서 널리 사용될 거예요. 내가 약속하죠. 당신한테 화를 내는 게 아니에요. 사실 고맙죠. 내 마음에 불을 지펴 줘서 고마워요.

이 불은 평생 활활 타오를 거예요." 세라는 핸드백과 파일 폴더를 집어 들고는 사무실에서 당당하게 걸어 나갔다.

다른 CEO들과 가진 면담도 늘 이런 식이었다.

✳ ✳ ✳

6개월 뒤 세라는 컨설턴트, 회계사, 변호사로 작은 팀을 꾸릴 수 있을 정도로 투자를 받았다. 그들은 회의실의 긴 탁자에 둘러앉아 탄성중합체 네 가지 중 어떤 것으로 LECS를 만들어야 할지 논의했다. 탄성중합체란 고무처럼 신축성 있는 재질을 가리킨다.

사업의 성패가 달린 결정이었다. 잘못 선택했다가는 큰 손실을 안고 파산할 수밖에 없다. 투자자가 몇 명 있었지만 늘 한 단계가 끝나면 다음 단계를 진행할 수 있을 정도의 자금만 겨우 확보되었을 뿐이었다. 거액의 손실을 감당하기에는 역부족이었다.

각자 자신이 제안하는 재질이 최선의 선택인 이유를 설명하는 동안 세라는 그 상황이 너무나 얄궂다고 느꼈다. '지금 내가 내로라하는 전문가들에 둘러싸여 상석에 앉아 있지만 분홍색 머리에다 세 자녀의 엄마인 나로서는 저들이 무슨 이야기를 하는지 알 길이 없으니 큰일 났어. 최종 결정은 내가 내려야 하는데 어떡하지?'

팀이 논의를 마치자 세라는 이렇게 말했다. "5분 정도 밖에 나가 있다가 돌아와서 내 결정을 알려 줄게요."

잠시 후 세라는 회의실로 돌아와 팀 앞에서 말했다 "좋아요, 여러

분. 우리는 C안으로 갈 겁니다. 그 이유는 말할 수 없어요. 아무튼 저는 이 문제를 두고 하나님께 기도했어요. 그 결과 우리가 C안을 택해야 한다는 사실이 분명해졌어요."

몇 사람이 못마땅한 듯이 수군거렸다.

"나에겐 신앙이 중요해요." 세라가 설명했다. "나는 거의 모든 결정 사항을 두고 하나님께 기도하죠. 그다음은 하나님의 말씀대로 행합니다. 아마도 여러분들은 '우리 조언을 듣지 않을 바에 우리를 고용한 이유가 뭐지?'라고 생각할 겁니다. 아니면 '다른 사람들로부터 투자받은 돈으로 어떻게 사업을 이렇게 진행하지?'라고 생각할지도 모릅니다. 충분히 이해가 가요. 하지만 처음부터 하나님께서는 나에게 지시대로 하라고 명하셨어요. 터무니없다고 생각된다면 그냥 이 팀에서 떠나셔도 좋습니다. 서로 감정이 상하지 않길 바랍니다."

두 사람이 일어나 회의실에서 나갔고 나머지는 머물렀다.

2주 뒤 팀이 다시 회의실에 모였다. 그중 한 명이 이렇게 말했다. "사실 우리는 몰랐는데 우리가 합의해서 추천한 소재를 만드는 회사는 우리가 제조하려는 의료기기에 적합한 제품을 제공할 수 없다고 합니다. 그들이 제공하는 소재는 장기적인 사용에 부적합해요. 따라서 C안이 올바른 선택인 것 같아요."

세라는 싱긋 웃으며 말했다. "그럴 줄 알았어요."

LECS는 세라의 아들 리바이에게 통증을 없애 주고 상처가 빨리 아물 수 있게 해 주었다. 세라는 리바이가 아직도 가끔 그 기기를 사용해야 하고, 그 덕에 몇 차례나 수술을 면할 수 있었다고 말했다.

세라는 하나님께서 리바이에게 필요한 것을 공급해 주기 위해 특별한 관심을 기울이셨고, 전 세계의 다른 아이들과 어른들도 함께 혜택을 받을 수 있도록 지금도 그녀의 회사 안에서 기적을 일으키신다고 믿는다.

세라의 회사 레비티 프로덕트는 설립 5년 안에 첫 신청에서 생체적합성 인증을 받았다. 제품에 사용되는 소재가 사람 몸에서 부작용을 일으키지 않는다는 뜻이다. LECS는 임상시험을 순조롭게 통과했다. 세라는 추가로 다른 의료기기 두 건의 특허도 냈다. "대기업이 10년에 걸쳐 1000만 달러를 들여야 겨우 이룰 수 있는 성과를 우리는 하나님의 도우심으로 그 절반도 안 되는 시간과 비용으로 해냈다."

이제 열 살이 된 리바이는 최근 척추갈림증과 상관없이 또 다른 희귀한 척추 질병을 진단받았다. 세라는 리바이가 지속되는 통증으로 고생하고 있지만 자신이 아는 그 누구보다 믿음이 굳건하고 정신적으로 강인해 절대로 절망하지 않는다고 말한다.

언젠가 세라는 리바이에게 이렇게 물었다. "우리 아들, 도대체 비결이 뭐야? 어떻게 이런 심한 통증에도 계속 미소를 지을 수 있지?"

리바이가 말했다. "엄마, 사는 건요 입꼬리를 올리느냐 내리느냐에 따라 달라지거든요."

세라는 무슨 뜻인지 물었다.

리바이는 고개를 끄덕이며 말했다. "미소를 지으면 삶이 더 나아져요. 따라서 내가 선택할 수 있다면 미소를 짓는 게 당연하죠. 만약 내가 불평하느냐 마느냐 중에서 선택할 수 있다면 당연히 후자를 택하겠어요. 마음이 불평하면 몸도 따라 불평할 테니까요."

이제 세라는 살면서 힘든 시기가 찾아올 때마다 리바이의 지혜로운 조언을 떠올리며 그것을 믿음으로 넓혀 나간다. "믿음은 선택이다. 만약 내가 하나님께 기도하고 하나님을 신뢰하는 것과 기도하지 않고 불신하는 것 중에서 선택해야 한다면 나는 당연히 하나님께 기도하고 하나님을 믿는 쪽을 선택할 것이다. 지금까지 나의 삶을 보면 하나님을 확고히 신뢰하는 믿음만이 언제나 올바른 선택이라는 사실을 확신할 수 있기 때문이다."

아이티의 미래를 위한 도전

하나님이 주신 소명을 마음에 새긴
한 젊은 여성이 불가능에 도전한다.

여호와의 말씀이니라
너희를 향한 나의 생각을 내가 아나니
평안이요 재앙이 아니니라
너희에게 미래와 희망을 주는 것이니라

−예레미야 29장 11절

카리브해 중앙에 위치한 아이티는 초목이 우거지고 화창한 날씨로 이름난 아름다운 나라다. 그러나 서반구에서 관료와 정치인의 부정부패가 가장 심한 나라 중 하나이기도 하다. 정치 개혁에 관한 대화는 언제나 절망감이 배어 있다. 아이티는 아무리 많은 돈을 쏟아부어도 늘 질병이 만연하고, 무너진 도로 같은 기반 시설이 복구되지 않으며, 문제가 해결되지 않는 듯하다. 거리에서 사람들과 이야기해 보면 "미래가 기대된다"라고 말하는 사람은 찾아보기 힘들다. 아무 미래가 없어 보이는 나라이기 때문이다.

그런 사실이 너무나 잘 알려졌는데도 왜 한 젊은 미국 여성은 아이티의 새로운 미래를 개척할 수 있다고 생각했을까? 브리트니 젠절은 자신이 아이티의 변화를 이끌 수 있다고 확신했다. 물론 아무도 믿지 않았다. 브리트니는 아직 삶의 목적도 찾지 못한 19세의 풋내기였기 때문이었다. 플로리다주의 한 대학에 입학한 그녀는 아이티에 가기 1년 전 프랑스어 체험 과정을 신청했다가 취소하고 한 학기 내내 캠퍼스에서 선탠을 즐기고 빈둥대며 시간을 보냈다.

그러나 하나님은 그녀를 도구로 사용하려는 중요한 계획이 있었다. 그분의 인도로 브리트니는 새로 발견한 삶의 목적의식을 갖고 아이티에 도착했다.

그녀는 자신의 마음속에서 하나님의 손길이 온정과 희망을 일깨운다고 느꼈다. 현지에서 목격한 극심한 빈곤에 가슴이 아팠지만 동시에 아이티 사람들, 특히 어린이들이 가진 깊은 믿음과 강인한 회복력은 너무나 감동적이었다.

브리트니는 2010년 1월 12일 아이티에서 부모님께 이런 문자 메시지를 보냈다. "이들은 우리를 사랑하고, 모두가 행복하다고 느껴요. 이들은 자신이 가진 것을 소중히 여기고 열심히 일해요. 그래도 얻을 수 있는 것은 아주 적지만 이들은 늘 감사한 마음으로 살아가요. 이곳에 이주해 보육원을 운영하고 싶어요."

희망에 찬 소식이었다. 그러나 그것이 브리트니가 아이티에서 집으로 보낸 마지막 문자가 되고 말았다. 바로 그날 아이티는 지옥을 보았다.

규모 7의 대지진이었다. 전혀 예상하지 못한 엄청난 재난이 닥치면서 섬나라 아이티는 혼돈에 빠졌다. 특히 아이티의 기반 시설이 매우 허약한 상태였기 때문에 피해는 눈덩이처럼 불어났다. 제한적으로 공급되던 수도와 전기마저 중단되고 건물이 무너지면서 섬 전체가 초토화되었다. 한 여성은 첫 미진이 수도 포르토프랭스를 흔든 뒤 딸아이가 "우리 이제 죽는 건가요?"라고 물었다고 기억했다. 그녀는 그냥 이렇게 아이에게 말했다. "그건 나도 모르겠지만 만약 죽는다면 모두 함께 죽을 거야."

한 아이티인 심리학자는 구조대원들이 사망자를 어린이와 성인으로 분리하는 것을 보면서 극심한 공포를 느꼈다고 돌이켰다. 그로부터 10여 년이 지난 뒤에도 황폐해진 나라는 완전히 재건되지 못했다. 부패한 공무원들이 국제 원조금을 신뢰할 수 없는 업체들에 배분했기 때문으로 알려졌다.

우리는 부모로서 무엇보다 자녀를 삶의 가혹한 면으로부터 보호하고 최대한 오랫동안 그들을 돌보며 안전하게 지켜 줄 수 있기를 바란다. 그러나 브리트니의 이야기와 그다음에 일어난 놀라운 일들은 우리 아이들이 위험한 상황에 마주칠 때 때로는 하나님께서 우리가 상상할 수 없는 방식으로 그들을 사용하신다는 사실을 일깨워 준다. 브리트니의 꿈이 어떻게 그토록 끔찍한 비극과 부패를 딛고 승리할 수 있었는지 보여 주는 이 이야기는 우리 모두에게 빛나는 본보기를 제시한다.

물론 브리트니는 완벽하지 않았다. 하지만 가족들은 오히려 그런 사실로 미루어 볼 때 하나님께서는 자신의 사역을 위해 흠결이 있는 사람도 사용하신다는 사실을 알 수 있다고 생각한다. 플로리다주 팜비치 카운티의 보카 레이턴에 있는 린 대학의 친구들은 브리트니를 '천사 공주'라고 불렀다. 예쁘고 명랑한 그녀는 늘 주변의 시선을 끌었다. 무엇보다 브리트니는 항상 맡은 일을 잘 해냈다. 어머니 셰릴앤은 이렇게 말했다. "브리트니는 한마디로 규정할 수 없는 아이였다. 쉽게 만족하지 않는 동시에 누구보다 먼저 도움을 주는 성격이었다. 상냥한 마음을 가진 진실한 아이였다."

한번은 브리트니가 친구들과 놀러 가는데 어머니 셰릴앤에게 함께 가자고 했다. 셰릴앤이 내키지 않아 하자 브리트니는 계속 졸랐다. 사실 셰릴앤은 초대받은 것이 기뻤다. "브리트니는 자기 아버지 렌과 나를 조금도 주저하지 않고 친구들에게 소개했다."

아버지 렌은 브리트니의 또 다른 면인 강인함을 회상했다. 한번은 브리트니가 매사추세츠주 우스터에서 열린 고교 친선 농구 경기를 관람하러 갔다. 우스터는 경제적으로 매우 어려운 곳이었다. 따라서 '부유한 교외 지역 아이들' 대 '가난한 도심 지역 아이들'의 대결이 되어 버렸다. 경기가 끝난 뒤 브리트니와 치어리더인 친구 태라는 현지 학생들과의 충돌을 우려한 교사들의 조언에 따라 곧바로 주차장으로 가서 차를 몰고 집으로 가려고 했다. 경기에서 브리트니의 학교가 이겼기 때문에 패한 현지 학교의 학생들이 시비를 걸 가능성이 컸다. 주차장에서 한 그룹이 태라의 유니폼을 보고는 브리트니의 차를 둘러싸고 주먹으로 차를 두드리며 조롱하고 위협했다. "나는 참을 수 없어서 차에서 내려 주먹을 휘둘렀다." 브리트니가 나중에 집에 가서 아버지에게 말했다.

렌과 셰릴앤은 그날 밤에 잠을 이루기 어려웠다. 그들은 브리트니에게 문제를 해결하려고 폭력을 써도 좋다고 가르친 적이 없었다. 브리트니의 얼굴이 부어오르고 멍이 든 것으로 그친 것이 천만다행이지 하마터면 큰 사고가 날 뻔했다. 아버지 렌은 이렇게 말했다. "우리는 늘 딸아이에게 자존감을 잃어서는 안 된다고 가르쳤다. 그날 주차장에서 시비를 건 아이들은 브리트니가 생각하는 선을 넘었다."

브리트니는 린 대학 2학년 때 그와는 다른 선을 넘었다. 그녀는 부모님에게 1월 학기(자원봉사 활동으로 학점을 딸 수 있는 4주의 기간) 동안 급우 몇몇과 함께 아이티로 봉사 활동을 떠나고 싶다고 말했다. 렌과 셰릴앤은 선뜻 허락할 수 없었다. 바로 한 학기 전에 브리트니가 프랑스어 체험 과정에 신청했다가 포기한 전력이 있기 때문이었다.

그러나 브리트니는 이번엔 뭔가 실제적인 일을 해 보겠다는 결심이 확고했다. 친구인 린지가 그전 해 아이티에 다녀왔는데 그 경험으로 인생에 새로운 눈을 뜨게 되었다는 이야기를 들었기 때문이다. "가고 싶어요." 브리트니가 졸랐다. "아니, 꼭 가야만 해요."

렌과 셰릴앤은 그 프로그램에 대해 직접 알아보았다. 브리트니가 참가하려는 활동은 국제 구호단체인 빈민대책이 린 대학과 손잡고 진행하는 프로그램이었다. 참가 학생들은 믿을 만한 감독 아래 안전하게 보호받을 수 있었다. 게다가 다른 사람을 도우러 가고 싶다는 브리트니의 확고한 결심을 보고 렌과 셰릴앤은 마음을 돌리지 않을 수 없었다.

그들은 매 일요일 세인트존 성당의 미사에 참석했다. 거기서 다른 사람을 섬기는 삶을 살아야 한다는 교훈을 얻은 그들은 매년 성탄절이면 자선 활동에 참여했다.

렌은 건설회사를 이끌고 셰릴앤은 식당을 운영하며 성공적인 삶을 살았다. 그들은 그런 성공에 대해 지역사회에 보답하고, 늘 감사하며, 다른 사람의 삶에 변화를 일으켜야 한다고 믿었다.

브리트니도 필요한 사람들에게 도움을 주는 부모님의 본보기를 따랐다. 그녀는 '희망의 여정' 팀과 함께 아이티로 갔다. 삶의 전환점을 이루는 경험이었다. 렌과 셰릴앤은 나중에 본 여러 장의 사진에서 그런 점을 확실히 느낄 수 있었다. 사진에서 서로 얼싸안은 보육원 원아들 사이에 앉아 있는 브리트니의 얼굴이 밝게 빛났다.

2010년 1월 12일 셰릴앤은 브리트니의 안부 전화를 받았다. 브리트니는 그날 하루의 활동을 이야기했다. 오전에는 보육원에서, 오후에는 어르신 돌봄센터에서 봉사했는데 보육원에서 일한 것이 훨씬 좋았다고 했다. 어르신 돌봄센터에서는 한 여성이 브리트니와 다른 봉사자들의 의도를 의심했다. 그 여성은 며칠 동안 아이티에 와서 봉사하는 시늉만 하고 떠나는 건 누구나 쉽게 할 수 있는 일이라고 믿었다. 죄책감에서 벗어나려는 의도일 뿐 헌신할 생각은 조금도 없으며, 며칠 뒤 미국으로 돌아가면 아이티에서 본 광경은 까마득히 잊고 말 것이라는 지적이었다.

"전 그냥 거기에 앉아 그 힐난을 들으며 계속 다른 사람들을 도왔어요. 결국 우리가 그들의 마음을 움직였어요. 그들은 우리가 그곳에 그저 동정이나 하러 온 게 아니라는 사실을 알았어요. 우린 단지 그들을 돕고 싶을 뿐이었어요. 어떤 식으로도 판단하려 들지 않았어요." 셰릴앤은 딸아이 목소리에서 확고한 결의를 느낄 수 있었다.

치명적인 지진이 아이티를 덮치기 3시간 전 브리트니가 보낸 문자 메시지는 이렇게 끝을 맺었다. "이곳에 이주해 직접 보육원을 운영하고 싶어요."

그것이 브리트니가 부모님과 나눈 마지막 말이었다. 아이티를 강타한 대지진 속에서 브리트니는 린 대학이 파견한 다른 팀원 5명과 함께 실종되었다. 그때부터 셰릴앤과 렌은 인생 최악의 나날들을 견뎌야 했다. 처음엔 브리트니가 생존자 가운데 있다는 소식이 전해졌으나 그 정보는 착오였다는 사실이 밝혀졌다. 구조 작업이 부진해지자 렌은 현장을 확인하기 위해 직접 아이티로 갔다. 그로부터 애간장이 타는 33일이 지난 뒤에야 브리트니의 시신이 발굴되어 고국으로 돌아왔다.

나는 뉴스 진행자로서 아이티에서 벌어진 참상을 자세하게 미국 시청자들에게 속보로 전했다. 통신사와 재난 구호단체들로부터 끔찍한 사진들이 쏟아져 들어왔다. 아이티는 마치 우주에서 날아든 거대한 운석이 낙하한 곳처럼 보였다. 유엔은 직원 102명이 목숨을 잃었다고 발표했다. 아이티 대지진의 전체 사망자는 22만 명으로 추정되었다.

브리트니의 부모님이 그 혼돈과 파괴의 참상을 보았을 때 가진 절망감을 나로서는 겨우 상상만 할 뿐이었다. 아버지 렌은 어느 날 밤 딸아이와 린 대학에서 파견한 팀이 머물렀던 호텔이 건물 잔해로 변해 있는 광경을 멀리서 지켜보았다고 회상했다. 렌은 밤하늘을 올려다보며 딸아이와 오랜 대화를 나누었다. 그는 지난 몇 년 동안 브리트니가 어머니 셰릴앤과 많이 다투었지만 마지막으로 그녀가 어머니에게 보낸 문자 메시지가 감동적이었다고 하늘에 있는 딸아이에게 고마움을 전했다. 또 그는 부모로서 대부분 올바르게 처신했으며, 그들이 바라던 대로 브리트니가 젊은 여성으로 성숙해 가고 있었다는 사실에서 위안을 얻었다고 말했다.

무엇보다 렌은 브리트니가 이런 사실을 알아주기를 원했다. "너의 마지막 소원을 이루어 주기 위해 언젠가 이곳으로 돌아올 거야. 내 약속하마!"

부모를 잃은 어린이들을 돕기 위해 보육원을 짓고 싶다고 말하기는 쉽지만 그 말을 실천하기는 보통 어려운 일이 아니다. 그러나 렌과 셰릴앤 그리고 그들의 아들들은 그 불가능해 보이는 일에 용감히 도전했다. 아이티 같은 나라에서 그들이 수백 명의 자원봉사자와 지지자들의 도움을 받아 그 일을 해낼 수 있었다는 것은 말 그대로 기적이었다.

세상의 논리에 따르면 렌과 셰릴앤은 어리석기 짝이 없었다. 그런 일은 전문가들에게 맡겨야 마땅했다. 그러나 사도 바울은 이렇게 우리를 상기시킨다. "하나님께서 세상의 미련한 것들을 택하사 지혜 있는 자들을 부끄럽게 하려 하시고 세상의 약한 것들을 택하사 강한 것들을 부끄럽게 하려 하시며 하나님께서 세상의 천한 것들과 멸시받는 것들과 없는 것들을 택하사 있는 것들을 폐하려 하시나니 이는 아무 육체도 하나님 앞에서 자랑하지 못하게 하려 하심이라"(고린도전서 1:27~29).

렌은 전문적으로 선교 사업을 해 본 적이 없었다. 그러나 그는 집 짓는 일 하나는 잘했다. 평생 건축업에 종사했기 때문이다. 게다가 투지도 강해 일을 맡으면 끝까지 해냈다. 특히 딸아이의 소망이 열매를 맺도록 하는 문제라면 그 무엇도 그의 앞을 막을 수 없었다.

"우리 주님의 청사진은 너무나 광대해서 우리가 그 모든 세부 사항이나 모든 구도 또는 모든 입면도와 평면도를 다 알 수 없다. 하지만 그분은 모든 것을 알고 관장하신다." 렌의 말은 하나님을 향한 그의 믿음과 건축 분야의 오랜 경험 둘 다를 잘 보여 준다. 그 두 가지 덕분에 그들은 브리트니의 꿈을 이루어 줄 수 있었다. 렌은 곧바로 보육원을 짓는 계획을 세우기 시작했다.

렌과 셰릴앤은 믿음의 사람들이다. 그들은 그 믿음을 이렇게 간단히 표현한다. "하나님은 사랑이시다." 아이티 사람들은 하나님의 사랑과 이웃으로서 우리 모두의 사랑 둘 다가 계속 필요하다.

2010년 대지진 발생 후 해가 바뀌기도 전에 이번에는 아이티에 치명적인 콜레라가 창궐했다. 2016년에는 허리케인 매슈가 이곳을 강타하면서 이재민이 100만 명 이상 발생했다. 그로부터 6년이 지난 지금도 이 아름다운 섬나라에는 여전히 빈곤과 정치적 불안, 폭력이 기승을 부린다. 아이티는 그토록 오랜 세월 동안 자연재해와 인간의 탐욕에 시달려 왔다.

렌은 다니던 성당의 신부에게 브리트니의 아이티 봉사 사진을 보여 주며 이야기를 나누다가 보육원을 건설하겠다는 결심을 확고히 다지게 되었다. "매튼 신부는 브리트니가 지진 발생 하루 전에 찍은 사진을 찬찬히 들여다봤다. 브리트니가 많은 아이에게 둘러싸여 행복하게 미소 짓는 사진이었다. 그 아이들은 그날 전부 다 행복해 보였다. 하지만 지진 후에 그들은 어떻게 되었을까? 매튼 신부는 '이제 누가 이 아이들을 돌보나요?'라고 물었다. 그 말을 듣고 내가 반드시 보육원을 지어야겠다고 마음먹었다."

셰릴앤은 지금까지의 일을 돌아볼 때 그 모든 과정에서 하나님의 손이 작용했다고 믿는다. "렌이 아니면 누가 우리를 이 일로 이끌고 그처럼 신속히 실행할 수 있도록 했겠는가? 사실 그도 비영리재단 설립에 관한 경험이 전혀 없었다. 하지만 우리는 우리의 믿음 공동체 안에서 형성된 관계와 브리트니의 꿈을 이루어 주겠다는 결의로 이 일에 착수할 수 있었다. 그 나머지 일, 다시 말해 부지 선정과 설계, 공사 계획 확정, 청사진 만들기, 작업 감독은 전부 렌이 수십 년 동안 해 온 일이었다."

셰릴앤은 말을 이었다. "우리는 모두 선한 일을 하도록 이 세상에 태어났다. 그 일을 하느냐 마느냐는 우리의 선택이다. 우리가 딸아이의 죽음에 대해 어떻게 반응해야 할지는 미리 정해져 있지 않았다. 우리가 선택해야 했다. 우리가 아이티에 보육원 건설을 결심한 것은 반드시 브리트니가 보낸 문자 메시지 때문이라기보다 그 아이의 꿈이 우리가 늘 믿어 온 바와 일치했기 때문이었다. '하나님은 사랑이시다'라는 믿음 말이다. 하나님을 사랑한다면 그분의 다른 자녀들도 사랑할 수밖에 없다. 따라서 그들을 돕기 위해 할 수 있는 일은 무엇이든 해야 한다. 그들에게 어떤 식으로든 도움을 주도록 우리가 적절히 사용되어야 한다. 자신이 가진 기술과 도구를 자기 가족만이 아니라 하나님의 가족을 돕는 데도 사용해야 한다."

아이티에서 발생한 지진으로 린 대학 학생들이 목숨을 잃었다는 소식은 미국에서 큰 반향을 일으켰다. 브리트니 가족을 모르는 사람들도 그들의 아이티 보육원 건설을 위한 재단에 성금을 보냈다. 셰릴앤은 그런 기부금 답지가 하나님이 가지신 더 큰 계획의 일부라고 생각했다. 성금이 없더라도 그들은 재단을 설립했겠지만 많은 사람의 지원이 큰 도움이 되었다.

브리트니의 가족은 8개월 만에 아이티 그랑 고아브에 있는 대지를 매입하고 지진 발생 1년이 채 되지 않아 보육원 건설 공사를 시작했다. 그들은 기부금과 자원봉사자들의 도움으로 2년 만에 최신식 내진 시설로 보육원을 완공하고 곧이어 첫 원아를 맞아들였다.

2014년 말 그들은 66번째 원아를 맞이했다. 처음부터 그들은 원아 66명만을 돌볼 수 있는 시설을 계획했다. 지진 발생부터 브리트니의 시신이 발굴되기까지 33일 걸렸기 때문에 하루에 남아와 여아 한 명씩으로 계산해서 66명을 수용 인원으로 설정했다.

렌은 이렇게 설명했다. "무엇이든 내가 원하는 대로 꾸며 내거나 부풀려서는 안 된다는 것이 내 좌우명이다. 브리트니의 희생부터 보육원 건설까지 일어난 모든 일이 주님의 뜻이라고 생각한다. 우리 뜻이 아니다. 브리트니의 시신이 발굴되기까지 걸린 시련의 나날이 33일이었다는 사실과 예수님이 이 세상의 땅을 걸으신 기간이 33년 이었다는 사실을 내가 연관시킬 생각은 없었다. 딸아이를 우리 구주 예수님과 어떻게 견주겠는가? 사람들이 그 숫자가 우연의 일치라고 생각하는 것은 당연하다. 하지만 적어도 나에게는 33이라는 숫자가 의미 있다."

브리트니 가족의 계획이 진행되면서 더욱 의미 있는 우연의 일치 사례가 나왔다. 처음에 아이티 정부는 그들의 보육원 건설 계획에 사사건건 제동을 걸었다. 렌과 셰릴앤은 누구에게 도움을 청해야 할지 몰라 좌절감에 빠졌다. 마침 그때 그들의 아들 버니가 대학 2학년을 맞아 기숙사 룸메이트를 새로 배정받았는데 그 학생이 바로 아이티 대통령의 아들이었다. 그러자 어깃장을 놓던 아이티 정부의 태도가 180도로 달라져 먼저 나서서 도움을 주려고 했다. 그때부터 공사는 일사천리로 진행되기 시작했다.

렌과 셰릴앤은 그들 곁에서 하나님이 계속 도움을 주신다는 사실을 깨달은 게 한두 번이 아니었다. 그들은 자금조달을 위해 살림을 줄여 다른 작은 집으로 이사해야 했다. 렌이 안방 옷장 안을 마지막으로 둘러보았을 때 몸을 굽혀 아래쪽을 살핀 뒤 일어서면서 걸려 있는 여러 개의 옷걸이에 머리를 부딪쳤다. 그가 옷걸이들을 옆으로 제치자 천으로 싸여 봉 위에 묶여 있는 무엇이 눈에 들어왔다.

천을 풀자 도금한 천사의 날개 한 쌍이 나왔다. 이전에 본 적이 없었다. 셰릴앤도 처음 보는 물건이라고 했다. "아마 브리트니가 당신에게 선물로 남겼나 봐요."

렌은 그것을 두고 주님과 브리트니가 늘 자기 곁에 있다는 것을 일깨우려고 하나님께서 주신 것으로 생각했다. "아이를 잃으면……이전의 삶이 완전히 사라진다. 절대 치유되지 않는 상처다. 그래서 어떻게 살아야 하는지 하나하나 새로 배워 나가야 한다."

천사의 날개를 발견한 뒤 2년 동안 렌은 보육원 건설 공사를 감독하기 위해 아이티를 서른 차례 이상 오가면서 늘 그 날개를 휴대했다. 그와 그의 아내는 그 외 다른 '천사'들의 도움도 많이 받았다고 말했다. 미국의 공사 업체들은 배관과 전선 공사를 위해 자신들의 시간을 기부했다. 한 자동차 대리점 사장은 보스턴 공항에서 뉴스를 통해 알려진 렌을 알아보고는 자연스럽게 대화하면서 자신도 아들을 잃었다고 털어놓았다. 서로 공감대가 형성되자 그는 렌을 힘껏 돕겠다고 나섰다. 그는 아이티 공사 현장에 도구와 물자를 운송할 화물운송 트럭을 제공하겠다고 약속했지만 사정이 여의치 않자 그 대신 렌에게 기부금으로 1만 달러 수표를 보냈다.

보육원 건설 작업의 대부분은 아이티인들이 맡아서 했고 그들은 현재도 보육원 관리 직원으로 일한다. 렌은 그들에게서도 많은 격려를 받았다. 처음에 그는 아이티의 악명 높은 부패를 생각하면 공사가 제대로 진행될 수 있을지 걱정했다. 그러나 실제로 아이티 사람들과 함께 일한 경험은 예상과 달리 너무 좋았다. 그들은 매우 협조적인데다 심성이 정직했으며, 배울 점도 많았다.

한번은 공사장 근로자들에게 임금을 지불해야 하는데 미국에서 송금이 지체되었다. 그러자 믿음직한 공사 반장이 자기 개인 통장을 털어 근로자들이 제때 임금을 받을 수 있도록 조치했다.

드디어 그들은 지붕 공사에 들어갔다. 렌은 그 일을 또 하나의 기적이라고 생각한다. 우여곡절 끝에 레미콘 트럭을 지원할 수 있는 업체를 구해 지붕에 콘크리트를 타설하게 되었기 때문이다. 그때까지 콘크리트 작업은 수작업으로 시멘트와 모래를 섞거나 소형 믹서를 사용했다. 지진에 견딜 수 있는 안정된 건물을 짓는 데는 콘크리트 지붕이 필수적인데 그 작업에는 엄청난 양의 콘크리트가 필요했다. 수작업으로는 어림없는 일이었다. 레미콘 트럭을 사용해도 60시간 정도가 걸렸다. 렌은 그 일이 순조롭게 진행된 것이 아이티 공사 중 가장 놀라웠다고 말했다.

렌은 아이티에서 공사를 감독하는 동안 잠을 거의 자지 못했다. 나중에 그는 잠이 부족해 몽롱한 상태에서 천사의 날개가 호주머니에서 떨어져 지붕에 타설된 젖은 콘크리트에 빠져 들어갔다는 사실을 알았다. 어쩌면 그 날개는 본연의 용도에 충실하게 사용된 것이라고 볼 수 있다. 브리트니가 원하던 보육원을 짓는 일에서 가장 중요한 지붕 공사에 사용되었기 때문이다. 렌은 천사의 날개를 잃은 것이 못내 아쉬웠으나 그 날개 덕에 지붕 공사가 잘 마무리되어 오히려 고맙다고 느꼈다. "그 금빛 날개는 이제 영구히 보육원 건물의 일부가 되었다. 따라서 브리트니가 이 건물과 함께 있다는 것을 더 강렬하게 느낄 수 있다. 잃은 것보다 얻은 것이 훨씬 더 많다."

처음에는 렌도 브리트니처럼 아이티 사람들에게 도움을 주기 위해 그곳에 간다고 믿었다. 그러나 브리트니가 현지에 가서 느꼈던 것처럼 이제는 렌도 아이티에 있다 보니 현지인들에게 도움을 주는 게 아니라 자신이 소중한 선물을 받는 쪽이라는 사실을 깨달았다. 그는 아이티 사람들의 아름다운 마음과 하나님을 향한 그들의 한결같은 믿음에 깊이 감동했다. 브리트니가 집에 보낸 문자 메시지에서 말했듯이 렌도 그들의 관대함과 감사하는 마음을 목격했다.

"처음에 나의 목적은 보육원을 지어 딸아이의 마지막 소원을 이루어 줌으로써 그 아이를 잃은 상심을 소망으로 바꾸는 것이었다. 그러나 막상 일하다 보니 거기에는 딸아이의 소원을 들어주는 것보다 훨씬 더 큰 주님의 목적이 있다는 사실을 깨닫게 되었다. 물론 보육원을 짓는 것이 딸아이를 잃은 우리의 상실감과 고통을 치유하는 데 도움이 되었지만 실제로는 그보다 훨씬 더 큰 의미가 있는 일을 하고 있었다."

독실한 가톨릭 신자인 렌은 브리트니가 하늘나라에서 영생을 누리고 있으며, 언젠가는 그도 딸아이를 다시 만날 수 있다고 믿는다. 그러나 현세의 삶에서도 믿음은 그에게 큰 위로를 준다. "소중한 딸아이를 지진에 잃는 끔찍하고 잔인한 비극을 견뎌 낼 수 있었던 것은 순전히 믿음 때문이었다. 믿음이 없었다면 나는 완전히 무너졌을 것이다."

돌이켜 보면 렌은 자기 삶에서도 기적 같은 일을 경험한 적이 있다. 그 경험 역시 그의 믿음을 더욱 굳세게 만들어 주었다. 그가 겪은 여러 차례의 임사체험을 가리킨다. 특히 그중 하나가 나중에 아이티와 관련해 아주 다른 의미를 갖게 되었다.

2006년 렌은 집에서 갑자기 정신을 잃고 쓰러졌다. 수년 동안 심장질환에 시달리고 있던 차였다. 쓰러졌을 때 그는 빛이 환하게 비치는 곳으로 향했다고 나중에 기억했다. 갑자기 돌아가신 부모님이 나타나 각각 그의 양쪽 팔을 잡고 그를 앞쪽을 이끌었다.

렌은 이렇게 회상했다. "나는 저항했다. '우리 아이들이 너무 어려 아직 안 돼요'라고 계속 말하며 발버둥 쳤다. 그곳은 아름다웠지만 나는 아이들 때문에 아직은 거기서 살 준비가 되어 있지 않다고 생각했다. 아이들을 위해 이 세상에 있어야 했다. 당시는 우리 자녀 셋만 생각했다. 하지만 이제 보육원을 세웠으니 내가 돌보아야 할 아이가 훨씬 많아졌다. 내 가족에 머물지 않고 지역사회 전체와 그 너머까지 확장된다."

그 아이들을 돌보기 위해서는 렌의 삶도 달라져야 했다. 그는 건설사업을 그만두고 '브리트니처럼 재단'에 모든 시간을 쏟아붓는다. 아이티 그랑 고아브에 세워진 보육원 '브리트니의 집'에 사는 아이들은 그를 '렌 할아버지'라고 부른다.

셰릴앤도 재단의 상임이사로 활동한다. 큰아들 버니 역시 재단에서 일한다. 그는 다양한 방식으로 봉사한다. 비공식적인 최고기술경영자(CTO)로서 아이들이 컴퓨터 사용법과 코딩을 배울 수 있도록 지원하고, SNS를 비롯한 최첨단 기술을 사용해 아이들에게 풍요로운 교육 체험을 제공함으로써 스스로 미래의 고용에 대비할 수 있도록 한다.

브리트니의 가족은 보육원을 세운 일에 그치지 않고 지난 12년 동안 시설과 프로그램의 발전을 위해 꾸준히 노력했다. 그들은 보육원 주변의 지역사회 주민들도 도움이 절실히 필요하다는 사실을 깨닫고 지원 프로그램을 확장하기로 했다. 우선 그곳 주민들이 멀리 걸어가서 물을 길어 오지 않아도 되도록 깨끗한 물을 직접 제공하기로 했다.

렌과 셰릴앤은 66명의 아이를 돌보는 일 외에도 현재 지역사회에서 100명 이상을 고용한다. 유엔의 조사에 따르면 아이티에서는 만약 한 사람이 지속 가능한 급여를 받으면 10명이 건강한 식생활을 누릴 수 있다. 따라서 그들이 고용한 100여 명이 지역사회에 미치는 효과는 엄청나다고 말할 수 있다. 아울러 그들은 관대한 개인 기부자와 후원사들 덕분에 지역사회의 소외계층을 위해 154채의 주택을 건설했다.

그 과정에서 렌과 셰릴앤은 주택 건설 등의 작업을 돕는 자원봉사자들을 미국에서 파견하는 프로그램도 시작했다. 지금까지 2400명이상이 참가했다. 다수는 브리트니 같은 대학생들이었다. 많은 경우그 경험은 그들의 삶을 변화시킨 것으로 나타났다.

렌과 셰릴앤은 아이티 봉사를 다녀간 참가자들로부터 많은 이메일을 받았다. 대다수는 그 경험이 삶에 큰 영향을 미쳤다고 말했다. 일부 학생들은 공공서비스와 관련된 일을 하기 위해 교육과 상담 등으로 전공을 바꾸기도 했다. 또 어떤 학생들은 아이티 현지에서 목격한 기적 같은 일에 감명받아 세계 다른 곳에서도 같은 성과를 내기 위해 국제개발을 전공으로 선택했다.

렌의 관점도 진화했다. "자녀를 잃으면 대개 원망과 절망에 매달린다. …… 아이티 대지진 이래 나는 많은 사람을 만났다. 주님을 믿는다고 밝힌 사람 중 다수는 주님에게 브리트니를 위한 계획과 목적이 있었다는 것이 얼마나 큰 위안이 되느냐고 말했다. 심지어 어떤 사람은 주님이 우리에게서 브리트니를 데려간 것이라고 말했다. 하지만 나는 그렇게 믿지 않는다. 주님이 우리 딸을 포함해 수십만 명을 죽인 것이 아니다. 다만 대형 자연재해가 발생해 수많은 희생자가 생긴 것이다. 우리는 언제나 선택을 해야 한다. 또 선택에는 반드시 결과가 따른다. 브리트니의 경우도 자신의 선택이었고, 그 선택의 결과로 목숨을 잃었다. 내가 다른 사람에게 자녀의 죽음을 어떻게 애도해야 한다고 말할 수는 없다. 마찬가지로 내가 다른 사람에게 무엇을 믿으라고도 말할 수 없다. 다만 내가 아는 것은 우리가 매일 아침 일어나 계속 나아가기로 선택했고, 딸아이를 기념하기 위해, 그 아이의 마지막 소원을 이루어 주기 위해, 아이티의 어린이들을 돕기 위해 이 보육원을 건설하기로 선택했다는 사실뿐이다. 천사의 날개를 내가 오랫동안 소지한 것도 그 때문이다. 나의 초점이 흐려지지 않도록 하기 위해서였다. 브리트니가 그 문자 메시지를 보낼 때는 그것이 나중에 우리에게 어두움을 뚫고 앞으로 나아갈 수 있도록 빛을 비춘 것이라는 사실을 딸아이도 몰랐고 우리도 알 길이 없었다."

그 빛 덕분에 '브리트니의 집' 원아 66명은 더 밝은 미래를 기대할 수 있다. 에베소, 그리스도의 사랑, 카티아나, 막달라를 비롯한 그곳 아이들은 가능성의 비전을 갖고 있다. 브리트니라는 이름을 가진 한 젊은 여성이 아이티에서 빈곤만이 아니라 미래의 가능성도 보았기 때문이다. 그녀가 어두움 속에 비춘 빛은 끊임없이 반사되고 있다.

예수님은 이렇게 말씀하셨다. "너희가 여기 내 형제 중에 지극히 작은 자 하나에게 한 것이 곧 내게 한 것이니라"(마태복음 25:40). 우리는 흔히 세계의 빈곤은 다른 사람들의 문제이며, 다른 사람들의 전문 분야라고 생각하고 외면하기 쉽다. 그러나 예수님은 우리가 가진 기술을 최대한 사용하고, 또 우리에게 없는 기술은 새로 배워서 전문 분야로 만들어 어려움에 부닥친 모든 사람을 도우라고 명하신다.

종종 우리는 지극히 작은 자를 도와주면 그 과정에서 우리가 준 것보다 훨씬 많은 것을 얻는다는 사실을 깨닫는다. 그런 경험이 우리 내부의 부서지고 상한 곳을 고칠 수 있다.

예상치 못했던 기도의 응답

헤로인 중독으로 스스로 구제 불능이라고 생각했던 한 여성이
성령의 도움으로 자신을 이 땅에 두신 하나님의 목적을 찾는다.

내가 혹시 말하기를 흑암이 반드시 나를 덮고
나를 두른 빛은 밤이 되리라 할지라도
주에게서는 흑암이 숨기지 못하며 밤이 낮과 같이 비추이나니
주에게는 흑암과 빛이 같음이니이다

-시편 139편 11~12절

"아기는 어떻게 하려고요?" 맞은편에서 젊은 여성 손님이 칵테일
을 저으며 물었다.

임신 7개월째인 디에트는 술집의 카운터 뒤에서 마약을 팔았다.
그녀는 어깨를 으쓱하며 말했다. "글쎄요. 입양 보내야겠죠."

디에트는 이미 두 명의 자녀를 낳았다. 그중 한 명은 헤로인 중독
으로 태어났다. 디에트는 태 속에 있는 이 아이도 중독된 상태로 태
어날 것으로 생각했다. 그녀는 첫 두 아이를 자신이 기르지 않았다.
셋째 아이도 기를 수 없다고 판단했다.

"우리 오빠네가 자녀를 입양하려고 오랫동안 애썼는데……." 칵

테일을 마시던 젊은 여성이 시끄러운 음악 너머로 말했다. "만약 당신 아기를 입양할 수 있다면 아주 기뻐할 거 같아요."

"그래요? 그럼, 이 아이를 가지라 하죠."

"좋아요. 지금 당장 전화할게요."

그날 밤늦게 디에트는 존과 루프를 만나 아기를 넘겨주기로 합의했다. 다른 조건 없이 아기가 태어날 때까지 모텔에 숙박할 수 있게만 해 달라고 요구했다. 가끔이나마 침대에서 자고 온수로 샤워하면 기분이 좋아지기 때문이었다.

✳ ✳ ✳

디에트는 이루 말할 수 없는 끔찍한 삶을 살았다. 하지만 처음부터 그런 건 아니었다. 디에트는 1954년 캘리포니아 남부 모하비사막에 위치한 바스토 해병 군수기지에서 태어났다. 아버지는 다섯 자녀를 사랑했지만 본처를 두고 다른 여성들의 뒤를 쫓아다녔다. 디에트가 열 살이 되었을 때 어머니는 아이들을 데리고 집을 떠나 고향인 하와이의 오아후섬으로 갔다.

디에트의 어머니는 아이들을 친척 집에 맡기고 거처를 마련할 돈을 모으기 위해 야간 일자리를 얻었다. 그러나 밤에 어머니가 없을 때 디에트의 삼촌이 그녀의 방에 들어왔다. 디에트는 몇 달 동안 삼촌에게 성추행당하다가 마침내 캘리포니아주 로스앤젤레스의 하버시티 임대주택으로 이사했다.

성적 학대로 인해 정서적인 트라우마가 컸던 디에트는 새로운 곳에서 건전하게 사랑받으며 잘 적응하기를 간절히 원했지만 하버시티 임대주택은 상황이 더욱 열악했다. 빈곤과 마약, 범죄가 판치는 동네였다. 그곳 사람들은 하와이계 혈통을 물려받은 디에트를 라틴계 여자로 오해했다. 디에트도 어쩔 수 없이 그냥 받아들였다. 멕시코인 갱단에 합류하자 그녀는 마침내 가족에 속한 듯한 느낌을 받았다. 곧 학교 수업을 팽개치고 교과서를 팔아 술이나 마약을 샀다.

14세가 되었을 때 그녀는 절도죄로 소년원에 수감되었다. 16세 때는 라이벌 갱 단원의 아이를 가졌다. 디에트가 아들 트리니다드를 낳을 때쯤 그 갱 단원은 약물 과다 복용으로 사망했다. 트리니다드는 디에트의 어머니 손에서 4년 동안 지낸 뒤 죽은 갱 단원의 부모에게 입양되었다. 디에트는 그 철부지 로맨스의 고통을 잊기 위해 더 강한 마약으로 눈을 돌렸다. 돈이 많아 좋은 옷을 사 입는 학교의 다른 여자아이들에게 질투를 느낀 그녀는 옷을 훔치기 시작했다.

그처럼 척박하고 고통스러운 삶에서 도피하는 데는 헤로인만 한 것이 없었다. 그녀는 두 번째 아기를 가졌다. 이번에는 멕시코에서 미국으로 마약을 나르는 마약상의 아이였다. 당시 그녀는 하루에 무가공 헤로인 1000달러어치를 주사로 맞았다. 남자 친구가 당국에 체포되자 헤로인 중독으로 태어난 그들의 딸아이는 남자 친구의 동생인 엘사에게 입양되었다.

한동안 디에트는 '고급 매춘부'로서 큰돈을 만질 수 있는 곳으로 옮겨 다니며 몸을 팔았다. 라스베이거스에서는 고객들에게 시간당

1000달러를 받았다. 그러나 오래가지 못했다. 결국 그녀는 술집에서 일하게 되었고, 거기서 한 여성을 만나 셋째 아이를 입양 보낼 수 있었다.

그러나 얼마 안 가 디에트는 다시 임신한 상태에서 교도소에 갇혔다. 존과 루프는 교도소로 그녀를 찾아가 넷째 아이도 입양할 수 있게 해 달라고 간곡히 부탁했다. 그들은 넷째를 디에트의 동생 이름을 따 대니얼이라고 부르기로 약속했다. 셋째 아이는 디에트의 이름을 땄다.

"처음엔 내가 넷째를 주지 않으려고 했다." 디에트가 회상했다. "이번에 출소하면 정신을 차리고 싶었다. 넷째를 내가 돌보면 마약이나 술에 손대지 않을 것 같았다. 하지만 결국 그 아이도 그들에게 넘겨주고 말았다. 내 마음 깊숙한 곳에서부터 나라는 인간은 정신 차리고 똑바로 살 수 없다는 목소리가 들렸기 때문이다. 이 아이에게 남부럽지 않은 삶을 살도록 해 줄 수 없다는 사실을 나는 알고 있었다."

✳ ✳ ✳

매번 교도소에 갈 때마다 디에트는 자녀들을 점점 더 그리워하고 삶의 잘못된 선택을 더 깊이 후회했다. 특히 교도소에서 습관적으로 소동을 자주 부려 독방 신세를 지는 일이 잦아지면서 그런 시간이 더 많아졌다. 그러다가 1971년 그녀의 운명이 달라지기 시작했다.

하나님의 임재를 인정하지 않는 듯이 행동하거나 인정하지 않는다고 쉽게 말하기가 불가능한 경험을 했기 때문이다. 하루는 거리에서 호객하고 있는데 약물 중독자들의 회심과 재활을 돕는 기독교 단체 애딕츠 포 크라이스트(Addicts for Christ)에서 흘러나오는 찬송 소리가 들렸다. 그녀의 발길이 저절로 그쪽으로 향했다. "바로 그때 그 자리에서 성령께서 임하심을 느꼈다."

디에트는 마음에 기쁨이 넘친다고 생각했다. 그러나 바로 다음 날 아침 그녀는 또다시 헤로인 때문에 속이 메스꺼운 상태에서 잠을 깼다. 디에트는 계속 그곳에 예배를 드리러 갔지만 "한 발만 담근 상태였다"고 그녀는 말했다. 하나님은 다른 사람에게 자신을 증거하기를 바라셨지만 디에트는 그러기가 부끄러웠다. "거리의 사람들은 내가 교도소에 자주 들락거린다는 사실을 알기 때문에 나를 대단하게 여겼다. 강인하고, 남을 밀고하지 않으며, 약점을 보이지 않는 사람이라고 존중해 주었다. …… 그래서 내가 나약해서 기독교 신자가 되었다는 사실을 사람들이 알기 원치 않았다."

그러면서 디에트는 이전에 생각지도 않았던 행동을 하는 등 점점 더 죄악으로 깊이 빠졌다. 동시에 그녀는 영적인 세계, 특히 사탄의 존재를 믿었다. 그러다가 1986년이 되어서야 "예수님을 실제로 경험하게 되었다"고 디에트는 말했다.

어느 날 디에트는 또다시 2년 징역형을 선고받고 수감되기 전 교도소 사무실에서 서류 작업이 끝날 때까지 기다리고 있었다. 그녀는 헤로인 금단증상으로 온몸에 통증을 느끼며 식은땀을 흘리고 몸을 떨었다.

수감 절차를 밟기 위해 여성들이 계속 사무실에 들어왔다. 그중 다수가 70대 이상인 듯했다. 그들은 이미 여러 차례 수감된 교도소 '단골'이었다.

디에트도 단골이긴 마찬가지였다. 하지만 그런 사실이 갑자기 충격으로 다가왔다. 나도 저 나이가 되도록 계속 이곳을 들락거릴 것인가? 그녀는 70세가 넘어서까지 그렇게 살기는 싫었다.

디에트의 할머니와 이모는 하나님을 믿었다. 그녀는 어렸을 적에 그들이 찬송하며 기도하는 모습을 본 기억이 있었다. 그들은 하나님이 기도에 응답해 주신다고 믿었다. 이제 디에트도 그렇게 믿고 싶었다.

디에트는 출소하기 한 달 전부터 간절히 기도하기 시작했다. "하나님, 저는 하나님이 계신다는 사실을 믿어요. 이곳에 다시 돌아오고 싶지 않아요. 이 모든 것에 너무 지쳤어요. 마약에도 지치고 제가 살아가는 방식에도 지쳤어요. 허세를 부리고 자포자기하고 고통스러워하는 데도 지쳤어요. 하나님, 저를 변화시킬 수 있다면 다른 사람으로 만들어 주세요, 제발!"

디에트는 교도소 문을 나서면서 다시는 돌아오지 않을 것이라는 예감에 기이한 슬픔을 느꼈다. 그녀는 그때까지 열두어 차례 교도소 신세를 졌다. 오렌지 카운티 센트럴 교도소는 10년 이상 그녀에게 제2의 집과 다름없었다. 그곳의 재소자 중 다수는 그녀와 비슷한 어린 시절을 보냈다. 모두가 고통을 감추고 아무런 문제가 없는 체했다. 그들은 서로 이야기를 나누며 농담하고 행복했던 시절의 가족사진을 돌려 보았다. 모두 외부 세계에서는 잊힌 사람들로 배경도 각기 달랐지만 마치 한 가족처럼 뭉쳤다.

디에트는 출소한 지 몇 시간 안에 또다시 마약 중독과 매춘이라는 옛 습관에 빠져들었다. 하지만 이제는 예전의 고급 매춘부가 아니었다. 단지 헤로인을 구입하기 위해 오렌지 카운티 거리에서 싸구려로 몸을 팔았다.

✳ ✳ ✳

우리는 흔히 다른 사람을 볼 때 그들을 올바로 알지 못한다. 지하철에서 옷을 이상하게 입은 사람을 보면 그 사람은 우리와 같지 않다고 생각한다. 그도 우리와 똑같이 하나님의 형상으로 창조된 사람인데도 말이다. 드라마나 영화에서 사람들은 하나님에 관해 생각하지도 않고, 주변 세계에 존재하는 영적인 현실에 관해 이야기하지도 않는다. 현실에서도 흔히 우리는 사람들이 하나님과 영적인 문제에 무관심하다고 생각하기 쉽다. 그러나 실제는 다르다. 대다수가 그런 문제에 관심을 둔다.

다만 때때로 우리는 너무 많은 실수를 저질러서 하나님이 우리를 구하기 위해 하실 수 있는 일이 없으며, 우리 자신도 좀 더 높은 무엇에는 도달할 수 없다고 느낀다.

디에트가 바로 그런 상태였다. 그래서 하나님은 자신이 그녀를 소중히 여긴다는 사실을 직접 보여 줄 필요가 있다고 판단하신 듯하다. 출소한 지 6개월이 지난 시점이었다. 집에서 헤로인 투여가 막 끝났을 때 누군가 다급하게 문을 두드렸다. 디에트가 현관문을 열자 가까이서 사이렌 소리가 들렸다. "디에트!" 이웃이 외쳤다. "말라가 교통사고를 당했어. 말라가 차에 치였다고."

디에트의 조카딸 말라는 그녀의 아파트에서 몇 블록 떨어진 초등학교에 다녔다. 디에트가 달려갔을 때 구급대원들이 일곱 살인 말라를 구급차에 옮겨 싣고 있었다.

초등학교 2학년인 말라는 방과 후 집으로 걸어가면서 바람에 날아가는 과제물을 잡으려다가 달려오는 차 앞으로 들어서고 말았다.

"내 동생 대니얼이 병원으로 오고 있었다." 디에트는 당시를 회상했다. "나는 헤로인 때문에 너무 혼미한 상태였다. 그래서 집에 가서 좀 쉬었다가 병원에 갔다."

한 시간 뒤 디에트가 병원 응급실 대기실에 들어가자 대니얼의 교회에서 나온 교인 30여 명이 그곳에 모여 있었다. 그들은 서로 부둥켜안고 울먹이며 기도했다. 바로 직전에 의사가 나와 말라가 숨졌다고 알렸다.

"그곳의 분위기와 감정을 감당하기 힘들었다." 디에트가 말했다. "나는 울기 시작했다. 말라를 위해, 또 나를 위해. 극심한 슬픔과 상실감이 엄습했다. 하지만 희한하게도 말할 수 없는 사랑과 평화도 느낄 수 있었다. 그 외에 또 다른 무엇도 있었다. 내가 평생 염원하며 찾던 그 무엇이었다."

사흘 뒤 디에트는 말라의 장례식에 참석했다. 그곳 역시 대니얼의 교회에서 나온 교인들로 가득했다. 디에트는 또다시 사랑의 힘과 하나님의 임재하심에 압도되어 무릎을 꿇고 싶었다.

　갑자기 그녀는 사람들을 새삼스럽게 다시 보게 되었다. "자세히 보니 내가 아는 사람들이 있었다. 함께 약을 하고 함께 복역했던 사람들이었다. 예전에는 길에서 자주 마주쳤는데 오랫동안 보지 못해 아마 죽었을지 모른다고 생각했던 사람들이었다."

　한 여성이 다가왔다. 교도소에서 함께 있었던 여성이었다. "디에트 아니야?"

　"어머, 에블린 아니야?" 디에트는 깜짝 놀랐다. "네가 왜 여기에 있어?"

　"교회에 다니면서 대니얼을 알게 되었지."

　두 여성은 말라의 죽음이 믿어지지 않는다며 서로 얼싸안고 울었다. 에블린은 자리를 떠나기 전에 이렇게 말했다. "디에트, 예수님이 너를 사랑하신다는 사실을 네가 알면 좋겠어. 예수님은 나를 죄에서 건져 주시고 자유를 주셨어. 지금 나의 삶은 예전과 완전히 달라. 예수님은 너에게도 그렇게 해 주실 수 있어."

　잠시 후 한 남자가 디에트에게 다가왔다. 수년 전 거리에서 함께 약을 사고팔았던 남자였다. 그의 얼굴이 환히 빛났다. 모든 면에서 완전히 달라진 모습이었다. 그는 디에트의 손을 잡고 말했다. "하나님은 늘 우리 곁에 계시고 선하신 분이야. 너도 잘 알지?"

　디에트는 또 다른 익숙한 얼굴을 보았다. 거리에서 매춘 호객을 함께 하던 여성이었다. 그녀는 디에트에게 성큼성큼 걸어와 꼭 껴안으며 울먹였다. "디에트, 예수님이 내 삶을 바꾸셨어. 그분이 나에게 행한 일을 너에게도 하실 수 있다고 믿어."

디에트는 이렇게 회상했다. "그들 모두에게서 예수님의 사랑을 볼 수 있었다. 그들이 내 조카딸을, 내 동생을 얼마나 사랑하는지 알 수 있었다. 바로 그 사랑이 나를 하나님께로 이끌었다. 나는 내가 살아가던 방식에 신물이 나 있었다. 하지만 그들은 모든 면에서 깨끗하고 행복해 보였다. 나도 그러고 싶었다."

다음 날 디에트는 자발적으로 캘리포니아주 라푸엔테에 있는 기독교 신앙 기반의 중독치료 재활센터인 빅토리 아웃리치에 입소했다. 거기서 그녀는 3년을 지냈다. 첫 몇 주 동안 금단증상을 견뎌 낸 뒤 기도의 세계로 점차 깊이 빠져들었다. 그녀는 종종 센터 내에서 혼자 있을 수 있는 헛간 같은 곳에 들어가 하늘에 대고 울부짖었다.

내 인생이 왜 이 모양이 되었나요?

내가 어떻게 이렇게 끔찍한 사람이 되었나요?

우리 아버지는 왜 나를 떠나셨나요?

삼촌은 왜 나를 추행했나요?

왜 그렇게 많은 남자가 나를 송두리째 앗아갔나요?

"나는 완전히 죄의식에 사로잡혔다. 나 자신이 너무 추악하게 느껴졌다. 하지만 하나님께서 나에게 보여 주셨다. …… 영화의 한 부분 같았다. 아기였을 때부터 혼자 그 헛간에서 기도할 때까지 나의 삶이 주마등처럼 내 머릿속을 스쳐 지나갔다."

잊어버렸던 경험들이 되살아나 디에트의 마음을 흥건히 적셨다. 자신을 비인간적으로 대했던 모든 남자의 얼굴이 하나둘 떠올랐다. 그때 그녀의 영혼에서 조용하면서도 강한 목소리가 들렸다. '그들을 용서하라. 무조건 용서하라.'

그러나 용서가 순식간에 쉽게 되는 일은 아니었다. 디에트는 몇 시간 동안 헛간에 머물며 자신에게 가해진 모든 나쁜 행동을 하나씩 떠올린 뒤 떨쳐 버리려고 몸부림쳤다. 오랜 기도와 끝없이 흘러내리는 눈물이 뒤따랐다. 그러나 디에트는 그 하나하나마다 육중한 짐이 자신의 영혼에서 떨어져 나가는 느낌이었다고 말했다. "날아갈 듯한 자유로움을 느꼈다."

미래에 대한 비전도 보였다. 헛간에서 기도하는 동안 디에트는 하나님의 음성을 들었다. 앞으로 선교사가 될 것이며, 잃어버린 것을 되찾아 주겠으며, 적절한 시기에 결혼하게 될 것이라는 약속이었다. 완전히 불가능하다고 말하기는 어려웠지만 당시는 셋 다 가능성이 희박해 보였다.

디에트는 몸과 마음과 정신의 치유를 계속하면서 일자리를 찾고, 각종 요금을 지불하는 방법 등 이전에는 거들떠보지도 않았던 생활 기술들을 하나씩 익혔다. 재활센터 직원들의 권유로 빅토리 아웃리치 교회에서 봉사활동을 시작한 뒤로 곧 안내팀, 성가대, 교회학교 교사, 성경 공부팀, 노숙자 지원팀 등에서 일했다.

또 하나님께서는 그녀에게 히스패닉 사람들을 사랑하도록 이끄셨다. 한동안 디에트는 멕시코로 가서 선교활동을 해야 할지 고민했다. 그러다가 1989년 스페인의 약물 중독자 재활센터 운영을 도울 기회가 왔다. 그녀는 그 기도하던 헛간에서 하나님이 약속하신 세 가지를 기억하고는 곧바로 비행기표를 사서 바르셀로나로 향했다.

✳ ✳ ✳

어느 날 바르셀로나에서 재활센터를 운영하는 목사님이 디에트를 불러 조용히 말했다. "저 젊은 여성을 이곳에 더는 오지 않게 하세요."

디에트는 목사님의 입장을 충분히 이해했다. 스물두 살인 그 여성은 마약에 찌들어 재활센터에 여러 번 들락거렸다. 그런 그녀가 일요일 교회에서 교인들이 가득한 가운데 소동을 일으켰다. 지갑을 훔치고, 나이 든 교인의 목에서 금목걸이를 낚아채기도 했다.

디에트는 자신의 과거를 그대로 떠올리게 하는 그 여성에 대한 연민의 정으로 가슴이 너무 아팠다. "목사님, 제가 도울 수 있게 해주세요. 그녀가 하는 모든 행동은 제가 전적으로 책임질게요. 하나님께서 그녀를 이끌어 주시리라고 믿어요. 저에게 기회를 주세요."

목사님을 설득한 디에트는 곧 주차장에서 그녀를 발견하고는 안으로 데리고 들어가 파에야를 함께 먹으며 오랜 시간 대화를 나누었다.

디에트는 이렇게 회상했다. "그녀는 눈물을 줄줄 흘리며 계속 스페인어로 이렇게 말했다. '나는 지쳤어요. 약을 하는 것도 지치고 이런 삶을 살아가는 것도 지쳤어요. 하나님이 내 삶을 바꿀 수 있다면, 나를 진정으로 달라지게 해 줄 수 있다면 그렇게 해 주기를 진심으로 바라요. 그게 내 소원이에요.'"

디에트는 자신이 마지막으로 교도소에 들어갔을 때 그와 비슷한 기도를 했다고 기억했다. "그녀가 그 모든 것에 지쳤다고 말했을 때 나는 드디어 그녀의 마음이 준비되었다는 사실을 알았다."

✳ ✳ ✳

디에트는 바르셀로나에서 선교사로 2년을 봉사한 뒤 캘리포니아로 돌아왔다. 귀국한 지 며칠 만에 루프에게서 전화가 왔다.

"디에트! 돌아왔다는 소식 들었어요. 그런데 당신의 다른 딸을 찾았어요. 그 아이의 이름은 루시예요!"

"뭐라고요? 언제요? 어떻게요?"

루프는 6개월 전인 7월 4일 미국 독립기념일에 존과 함께 입양한 디에트의 딸 둘을 데리고 공원으로 소풍 갔다고 설명했다. 놀이터에서 놀고 있는 아이들에게 점심 먹자고 부를 때 한 여성이 다가왔다. 그 여성은 한 여자아이를 데리고 있었는데 여섯 살인 디에트와 다섯 살인 대니얼보다 약간 나이가 많아 보였다. 그 여성이 말했다. "딸아이를 디에트라고 부르는 걸 들었어요. 참 아름다운 이름이에요. 어디서 그 이름을 찾았어요?"

"생모의 이름을 딴 건데요." 루프가 대답했다. "두 아이 모두 입양했어요."

그 여성이 놀란 듯 입술을 오므렸다. "생모라고요? 하와이 출신으로 약을 하던 여성 아니에요?"

루프도 놀란 채 고개를 끄덕였다.

"저는 엘사라고 해요." 그 여성이 미소를 지으며 말했다. "나도 그녀의 딸을 기르고 있어요. 이 아이죠. 이름이 루시예요."

루프는 두 가족이 이미 친한 사이가 되었으며, 세 여자아이가 실제 자매처럼 잘 지낸다고 디에트에게 설명했다.

디에트는 고마운 마음으로 루프에게 말했다. "전에 당신 남편 존이 내게 이렇게 말한 적이 있어요. 당신과 둘이 함께 수년 동안 딸아이를 갖게 해 달라고 기도했는데 하나님이 한 명이 아니라 두 명을 주셨다고요. 나는 교도소에 있으면서 때로는 아이들을 되찾아 가정을 이루고 싶다고 생각했어요. 그런데 하나님께서 나에게 마음의 평화를 주셨어요. 이런 일에서 나는 모든 것을 바로 돌려놓으시고 되찾아 주시는 하나님의 손을 볼 수 있어요."

하나님이 하신 세 번째 약속인 결혼은 어떻게 되었을까? 디에트가 겪은 많은 성적 학대를 생각하면 그녀가 결혼하는 것은 불가능해 보였다. "나는 남자와는 어떤 일로도 엮이고 싶지 않았다. 예수님을 만나면서 나는 예수님만을 원했다. 다른 남자는 절대로 원하지 않았다." 그러나 텍사스주 샌앤토니오로 옮겨가 캐슬힐스 크리스천 교회에 한 달 동안 다녔을 때쯤 한 여성이 다가와 남자를 소개해 주고 싶다고 말했다. 디에트는 관심 없다고 잘라 말했지만 그날 밤 그 남자의 이름을 머릿속에서 지울 수 없었다. 어떤 일에도 집중할 수 없었다. 심지어 기도도 잘되지 않았다. 디에트는 자신의 머리가 이상해지지 않았나 싶었다. 마침내 그녀는 사모를 찾아가 자신의 상황을 털어놓았다. 반응이 놀라웠다. 그녀는 웃으며 말했다.

"이봐요, 디에트. 당신이 우리 교회에 처음 들어왔을 때 하나님이 내게 '저 여인은 댄 포벨과 결혼할 거야'라고 말씀하시는 듯했어요."

디에트에게는 충격이었다. 혹 떼러 왔다가 하나 더 붙인 듯이 느껴졌다.

사모는 말했다. "그냥 한번 만나라도 봐요."

첫 커피 데이트에서 디에트와 댄은 여섯 시간 동안 이야기를 나누었다. 그러는 동안 디에트는 이것이 헛간에서 하나님이 그녀에게 하신 약속 중 세 번째가 이루어지는 것일지 모른다고 생각했다. 첫 두 약속은 이미 지켜졌다. 하나님은 그녀를 선교의 길로 이끄셨고, 딸들과의 잃어버린 관계를 되찾아 주셨다. 이제 하나님께서 친히 예비하신 남편과 행복한 결혼 생활을 하도록 디에트를 초대하시는 걸까?

카우보이 부츠에 진바지 차림으로 앞에 앉아 있는 남자는 얼핏 보기에는 자신이 과거에 이끌렸던 멋쟁이처럼 보이지 않았다. 그러나 그녀가 늘 새롭게 깨닫듯이 기도에 대한 응답은 전혀 예상하지 못했던 것일 수 있다.

***

　최근의 어느 날 아침 디에트는 댄과 거실에 앉아 커피를 마셨다. 그들은 묵상 책의 한 페이지를 읽고 새로운 하루를 위해 기도했다. 이른 아침의 이런 일과는 25년 이어 온 결혼 생활 동안 그들에게 큰 힘이 되었다.

　요즘 디에트는 주로 미국 국내에서 마약중독자들을 돕고 있다. 그녀는 스페인에서 만난 그 젊은 여성과 지금도 연락한다. 그녀는 이제 마약에서 벗어났고 바르셀로나에서 목사로 일하는 남편과 함께 가정을 꾸렸다.

　댄이 일터로 출근한 뒤 디에트는 남은 커피를 홀짝이며 잠시 혼자 시간을 가졌다. 곁에 둔 휴대전화가 진동했다. 문자 메시지였다. '잘 주무셨어요?' 디에트는 딸아이 중 한 명이 보낸 정겨운 메시지를 읽으며 빙그레 미소지었다.

　디에트는 커피 잔을 식기세척기에 넣으며 하나님께 기도했다. 약속을 지켜 주신 것과 또다시 새로운 날을 잘 준비하도록 인도하여 주신 것에 감사하는 기도였다.

2장

땅콩 안에 숨겨진 하나님의 목적

하나님의 비전을 신뢰하는 한 남자가
세계적인 먹거리 혁명을 주도한다.

여호와를 경외하는 것이
지혜의 근본이요
거룩하신 자를 아는 것이 명철이니라
–잠언 9장 10절

답은 바로 거기에 있는데도 쉽게 드러나지 않았다. 조지 워싱턴 카버 교수는 오후 내내 자질구레한 것들을 가지런히 정돈하며 하나씩 유심히 살폈다. 그의 책상 위에는 다양한 색상의 식물들이 펼쳐져 있었다. 줄기와 꽃잎과 뿌리가 분리되어 같은 종류끼리 깔끔하게 나열되어 있었다.

조지는 어려서부터 자연에 관해 이야기하기를 즐겼다. 귀 기울여 들어주는 사람만 있으면 시간 가는 줄 몰랐다. 이제 그는 터스키기 전문대학의 교수가 되었다. 학생들은 자연에 관한 그의 지식을 듣기 위해 귀를 기울였다.

그러나 그날 조지는 누구보다도 더 중요한 상대와 일대일로 대화했다. 그 상대는 하나님, 대화의 주제는 식물학의 미스터리였다.

앞에 놓인 식물들을 찬찬히 둘러보던 조지의 눈길이 흔하디흔한 견과 위에 멈추었다. 땅콩이었다. 당시 그곳의 대다수 농민은 땅콩을 쓸모없는 애물단지처럼 여겨 목화 재배로 지력을 잃은 땅에 양분을 보충하는 거름으로나 사용하고 있었다.

그러나 조지는 하나님께서 쓸모없는 것을 창조하실 리 없다고 확고히 믿었다. 그는 눈을 감고 기도했다. "하나님, 땅콩을 왜 만드셨는지요? 왜요?" 그 질문으로 조지가 얻은 답은 미국 농업에 혁명을 일으키며 남북전쟁의 상처까지 치유하는 효과를 가져오게 된다. 그 모든 것이 "왜요?"라는 아주 단순한 기도에서 시작되었다.

어떤 면에서 보면 조지가 평생 해 온 기도가 바로 그 "왜요?"라는 질문이었다. 흑인 노예의 아들로 태어난 그는 당시의 대다수 노예와 달리 아주 특이한 성장기를 보냈다. 우선 그는 미주리주 다이아몬드 그로브(현재 지명: 다이아몬드)에서 태어났고 남부에는 가 본 적이 없었다. 또 그는 실제 노예로 산 적도 없다.

조지가 태어난 지 얼마 되지 않았을 때 그와 누나, 어머니는 약탈자들에게 납치당해 인근 캔자스주로 끌려갔다. 그 끔찍한 이동 중 어느 시점에서 아기 조지는 어머니 메리와 헤어지게 되었다. 납치범들이 그들을 서로 다른 곳에 팔 생각이었는지 아니면 다른 계획이 있었는지 분명치 않다. 아무튼 납치범들은 조지를 캔자스주의 여성들에게 맡겼다. 그런데 얼마 후 한 낯선 남자가 그곳에 와서 아기를 데려갔다. 그 여성들은 별다른 저항을 하지 않았다.

조지는 나중에 그 낯선 남자가 북군의 척후병이었다는 사실을 알게 되었다. 그러나 아기 조지의 고생길은 거기서 끝나지 않았다. 추운 밤중에 그 남자의 코트에 쌓여 미주리로 돌아가야 했다. 게다가 백일해까지 걸렸다. 어른에게도 치명적일 수 있는 병이었다.

그러나 좋은 소식도 있었다. 존 벤틀리라는 이름의 그 척후병은 조지를 납치되기 전의 옛집으로 데려갔다. 벤틀리는 조지의 주인 모지스 카버가 고용한 사람이었다. 벤틀리와 조지가 다이아몬드 그로브에 무사히 도착하자 모지스는 아기를 안전하게 데려다준 데 대한 보답으로 벤틀리에게 비싼 경주마를 내주었다. 그러나 조지는 다시는 어머니를 보지 못했다.

모지스가 조지를 되찾기 위해 들인 노력과 비용은 그의 성격을 그대로 말해 주었다. 놀랍게도 모지스와 그의 아내는 노예제에 반대했다(예외적으로 그들은 조지의 어머니를 하인으로 사들였다). 또 남북전쟁이 일어나자 그들은 북군 편에 섰다.

모지스는 납치된 어린 조지의 행방을 수소문 끝에 알아내고 그를 구출하기로 결심했다. 자녀를 갖지 못하던 모지스 부부는 그의 형 부부가 사망하자 그들의 자녀 1남 2녀를 거두어들였다. 또 조지와 그의 이복형 제임스를 넷째와 다섯째 자녀로 키웠다.

조지는 어린 시절 병약했다. 구출될 때 앓았던 백일해 때문이었다. 심한 기침으로 성대가 손상되어 목에서 쉰 소리가 났다. 나중에는 거의 정상으로 돌아왔지만 여전히 그의 음성은 고음이었다.

늘 그렇듯 허약한 사람이 하나님의 자비와 신실하심을 더욱 깊이 실감한다. 조지의 경우도 그런 병약함으로 믿음이 더욱 굳건해졌다. 그의 양아버지 모지스는 종교를 거부했지만 조지는 거리낌 없이 예수님께 나아갔다. 그는 여덟 살 때 이미 하나님을 알고 독실한 신자가 되었다.

그는 또 자연계에 푹 빠져 희한한 돌과 곰팡이를 수집하는 아이로 알려졌다. 꽃에도 관심이 많았다. '무엇이 사물을 자라게 할까?' 그 질문이 언제나 조지의 바쁜 마음을 가득 채웠다. 그는 다이아몬드 그로브 주변의 숲에서 몇 시간을 보내며 다양한 종류의 돌을 호주머니에 채워 넣고, 흙 속에서 들꽃들을 조심스럽게 뽑아냈다.

"실없는 아이." 손에 들꽃을 가득 들고 누구든 들으려고 하는 사람만 있으면 자연계에 관한 이야기를 쉴 새 없이 늘어놓는 홀쭉이 소년을 두고 동네 사람들은 그렇게 불렀다. 어리석음. 시간 낭비. '왜 저 아이는 더 중요한 문제에 관심을 두지 못할까?'

조지는 나중에 이렇게 적었다. "나는 매일 숲속에서 혼자 지내며 아름다운 꽃을 수집해 집에서 멀지 않은 덤불 속에 감춰 놓은 내 작은 꽃밭에 옮겨 심었다. 내가 꽃에 시간을 쏟는 것을 동네 사람들이 보면 어리석은 짓이라고 생각했기 때문이다."

그러나 하나님이 만드신 자연계에 대한 그의 깊은 관심은 나중에 우리에게 매우 큰 혜택을 가져다주게 된다.

늘 밝고 호기심이 많던 조지는 공부를 좋아했고 학교에 갈 기회가 생기자 우등생이 되었다. 시간이 흘러 그가 충분한 실력으로 아이오와 농과대학이나 다른 유명한 대학의 교수로 갈 수 있는 자격을 갖추었을 때 부커 워싱턴으로부터 편지를 한 통 받았다. 워싱턴은 노예제의 속박에서 벗어나 자유인이 된 흑인을 위해 교육기관을 설립한 선구적인 인물이었다.

그는 조지에게 남부로 내려와 앨라배마주에 새로 세운 터스키기 전문대학에서 학생들을 가르치면 어떠냐고 제안했다. 노예 출신들이 스스로 더 나은 삶을 꾸려 갈 수 있도록 돕자는 고매한 취지였다. 급여는 적었지만 조지는 선뜻 승낙하고 터스키기로 가는 기차에 몸을 실었다.

그 여행에서 조지는 남부의 삶이 어떤지 두 눈으로 직접 확인할 수 있었다. 남북전쟁이 끝나고 30년이라는 세월이 흘렀으나 남부 사람들은 여전히 전쟁으로 무너진 경제에서 헤어나지 못하고 있었다. 농업 전문가였던 그가 맨 처음 발견한 문제점 중 하나는 목화에 의존하는 남부의 단일작물 경제가 지력만이 아니라 사람들의 진도 빼놓고 있다는 사실이었다. 소작 농민들은 소득을 올리기 위해 집 바로 옆까지 목화를 재배했다. 다른 작물을 심을 땅이 없었다.

다른 작물을 재배하지 못해 먹거리를 자족할 수 없었던 농민들은 지주가 소유한 잡화점에서 식료품을 사야 했을 뿐 아니라 목화 생산량을 늘리기 위해 그 가게에서 비싼 값으로 인공 비료도 구입해야 했다. 더 열심히 일할수록 빚은 늘어만 갔다. 좀처럼 벗어나기 어려운 빈곤의 악순환이었다.

조지는 그 상황을 이렇게 묘사했다.

기차가 아이오와의 황금빛 밀밭과 키 크고 푸른 옥수수밭을 떠나 끝없이 넓은 목화밭을 향해 다가갈 때 내 가슴은 철렁 내려앉았다. 온통 목화투성이였다. 과학적인 영농 증거는 찾아볼 수 없었다. 앙상한 목화가 오두막집 문 앞까지 바짝 붙어 자라고 있었다. 유일한 채소의 흔적은 듬성듬성 자라고 있는 콜라드뿐이었다. 제대로 자라지 못한 소와 여윈 노새들. 들판과 언덕 사면은 도랑과 수레바퀴 자국이 깊게 패어 있었다. 땅과 목화, 소 떼와 사람들 전부 굶주린 모습이었다.

그런 어려움을 보면서 조지는 터스키기로 내려간 것이 올바른 결정이었다고 확신하고, 그곳 농민들을 돕기 위해 능력이 닿는 한 최선을 다하기로 결심했다. 그는 가장 먼저 농업연구소를 설립했다.

조지는 숙련된 과학자였지만 거기서는 일반적인 과학 연구 방식과는 다른 접근법을 취했다. 과학적인 연구 방법을 따른다면 여러 변수를 두고 한 번에 한 가지씩 순차적으로 실험하면서 변수를 달리할 때 나타나는 변화를 관찰해야 한다. 또 하나의 가설 설정으로 시작해서 체계적으로 그 가설의 옳음이나 틀림을 입증해야 한다. 각 실험은 세세히 기록되어 다음에 다른 연구자들이 다양한 환경에서 그 실험을 반복해 같은 결과를 얻을 수 있는지 확인할 수 있도록 해야 한다.

조지도 그런 사실을 잘 알고 있었으나 그 과정이 너무 느리고 복잡하다고 판단했다. 남부의 농업 개혁이 시급했기 때문에 그 과정을 다 거칠 여유가 없었다. 그래서 그는 과학적인 방법에다 직관과 영감을 혼합했다. 무엇보다 거기에다 그때까지 그의 삶을 지탱해 온 믿음을 듬뿍 더했다.

그는 나중에 어느 강연에서 하나님은 자연 속에 감추어 둔 비밀을 열심히 찾으려는 사람에게 반드시 드러내 보여 주신다고 말했다. 경험을 통해 얻은 깨달음이었다. 그는 남부 농업의 돌파구를 여는 과정에서 모든 가능한 변수를 세세히 기록하고 가설을 입증하는 과학적인 기법보다 기도에 더 많이 의존했다. 기도와 믿음이 그의 가장 믿음직한 동반자였다. 학술지에 발표할 결정적인 증거보다는 남부 농민들의 어려움을 신속히 타개할 수 있는 해결책이 필요했기 때문이다. "과학적인 방법을 애써 찾을 필요가 없었다"고 그는 말했다. "새로운 무엇을 만들어 낼 수 있는 영감이 오는 순간 저절로 과학적인 방법이 내 머릿속에 떠올랐다."

그런 측면에서 감자와 땅콩에 대한 그의 실험이 가장 유용한 성과를 거두었다. 둘 다 남부에 풍부한 작물이다. 예를 들어 땅콩은 목화와 순환 재배하기에 이상적이다. 목화가 자라는 데는 질산염이 필요한데 땅콩이 질산염을 땅에 되돌려 주기 때문이다. 그러나 당시 땅콩은 쓸모가 거의 없는 계륵 같은 작물로 여겨졌다. 따라서 만약 땅콩을 상업적으로 널리 활용할 수 있는 방법을 찾아낼 수 있다면 농민들이 땅콩을 목화와 순환 재배함으로써 추가 소득을 올릴 수 있었다. 그래서 조지는 이런 간단한 기도로 연구를 시작했다. "하나님, 땅콩을 왜 만드셨는지요? 왜요?"

조지는 연구 과정을 이렇게 설명했다.

나는 화학과 물리학에 대한 지식을 바탕으로 땅콩을 분해하기 시작했다. 물, 지방, 수지, 당, 녹말, 펙토오스, 펜토스, 펜토산, 레구민, 리신, 아미노, 아미노산 등. 나는 땅콩의 모든 부분과 요소를 내 앞에 펼쳐 놓았다. 그다음 온도와 압력 등의 조건을 달리하면서 그 각 부분을 다양하게 몇 가지씩 조합해 보기 시작했다.

조지는 그런 방식으로 수년에 걸쳐 연구를 거듭한 끝에 땅콩을 이용하는 방법 265가지를 개발했다. 그 외에 감자를 이용하는 방법 118가지, 남부에 풍부한 또 다른 작물인 피칸을 이용하는 방법 85가지를 찾아냈다.

그러나 갈 길은 멀었다. 조지의 발명이 궁극적인 성공에 이르기까지는 아직 큰 장애물이 남아 있었다. 우선 농민들이 환금작물로 땅콩을 재배하기가 매우 어려웠다. 수입 땅콩과의 경쟁이 워낙 치열해 가격이 낮을 수밖에 없었다. 마침내 미국 국내 농민이 낮은 땅콩 가격으로 인해 손해를 보지 않도록 수입관세를 높게 물리자는 안이 의회에 제출되었다. 하원 세입위원회는 그 사안을 두고 청문회를 열었다.

1921년 1월 20일 조지는 땅콩재배자협회가 초청한 증인 중 한 명으로 그 청문회에 참석했다. 그가 회의적인 의원들을 설득하는 데 성공하느냐 실패하느냐에 따라 남부 농민 대다수의 경제적 상황이 달라질 수 있었다. 그처럼 막중한 임무를 맡은 그에게 주어진 시간은 단 10분이었다. 보통 사람이라면 주눅이 들어 제대로 증언하지도 못했을 것이다. 그러나 그는 나름대로 계획이 있었다.

　의원들은 들으나 마나 또 다른 지루한 증언이겠거니 하고 생각했다. 조지는 늘 그렇듯 낡은 양복이지만 깨끗이 손질해 입고 재킷의 단춧구멍에 작은 꽃을 꽂고 입장했다(그는 매일 재킷에 새로운 꽃을 꽂고 출근하는 습관으로 잘 알려졌다). 그런데 다른 증인들과 달리 그는 커다란 상자를 팔에 끼고 등장했다. 조지는 자신이 숙련된 과학자일 뿐 아니라 누구에게도 뒤지지 않는 세일즈맨이기도 하다는 사실을 보여 줄 생각이었다.

　조지프 포드니 위원장은 다른 의원들처럼 조지 워싱턴 카버 박사의 이름을 들어 보지 못했을 가능성이 컸다. 그는 먼저 조지에게 발언 시간으로 10분을 주겠다고 선언했다.

　조지는 증언대에 자리를 잡고 발언을 시작했다. "위원장님, 저는 땅콩재배자협회의 요청으로 땅콩과 땅콩을 활용한 상품의 가능성에 관해 증언하고자 합니다. …… 먼저 이 상자 안에 든 것들을 꺼내 놓을 수 있도록 허용해 주신다면 여러분에게 그것이 무엇인지 보여 드리겠습니다."

　여러 의원이 의자를 앞으로 당기며 허리를 굽혀 조지가 무엇을 꺼내는지 살폈다.

　"저에게 주어진 시간이 10분밖에 없어서 몇 가지 중요한 것만 보여 드리겠습니다." 그 말과 함께 그는 마치 마술사처럼 상자에서 뭔가를 휙 꺼내 보였다. "이건 으깬 땅콩 가루입니다. 여러 용도로 사용할 수 있지요. 빵을 만들거나 아침 식사용 수프를 끓일 수 있어요.

…… 이건 땅콩 깍지입니다. 갈아서 분말로 만들면 양철 접시의 광을 내는 데 사용할 수 있지요." 조지는 그런 식으로 계속했다.

주어진 10분이 다 되어 가자 의원 한 명이 증언 시간 연장을 요청했다. 그의 상자 안에 얼마나 더 많은 것이 들어 있는지 궁금해서 그랬을 가능성이 컸다. 아무튼 그 요청이 승인되었다. 중간중간에 의원들이 웃음을 터뜨리며 질문도 하기 시작했다. 마침내 포드니 위원장이 선언했다. "발언 시간을 제한하지 않을 테니 계속해도 좋아요."

조지는 말을 이었다. "얼마 전, 몇 달 전에 우리는 땅콩에서 우유를 추출하는 방법을 알아냈습니다. …… 보기도 그렇고 맛도 소의 우유와 구별이 되지 않습니다. 위에 크림이 뜨는 것까지 똑같아요. 성분도 거의 동일하지요." 조지는 그것으로 버터와 아이스크림도 만들 수 있다고 설명했다. "그게 내가 여태껏 먹어 본 것 중 가장 맛있는 아이스크림이었어요."

곧 의원들은 그가 제안하는 관세안에 관해 집중적으로 따졌다. 조지는 그들의 공격을 잘 막아 내며 틈이 날 때마다 상자 안에서 물건을 계속 꺼내 보여 주었다. 존 캐류 하원의원(뉴욕주)이 인기 있는 과일 음료에 관한 질문을 던졌다. "그렇다면 땅콩을 과일 펀치에는 사용할 수 있나요?"

조지는 그 질문이 사전에 짜인 각본에 의한 것인 듯이 곧바로 이렇게 답했다. "아, 그럼 이제 펀치를 좀 보여 드리겠습니다." 또다시 장내에 웃음보가 터졌다.

"이건 오렌지 펀치, 이건 레몬 펀치, 또 이건 체리 펀치입니다."

더 많은 질문이 쏟아졌고 그의 대답은 의원들의 배꼽을 잡게 했다. 드디어 상자가 텅 비었다. 조지는 이렇게 증언을 맺었다. "성경의 창세기 1장에 이런 구절이 있습니다. '내가 온 지면의 씨 맺는 모든 채소와 씨 가진 열매 맺는 모든 나무를 너희에게 주노니 너희의 먹을거리가 되리라'(29절). 제 생각에는 하나님께서 무슨 뜻으로 그런 말씀을 하셨는지 명확하게 알 수 있습니다. 그 모든 것이 먹거리가 될 수 있다는 뜻입니다. 우리 몸에 영양을 공급해 우리를 강하게 만들고 건강을 유지할 수 있도록 하는 모든 것이 거기에 있습니다."

의원들은 그의 말에 따뜻한 박수로 화답했다.

조지는 의원들에게 보여 주고 싶은 것의 절반밖에 가져오지 못했다고 덧붙였다. 앨런 트레드웨이 하원의원(매사추세츠주)은 이렇게 응수했다. "그럼, 나머지 것을 가지고 다시 한번 나오세요."

그 청문회에서 조지는 모두 합해 1시간 40분 동안 증언했다.

몇 주 뒤 하원 세입위원회는 수입 땅콩에 전례 없이 높은 관세를 부과하는 법안을 통과시켰다. 깍지를 벗긴 땅콩은 관세가 파운드당 3센트, 깍지가 있는 땅콩은 파운드당 4센트였다. 그 법 덕분에 농민들은 재배한 땅콩에 제값을 받을 수 있었다. 하원 세입위원회에서 한 조지의 증언이 법안 통과에 큰 영향을 미쳤을 가능성이 컸다.

조지는 땅콩의 용도 연구로 큰돈을 벌 수 있었지만 자신의 발견 중 3건에 대해서만 특허를 내고 나머지는 전 세계 사람들이 자유롭게 활용할 수 있도록 했다. 그가 가르친 모든 것은 믿음과 성경으로 귀결되었다.

진실한 행복은 만물을 창조하고 보존하고 다스리시는 하나님과 가장 가까운 관계를 유지하는 데서 얻는 기쁨이다. 그 비밀을 아직 깨닫지 못한 사람들은 자기 집 마당에 있는 작은 것부터 연구하기 시작하라. 잘 알려진 것부터 시작해 가장 잘 알려지지 않은 것까지 세밀히 연구하다 보면 새로운 진실을 하나씩 발견할 때마다 하나님과 더욱더 가까워질 것이다.

조지는 어려서부터 인생의 황혼기까지 그 확신을 잃지 않았다. 작은 땅콩이 가진 큰 능력의 발견도 그러한 확신에서 비롯된 아주 단순한 기도로 시작되었다. "주님, 왜 땅콩을 만드셨는지요? 왜요?"

어린 조지가 '시시한 것'만 좋아한다고 놀리던 사람들을 기억하는가? 조지는 사람들이 그런 자신의 행동을 "실없고 어리석게 여겼다"고 말했다. 하지만 그는 조롱에도 개의치 않았다. 만약 하나님이 작은 것들을 무시하신다면 우리 같은 미물은 거들떠보지도 않으실 것이기 때문이다. 예수님도 천국을 두고 작은 겨자씨 한 알과 같지만 그 씨가 자라면 나중에 큰 가지를 낸다고 말씀하지 않으셨는가?

조지는 어린 시절의 비극과 불의를 극복하고 하나님과 더 가까워지기 위해 '작은 것'들을 꾸준히 연구한 결과 20세기의 가장 중요한 과학자 중 한 명으로 기억되고 있다. 시사 주간지 《타임》은 1941년 표지 기사로 그를 다루며 그에게 "흑인 레오나르도 다빈치"라는 별명을 붙였다.

조지는 하나님을 신뢰하고 믿음으로써 갖게 된 관대한 정신으로 남북전쟁 후 황폐해진 미국 남부의 땅에 축복을 가득 불어넣었다. 성경에 자주 나오는 이야기다. 선지자 스가랴는 바벨론에서 유배 생활을 하던 이스라엘 백성들에게 황폐해진 고국으로 돌아갈 것을 강조했다. 그는 그들의 지도자였던 스룹바벨이 당면한 도전을 산처럼 크다고 묘사하면서도 이렇게 말했다.

> "큰 산아 네가 무엇이냐 네가 스룹바벨 앞에서 평지가 되리라 그가 머릿돌을 내놓을 때에 무리가 외치기를 은총, 은총이 그에게 있을지어다 하리라
>
> 작은 일의 날이라고 멸시하는 자가 누구냐 사람들이 스룹바벨의 손에 다림줄이 있음을 보고 기뻐하리라……"
>
> -스가랴 4장 7절, 10절

작은 일의 날이라고 멸시하는 자가 결국은 많은 혜택을 얻고 도리어 기뻐할 것이다! 이 얼마나 역설적이고도 놀라운 약속인가? 조지 워싱턴 카버의 일생은 작은 것을 절대로 무시하지 말라는 교훈을 준다. 여러분이 척박한 불모지처럼 보이는 곳에 있다고 생각되면 조지의 삶을 기억하고 다시 한번 자세히 살펴보라. 혹시 진흙 속에, 겨자씨 안에, 조지의 경우처럼 하찮아 보이는 작은 땅콩 안에 하나님이 여러분을 통해 이루고자 하시는 목적이 들어 있을지 모른다. 그 목적을 발견하면 여러분도 세계를 바꿔 놓을 수 있다.

[3장]

회복

"내가 전에 너희에게 보낸 큰 군대 곧 메뚜기와 느치와 황충과 팥중이가
먹은 햇수대로 너희에게 갚아 주리니 너희는 먹되 풍족히 먹고
너희에게 놀라운 일을 행하신 너희 하나님 여호와의 이름을 찬송할 것이라……"

–요엘 2장 25~26절

누구나 영혼이 흑암에 휩싸이는 듯이 느낄 때가 있다.

두려움과 슬픔이 우리를 옥죌 때 어떻게 대처해야 할까?

세상은 다른 사람보다 더 억세고 매정한 것을 두고 강하다고 말한다.

그러나 다윗은 "여호와는 나의 힘과 나의 방패이시니

내 마음이 그를 의지하여 도움을 얻었도다"(시편 28:7)라고 말했다.

그리스도인이라면 당연히 그래야 한다.

하나님만 의지하고 하나님은 "결코 너를 떠나지 아니하시며

버리지 아니하신다"(신명기 31:6)는 사실을 굳게 믿으면

가장 암울한 순간에도 우리의 소망은 피어난다.

하나님은 회복과 화해를 약속하신다.

하나님의 침묵

**목회자의 믿음도
견디기 힘든 시험에 빠질 수 있다.**

내 하나님이여 내 하나님이여
어찌 나를 버리셨나이까.
어찌 나를 멀리하여 돕지 아니하시오며
내 신음 소리를 듣지 아니하시나이까

−시편 22편 1절

앤드루 브런슨 목사는 거리로 나섰다. 그의 뒤로 이즈미르 부활교회가 보였다. 튀르키예 이즈미르의 높은 두 빌딩 사이에 위치한 나지막한 크림색 건물이었다. 금요일 기도회가 끝난 직후였다. 앤드루가 교인 한 명과 이야기를 나누고 있을 때 한 남자가 교회 쪽으로 다가갔다. 뭔가 이상하다고 느낀 앤드루는 그를 주시했다.

그 남자는 위장복 차림에 방탄조끼를 입고 권총을 잡고 있었다. 앤드루의 시선이 그 무기로 쏠렸다. 권총의 검은색 손잡이를 잡은 그의 손은 심하게 떨렸지만 그의 얼굴은 분노의 결의로 굳어 있었다.

탕. 탕. 탕-탕-탕-탕.

여섯 발이 연달아 발사되면서 반동으로 그의 손이 뒤로 젖혀졌다.

앤드루가 나중에 알았지만 그 권총에는 공포탄만 장전되어 있었다. 곧 그 사실을 알아챈 남자는 권총을 버리고 가방에서 산탄총을 꺼냈다.

그 순간 앤드루는 교회 안에 있는 교인들이 생각났다. 산탄총 난사로 수많은 사람이 목숨을 잃을 수 있었다. 그는 곧바로 몸을 날려 산탄총을 든 남자를 뒤에서 껴안듯이 꼭 붙잡았다. 산탄총이 공중으로 발사되면서 좁은 거리에 총성이 울려 퍼졌다. 그 남자는 분노에 찬 긴장된 목소리로 고함을 질렀다. "너희를 죽일 거야! 전부 다 너희 책임이야!"

두 사람은 몸싸움을 벌였다. 산탄총을 든 남자가 키도 더 크고 힘도 더 셌다. 앤드루가 힘을 너무 준 탓에 팔이 무감각해지기 시작했다. 흥분 상태의 몽롱함 속에서도 그는 자신과 교인들의 생명이 그 남자를 제압하는 데 달려 있다고 판단하고 그를 놓지 않으려고 젖먹은 힘까지 다 썼다.

그러던 중 갑자기 상황이 끝났다. 경찰관들이 달려와 무장 괴한의 팔을 붙들고 끌어갔다. 앤드루는 교회 안으로 들어갔다. 충격과 흥분이 가라앉으면서 안도감이 들었지만 그의 몸은 여전히 심하게 떨렸다. 하지만 희한하게도 그는 전혀 두렵지 않았다.

하나님은 여러 차례 앤드루에게 그를 위한 계획이 있다고 말씀하셨다. 튀르키예에 가서 선교하라는 부르심이었다. 그는 자신이 시무하는 교회 안에서 떨리는 몸으로 하나님의 신실하심을 깊이 느끼며 감사 기도를 드렸다.

그 사건은 앤드루가 튀르키예에서 선교 활동을 한 지 18년째로 접어든 2011년에 발생했다. 멕시코에서 활동하던 선교사 부부의 아들로 태어난 앤드루는 초등학교 입학 전부터 하나님께서 자신을 선교사로 부르심을 인식하도록 교육받았다. 그의 가장 어린 시절 기억 중 하나는 세 살 때 어머니가 그를 원로 선교사인 스탠리 솔타우(청주에서 18년 동안 선교 활동을 한 그는 한국 이름 소열도 목사로 알려졌다–역자 주)에게 소개한 일이었다.

솔타우 목사도 어린 시절 원로 선교사를 소개받은 적이 있었다. 중국에서 활동한 초기 선교사 중 한 명인 허드슨 테일러 목사였다. 테일러 목사는 1853년 21세의 나이로 중국 본토 깊숙한 지역을 다니며 선교 활동을 했다. 수년 뒤 테일러 목사는 해외선교 기획자로 널리 알려졌다. 솔타우 목사의 어머니는 두 아들을 테일러 목사에게 데려가 하나님께 그들을 선교사로 인도해 주시기를 간구하는 기도를 요청했다.

앤드루의 어머니도 같은 목적으로 아이를 데리고 솔타우 목사를 찾아갔다. 앤드루는 그때 너무 어려 이해하지 못했으나 그 일을 계기로 복음을 전 세계에 전파하고 싶다는 생각을 갖게 된 것이라고 믿었다. 두 세대에 걸친 선교의 소명이 어린아이의 어깨에 내려졌다. 그러나 어린아이가 다 그렇듯 앤드루는 그 자리에서 말을 듣지 않고 투정을 부렸다. 어머니는 그를 체벌했다. 그는 나중에 그 체벌로 인해 "솔타우 목사를 만난 일이 내 마음에 새겨져 평생 잊지 않게 되었다"고 말했다.

수년 뒤 앤드루는 휘튼 대학에서 미래의 아내 노린을 만난 후 그 소명을 실행에 옮기기 시작했다. 앤드루와 노린은 1993년 튀르키예로 이주했다. 그들은 몇 군데를 알아보다가 인구 약 300만 명인 에게해 해안 도시 이즈미르에 정착했다. 고대와 기독교의 역사 유산이 가득한 곳에서 선교 활동을 하게 된 것이 그들에게는 꿈 같은 일이었다. 이즈미르의 도시 역사는 3000년을 거슬러 올라가며, 8500년 전부터 그곳에 인류가 거주한 흔적이 있다.

원래 이즈미르의 헬라어(고대 그리스어) 지명은 서머나였다. 요한계시록 2장에서 예수 그리스도가 박해받던 그곳 교회의 성도들을 위로할 목적으로 보낼 편지의 내용을 일러 주실 때도 서머나라는 이름을 사용하셨다. "서머나 교회의 사자에게 편지하라 …… 너는 장차 받을 고난을 두려워하지 말라 볼지어다 마귀가 장차 너희 가운데에서 몇 사람을 옥에 던져 시험을 받게 하리니…… 네가 죽도록 충성하라 그리하면 내가 생명의 관을 네게 주리라"(8~10절).

그 부근에는 성경에 나오는 다른 중요한 곳도 많다. 이즈미르는 오랫동안 무역의 중심지였고 이즈미르주에는 고대도시가 여럿 있었다. 그중 하나가 에베소다. 에베소는 요한계시록에서 예수님의 편지를 받은 또 다른 도시이며, 요한복음이 기록된 곳일 가능성이 크다. 기원후 5세기에는 여러 기독교 공의회가 열린 곳이기도 하다. 사도행전에 따르면 에베소는 사도 바울이 머물며 교회를 일으키고 주님의 복음을 전하는 선교 활동을 조직한 곳이다. 또 바울은 로마의 옥중에서 에베소 교회에 보내는 편지(에베소서)를 썼다.

그처럼 기독교 유적이 많은 곳이지만 현재 튀르키예에서 기독교의 존재는 아주 미미하다. 공식적인 기독교 신자가 인구의 0.1퍼센트에 불과하다. 새 교회를 세우기는 보통 어려운 일이 아니다. 그러나 앤드루와 노린은 이즈미르의 유흥가에서 이즈미르 부활교회라는 작은 개척교회를 시작했다. 처음에 그들은 하나님을 찾는 사람이 그런 유흥가에 들어오기가 쉽지 않으리라 생각했다. 그러나 걱정할 필요가 없었다. 매일 수천 명이 그 구역에 들어와 교회 앞을 지나갔다.

교인들은 거리 사람들의 관심을 끌기 위해 교회 건물 창턱에 기독교 서적을 놓아두는 전략을 생각해 냈다. 얼마 안 가 그들은 원하는 사람들에게 성경을 나누어 주기 시작했다. 한 달에 신약성경 1000권 이상이 배포되었다. 하지만 단순히 호기심으로 성경을 받아 가는 사람이 대다수였다. 이전에는 교회에 가보기는커녕 기독교 신자 한 명도 만나 보지 못한 사람들이었다. 더러는 기독교로 개종하는 사람들도 있었다. 그러나 잠시 교회에 다니다가 가족과 친구들로부터 "잘못된 길"로 가고 있다는 지적을 받고 발길을 끊은 사람이 많았다. 또 교회에 나오는 사람 중 일부는 분란을 일으키려는 사람들이었다.

교인 중에는 비밀경찰도 있었다. 그들은 앤드루와 노린이 선교 외에 다른 정치적인 의도가 있는 것으로 의심했다. 특히 앤드루가 스스로 내성적이라고 말하면서도 매일같이 사람들과 부대끼고 적대적일 수 있는 환경에서 활동하기 때문이었다. 그러나 앤드루와 노린은 하나님께서 자신들을 선택하셔서 튀르키예에서 영적인 추수를 예비하도록 하셨다고 믿고 최선을 다할 뿐이었다.

그곳에서 앤드루와 노린은 시리아와 이라크의 내전을 피해 국경을 넘어온 난민들에게 식량과 옷을 나누어 주고 그들이 삶을 되찾을 수 있도록 도왔다. 힘든 일이었지만 보람도 컸다.

앤드루는 튀르키예에서 하는 선교 사역이 자신의 소명이라고 확신했다. 그래서 그들 가족은 그곳에서 23년이나 살았다. 앤드루는 미국 국적을 자랑스러워했지만 튀르키예를 제2의 조국으로 받아들였다.

그러다가 어느 날 앤드루는 하나님의 새로운 부르심을 들었다고 생각했다. 이번에는 "고국으로 돌아가라"고 말씀하신 듯했다. 앤드루는 그게 무슨 뜻인지 알 수 없었으나 몹시 당황스러웠다. 그와 아내는 여생을 이즈미르에서 보내리라 믿고 콘도까지 매입한 상황이었다. 그런데 2016년 10월 7일 그들은 갑자기 경찰서로 출두하라는 통보를 받았다. 앤드루가 교회 앞에서 총을 난사하려는 남자와 몸싸움을 벌인 지 5년이 지난 시점이라 당시 일은 까마득히 잊은 상태였다. 경찰서에서 앤드루와 노린은 튀르키예 정부가 그들에게 추방 명령을 내렸다는 사실을 알게 되었다. 그들은 교회에서 분란을 일으키려는 말썽꾼이 거짓 혐의를 꾸며 당국에 고발한 게 아닌가 생각했다.

앤드루는 자신이 평생을 바쳐 세운 교회를 잃게 되어 큰 충격을 받았다. 그는 '하나님께서 우리를 위해 계획하셨다고 우리가 믿는 모든 것에 반하는 상황'이라고 생각했다. 그러면서도 어쩌면 하나님이 그들을 미국으로 불러들이려는 게 아닌가 하는 생각도 들었다.

그러나 경찰은 이상하게도 그들을 곧바로 추방하지 않고 구금했다. 노린은 13일 만에 풀려났지만 앤드루는 계속 구금되었다. 그는 앞으로 일이 어떻게 될지 전혀 감을 잡을 수 없었다.

당시 튀르키예는 극심한 정치적 불안의 소용돌이에 휘말려 있었다. 금방이라도 내전이 터질 듯했다.

앤드루 외에 몇 명의 미국인도 구금되어 있었다. 2016년 레제프 타이이프 에르도안 대통령과 그의 정부를 전복하려는 군부의 쿠데타가 실패하면서 그 사건과 연루되어 체포된 사람들이었다. 보도에 따르면 그 실패한 쿠데타에 따른 사망자가 241명, 부상자가 2194명이나 되었다.

앤드루가 실제로 튀르키예 정부 전복 음모에 연루되었다고 의심받을 가능성은 거의 없어 보였다. 구금된 다른 미국인들은 미국과 튀르키예의 이중국적자였다. 따라서 튀르키예 정부는 그들을 구금할 권리가 있다고 판단할 수 있었다. 하지만 앤드루는 미국 국적만 가진 외국인이었다. 따라서 그는 어떻게 보면 인질로 붙잡힌 듯했다. 앤드루는 이렇게 말했다. "경찰은 수년 전부터 나에 관한 자료를 수집해 관리하고 있었다. 이건 실수가 아니었다. 나는 튀르키예 정부가 공식적인 미국인으로 간주하는 유일한 구금자였다. 유일한 미국인 기독교 신자이자 목사였다. 따라서 튀르키예 정부가 미국에 영향력을 행사하기 위해 활용할 수 있는 인질로 나를 선택한 것이 분명했다."

몇몇 선교사들은 곧바로 추방되었으나 앤드루에게는 아무런 소식이 없었다. 그는 튀르키예 정부의 높은 지위에 있는 누군가가 "그를 붙잡고 있으면서 미국이 어떻게 나오는지 보자"라고 말하지 않았나 하고 추측했다. 처음엔 그들이 현지 기독교 신자들을 겁주려고 앤드루를 구금했다가 이제는 그를 대미 협상의 지렛대로 사용하려는 게 분명했다.

앤드루가 처한 물리적인 환경은 너무나 열악했다. 수용 인원 여덟 명인 감방에 거의 스물댓 명이 함께 지냈다. 아내의 면회도 거부되기 일쑤였다. 그의 미래는 부패하고 부당한 사법 시스템의 손에 맡겨졌다. 무엇보다 영적인 면에서 앤드루는 전혀 예기치 못했던 도전에 직면했다. 그는 "나에게 닥친 시험으로 목사인 나와 하나님의 관계마저 끊어질 뻔했다"고 말했다.

풀려날 기약 없이 시간만 흐르면서 앤드루는 심한 우울증에 시달리며 하나님으로부터 더욱더 멀어져 갔다. 급기야 하나님의 임재마저 의심하기 시작했다. 아무리 하나님의 임재를 믿는다고 다짐해도 하나님을 향한 실망감이 너무나 커 그분이 진짜 선한 아버지이신가 의심하지 않을 수 없었다.

앤드루는 과거 신앙으로 인해 박해받은 그리스도인들의 전기나 자서전을 많이 읽었다. 그러나 그런 고난 속에서 그들이 겪은 영적인 투쟁을 자세히 다룬 책은 거의 보지 못했다. 따라서 그는 박해로 고초를 겪은 믿음의 선진들이 영적인 면에서 아주 강인했다고 믿을 수밖에 없었다. 그들이 목에 칼이 들어와도 절대 굴복하지 않은 빛나는 신앙의 본보기라고 생각했다. 반면 앤드루 자신은 겨우 이런 옥살이로 나약해져 하나님에 대한 믿음까지 잃을 정도가 된 것이 너무나 한심했다. 그는 자신이 '이 세상에서 가장 나약한 사람'으로 믿음을 버리라는 압력에 굴복한 실패자라고 느꼈다.

앤드루는 이렇게 말했다. "나의 영적인 위기는 매우 심각했다. 이전에 나는 스스로 상당히 강한 사람이라고 생각했다. 그러나 옥살이가 내 신앙에 어떤 영향을 줄지는 전혀 예상하지 못했다. 내가 아는 한 이곳에서 신앙 문제로 인해 감옥에 간 사람은 없었기 때문이다. 나는 내가 놀랍게도 그토록 쉽게 무너진다는 사실에 크게 실망했다."

수 세기 동안 믿음의 사람들은 '하나님의 침묵' 때문에 고통 속에서 몸부림쳤다. 욥은 모든 것을 잃고 고난의 한가운데서 하나님께 기도에 응답해 주실 것을 탄원했다. 그 결과 기대와 다르긴 하지만 아무튼 그는 궁극적으로 하나님의 응답을 받았다. 하지만 다른 사람들은 그렇게 운이 좋지 못했다. 다윗은 이렇게 외쳤다. "내 하나님이여 내가 낮에도 부르짖고 밤에도 잠잠하지 아니하오나 응답하지 아니하시나이다"(시편 22:2).

기독교 음악가 마이클 카드는 〈하나님의 침묵(The Silence of God)〉이라는 곡에서 이렇게 노래한다. "그것은 사람을 미치게 만들지/믿음을 무너뜨리지/자신이 제정신인 적이 있었는지/의심하게 만들기에 충분하지." 그러나 같은 곡에서 그는 겟세마네 동산에서 십자가 처형을 앞두고 괴로워하며 응답 없는 기도를 올리는 예수님께로 우리 시선을 옮긴다. "내 아버지여 만일 할 만하시거든 이 잔을 내게서 지나가게 하옵소서 그러나 나의 원대로 마시옵고 아버지의 원대로 하옵소서"(마태복음 26:39). 카드는 예수님도 하나님의 침묵을 알고 있었다는 사실을 강조한다. 예수님은 마지막으로 십자가 위에서 "엘리 엘리 라마 사박다니"라고 외치셨다. 시편 22편의 첫 구절 "내 하나님이여 내 하나님이여 어찌 나를 버리셨나이까?"를 그대로 인용한 말씀이다. 그처럼 예수님도 하나님의 침묵에 관해 잘 알고 있었고, 또 그런 상황을 직접 겪으셨다.

앤드루는 나중에 비슷한 상황을 겪은 다른 사람들과 이야기를 나눠 본 후에야 자신처럼 옥중에서 의지가 꺾이는 사람이 많다는 사실을 알게 되었다. 사실 그게 정상적인 반응이다. 그러나 자신이 겪은 고난을 자서전에서 회상할 때 믿음의 위기에 관해 솔직하게 털어놓지 못한 기독교인이 적지 않다. 앤드루는 적어도 자신의 경우 그런 시련에 어떻게 반응했는지 정직하게 털어놓는 것이 중요하다고 생각한다.

실제로 그는 감옥에서 버틸 수 있었던 것은 오로지 하나님의 은혜였다. 그는 당시에는 하나님의 은혜를 느끼지 못했지만 지금 생각해 보면 수감된 첫해는 자신이 무너지는 시기였고, 둘째 해는 자신이 다시 세워지는 시기였다고 말했다. "치욕스럽게 느껴지는 않는다. 돌아보면 승리의 순간도 많았다. 대부분은 아주 작은 승리였지만 말이다. 예를 들어 나에게 가장 중요했던 전환점은 하나님에게서 멀어졌던 내 눈을 하나님께로 되돌리기로 결심한 순간이었다. 옥중에서 시간이 지날수록 정서적인 혼란이 심해졌다. 그런 감정에 휘말리면서 나는 영적으로도 나약해져 하나님으로부터 등을 돌리고 그분을 거부하려는 마음 상태의 지배를 받기 시작했다. 그런 상황을 되돌리기 위해서는 아주 강한 의지가 필요했다. 그래서 매일 의지적으로 하나님을 향하기로 굳게 다짐하고 또 다짐해야 했다. 그런 게 작은 승리였다. 계속 의지로 그런 선택을 하면서 하나님과 나의 관계를 하나씩 복원했고, 그런 노력을 통해 옥중의 시련을 딛고 살아남을 수 있었다."

그런데도 앤드루는 자신이 겪은 고난이 특별했다고 생각하지는 않는다. "우리는 모두 각각 다른 방식으로, 다른 수단으로 시험받는다. 하지만 우리 마음에서 시험받는 부분은 똑같다. 나는 우리가 모두 어느 시점에선 하나님의 침묵을 느끼는 위기를 겪는다고 생각한다. 실제는 그렇지 않은데도 우리는 버림받았다고 느낀다. 그런 느낌은 정서적으로 심한 충격을 준다. 적어도 나는 그랬다. 그런 시련이 얼마나 고통스러운지 미리 알았더라면 훨씬 더 잘 대비했을 것 같다. 그전에는 박해에 관해 막연하고 이상적인 생각만 갖고 있었다. 물론 제대로 알았다 해도 힘들었겠지만 적어도 그 힘든 상황에서도 하나님의 임재는 확신할 수 있었을 것이다. 하지만 나는 그런 이해가 부족했다. 좀 더 정확히 알았더라면 내가 옥중에서 겪은 시련을 더 잘 견뎌 낼 수 있었을 것 같다."

앤드루는 구금된 지 1년이 훨씬 지나서야 기소되었다. 무장 테러단체의 일원으로 국가 기밀을 정탐한 간첩 행위와 튀르키예 정부 및 의회의 전복을 기도했다는 혐의였다.

말도 안 되는 혐의였다. 재판도 터무니없이 진행되었다. 판사는 검사 측이 내세운 비밀 증인의 증언은 허용하면서 앤드루 변호인의 증인 채택은 불허했다. 다양한 테러단체들과 연루되었다고 검사 측이 주장했지만 그들이 제시한 얽히고설킨 그 연결망은 누가 봐도 이해가 가지 않았다. 한 가지 '물증'은 앤드루의 딸이 그에게 보낸 사진이었다. 검사 측은 그것이 테러단체 중 하나가 그들의 안가에서 자주 먹던 음식 사진이라고 주장했다.

다른 '증거'는 신뢰성이 의심스러운 증인의 진술, 앤드루가 시리아 국경선 부근에 있었다는 것을 보여 주는 GPS 데이터(그는 난민을 돕기 위해 그곳에 간 적이 있다), 그곳에서 그가 쿠르드족 분리주의자들(튀르키예 정부는 그들을 테러단체로 규정했다)의 상징색인 노랑, 빨강, 초록의 스카프를 맨 남자와 이야기하는 것을 찍은 사진 등이었다.

그 외에도 그들은 앤드루가 튀르키예를 기독교화하려는 음모를 꾸몄을 뿐 아니라 튀르키예에서 활동 중인 '모르몬 갱'의 일원이며, 그의 교회가 테러단체와 연결된 CIA 네트워크의 일부로서 튀르키예 대학생들을 세뇌했다고 주장했다.

앤드루는 이렇게 말했다. "내가 감금되어 있을 때 사람들은 나에게 무조건 하나님을 신뢰하고 의지하라는 메시지를 보냈다. 그들은 '앤드루, 하나님이 당신을 감옥에서 구해 내시리라고 굳게 믿으세요'라고 말했다. 그러나 성경은 어디에서도 '앤드루가 풀려날 것'이라고 말하지 않는다. 그래서 나는 신앙으로 인한 박해 문제에서는 아무런 보장이 없다고 생각한다. 어떤 결과도 보장되지 않는다. 하나님께서 개입하실 수도 있고, 개입하지 않으실 수도 있다."

사도 바울은 로마서 8장 28절에서 "우리가 알거니와 하나님을 사랑하는 자 곧 그의 뜻대로 부르심을 입은 자들에게는 모든 것이 합력하여 선을 이루느니라"라고 선언했다. 그러나 앤드루는 그 약속이 문제의 즉각적인 해결을 의미하는 것은 아니라고 이해한다. "특히 서구의 기독교 신자들은 하나님을 믿기 때문에 '지금 당장 만사형통해야 마땅하다'고 생각한다. …… 물론 하나님은 상황을 선한쪽으로 이끄신다. 그러나 좋은 결과를 즉시 보지 못하는 경우가 많다. 이 세상을 살아가는 동안에는 볼 수 없을 가능성도 크다. 아니 어쩌면 영원에서만 볼 수 있을지 모른다."

앤드루는 이렇게 결론지었다. "우리는 인간이다. 우리는 무너진다. 하나님이 우리의 무너짐을 허락하신다. 그리고 하나님은 여전히 우리 일에 관여하신다. 따라서 우리는 고난 속에서도 하나님을 향해 불만을 품지 말아야 하며, 우리가 이해하지 못한다고 해서 하나님에게서 등을 돌리지 말아야 한다. 불가능하다고 생각하더라도 의지로 그렇게 하는 것이 중요하다. 옥중에서 나는 숱한 회의와 의문을 가졌지만 결국 하나님을 의지하기로 마음을 다잡았다. 그분을 향해 계속 나아가고, 내 눈을 그분에게 고정하면서 '저는 이해가 가지 않습니다만 그래도 당신을 사랑합니다'라고 말하기로 다짐했다. 지금 나는 다른 사람들에게도 '하나님께서 침묵하시든 않든 저는 하나님을 사랑합니다. 어떤 경우에도 저는 당신에게서 등을 돌리지 않을 겁니다. 계속 당신께 신실할 겁니다'라고 말하도록 권면한다."

앤드루 문제는 미국과 튀르키예 사이의 외교 갈등으로 비화했다가 결국 협상에 따라 형식적인 절차를 거쳐 해결되었다. 앤드루는 유죄판결을 받은 다음 '항소' 절차를 위해 석방되었다가 2018년 10월 튀르키예를 떠날 수 있었다. 튀르키예 정부의 체면을 세워 주면서 원만한 해결을 모색한 결과였다. 그 과정에서 도널드 트럼프 대통령을 포함한 미국 관리들이 튀르키예 정부를 강하게 압박한 것으로 알려졌다.

앤드루가 자유의 몸으로 미군 기지에 발을 디디자 미국 대사가 그에게 접은 성조기를 건넸다. 앤드루는 그 성조기를 뺨에 대며 말했다. "나는 나의 조국 미국을 사랑합니다."

앤드루는 미국으로 돌아온 뒤 오랜 시간 자기 경험을 되새겼다. 이제 그는 우리가 삶에서 마주치는 장애물을 어떻게 극복할 수 있는지에 관한 설교를 자주 한다. 그중 하나에서 그는 이렇게 말했다. "이 나라 미국에서도 예수님을 신실하게 따르는 사람에 대한 적대감이 커지게 될 것입니다. 그래서 나는 내 경험을 바탕으로 다른 사람에게 도움이 될 수 있는 교훈을 전하고자 합니다. 우선 강한 압박을 견뎌 내고 하나님을 계속 신뢰하고 의지할 수 있도록 마음의 준비를 단단히 하는 것이 중요합니다. 이건 정치적인 문제가 아닙니다. 환난의 시기에 믿음을 굳게 지킬 수 있도록 준비하라는 것입니다."

앤드루는 이렇게 말을 이어 갔다. "나는 하나님을 사랑하기 때문에 그를 위해 기꺼이 위험을 감수할 수 있었습니다. 하나님의 사역을 위해 내가 가진 모든 것을 쏟고, 그를 위해 고난을 겪었습니다. 지금 나는 예전보다 예수님을 더 사랑합니다. 그를 위해 내가 고통을 받았기 때문입니다. 사랑은 희생을 두려워하지 않습니다. 나는 감옥에서 풀려나면서 이전보다 예수님을 더 깊이 사랑하게 되었습니다. 나는 내가 받는 압박 때문에 하나님께 더욱더 필사적으로 기대었습니다. 나는 지금 어느 때보다 더욱 하나님 중심으로 생각합니다. 우리에게 가해지는 압박은 평소보다 더욱 간절히 하나님을 향해 나아가도록 우리를 떠밀어 줍니다. 나는 시편 42편에 나오는 이 구절을 아주 좋아합니다. '하나님이여 사슴이 시냇물을 찾기에 갈급함같이 내 영혼이 주를 찾기에 갈급하니이다 내 영혼이 하나님 곧 살아 계시는 하나님을 갈망하나니 내가 어느 때에 나아가서 하나님의 얼굴을 뵈올까'(1~2절). 이 얼마나 간절히 하나님을 바라는 마음입니까? 하지만 그 뒷부분을 계속 읽어 보십시오. 시편 기자는 엄청난 압력을 받고 있습니다. 적들에게 둘러싸여 완전히 낙망한 상태에서 하나님이 자신을 잊었다고 느낍니다. 그래서 그는 하나님을 향해 부르짖습니다. 우리는 심한 압박 아래서 평소보다 더욱더 간절하게 하나님을 찾게 됩니다. 우리에게 아주 좋은 일입니다."

또 앤드루는 자신이 겪은 일을 성경과 관련지어 이렇게 말했다. "환난이 인내를 이루는 것이 진리입니다. 이것이 하나님께 너무나 중요하기 때문에 바울은 우리에게 바로 그 이유로 인해 환난 중에도 즐거워하라고 말합니다. 또한 야고보는 이렇게 말합니다. '이는 너희 믿음의 시련이 인내를 만들어 내는 줄 너희가 앎이라 인내를 온전히 이루라 이는 너희로 온전하고 구비하여 조금도 부족함이 없게 하려 함이라'(야고보서 1:3~4)."

우리의 관점은 시간이 흐르면 달라지게 마련이다. 우리 모두에게 해당하는 진리다. 앤드루는 감옥에서 믿음이 약해지고 하나님에게서 멀어졌다고 느꼈음에도 여전히 하나님께 신실했다. 그 경험으로 인해 자유의 몸이 된 후 그의 삶은 크게 달라졌다. 그가 하나님의 말씀을 더욱 열심히 전하면서 그 자신의 삶에서 일어난 변화의 물결이 다른 많은 사람의 삶으로 퍼져 나갔다. 앤드루는 그 과정을 설교에서 이렇게 설명했다. "아주 힘들었던 수감 시절 아내 노린은 나에게 이렇게 말했습니다. '우리가 이 시련을 올바른 방법으로 이겨 낸다면 우리는 절대로 후회하지 않을 거예요.' 노린은 내가 이 세상에 사는 동안 감옥에서 풀려날 수 있을지조차 알 수 없는 상태에서 그렇게 말했습니다. 노린은 무엇이 가장 중요한지 나에게 지적해 주었습니다. '믿음을 잃지 말고, 순종하며, 경주를 끝까지 잘 달려라. 하나님은 우리가 의지하고 신뢰할 수 있는 분이시다.' 지금 그때를 돌아볼 때 나는 후회가 추호도 없다고 자신 있게 말할 수 있습니다. 물론 내 경주는 아직 끝나지 않았습니다. 그래서 나는 지금 남은 경주에 전력을 다하고 있습니다. 경주를 끝까지 잘 달려 마지막 날에 아무런 후회 없이 예수님 앞에 설 자격을 갖추기 위해서입니다. 여러분도 그렇게 될 수 있기를 기도합니다."

용서로 이끄는 은혜의 손길

어릴 때 학대에 시달리면서 원망했던 어머니를 위해
기도하는 딸에게 하나님이 응답하신다.

예수께서 이르시되
어린아이들을 용납하고
내게 오는 것을 금하지 말라
천국이 이런 사람의 것이니라 하시고
—마태복음 19장 14절

전화기 저편에서 들려오는 목소리는 분명 어머니였다. "나 성경 공부 모임에 참석하기 시작했어."

낸시 오언(가명)은 믿을 수 없었다. 어머니에게서 들을 수 있다고 생각지 못했던 말이기 때문이었다. '우리 엄마 맞아?' 낸시가 아는 어머니와는 전혀 어울리지 않았다. 하지만 마음 한편에선 듣기를 간절히 원하던 말이기도 했다. 그 순간 낸시의 머릿속에서 과거가 주마등처럼 스쳐 갔다.

1964년 열 살이던 낸시는 어머니에게 쫓겨나 황혼 녘에 집을 나선 뒤 번잡한 거리를 배회했다. 아무도 자신을 괴롭히지 않기를 바라는 마음뿐이었다. 당시 낸시는 '괴롭힌다'는 말이 성추행과 성폭행을 의미한다는 것을 정확히 알진 못했지만 자신이 뭔가 끔찍한 일을 당하기를 어머니가 바란다는 사실은 알았다.

어린 낸시는 어머니에게서 상상도 할 수 없는 협박을 계속 받았다. 한번은 술에 취한 어머니가 할머니 집에 갔다가 차를 몰고 돌아오는 길에 북부 캘리포니아의 급커브 길을 질주했다. 그때 어머니는 이렇게 말했다. "다음 커브에서 가드레일을 치고 나가서 호수로 내달려 모두 함께 죽자." 그전에도 수없이 듣던 협박이었다.

어머니는 왜 그토록 우리 모두 이 세상에서 사라지기를 원할까? 낸시는 이해할 수가 없었다.

낸시의 언니와 오빠는 이미 한 시간 전에 집을 나갔다. 아이들을 돌보기보다 술에 취해 있기를 더 좋아하는 어머니는 걸핏하면 사소한 일을 책잡아 벌을 주는 방편으로 낸시보다 나이가 많은 두 아이를 집에서 내쫓았다. 그들은 보통 저녁에 쫓겨나면 걸어서 30분 거리에 있는 아버지의 작은 식료품점으로 가서 가게 문을 닫을 때까지 아버지와 함께 있었다. 잠자리에 들기 전의 습관이라고 하기에는 말도 안 되지만 적어도 그렇게 함으로써 그들은 함께 있을 수 있었다.

세 자녀 중 막내인 낸시는 이전에는 집에서 쫓겨나는 벌을 받지 않았다. 낸시는 그게 전부 하나님의 축복이었다고 나중에 말했다. 그러나 그 당시에는 집에서 쫓겨나지 않아도 정신적으로 완전히 소외되어 있었다. 책에 파묻혀 허구의 세계로 도피하는 것이 유일한 위안이었다. 소녀 탐정 낸시 드류와 트릭시 벨든, 푸른 돌고래의 섬

등이 현실의 괴로움을 잊게 해 주었다. "나로서는 쉽게 이해할 수 없는 내용이었지만 무조건 읽었다." 낸시는 그중 특히 한 권을 기억했다. 버림받은 외로운 고아의 이야기 《제인 에어》였다.

낸시는 어머니에게 술이 더 필요하다거나 토사물을 받는 냄비를 비워야 할 때만 그런 허구의 세계에서 현실로 돌아갔다. 때로는 실제로 몸을 숨기기도 했다. "술에 취한 어머니가 무서워서 숨은 건 아니었다. 그냥 내가 사라졌다는 사실을 누구라도 알아채는지 보기 위해서 그랬다. 주로 사람들이 있는 곳 바로 가까이에 숨었다. 하지만 대부분 아무도 나를 찾을 생각을 하지 않았다."

낸시는 어렸을 때부터 가정 상황이 정상이 아니라는 사실을 알았다. 다섯 살이나 여섯 살 때 처음 그렇게 느꼈다. 그보다 더 어렸을 때도 애정에 굶주린 낸시는 아장아장 걸어 길 건너 이웃집에 가서 놀았다. "이웃집 아주머니는 나를 딸처럼 정답게 대하며 잘 안아 주셨다."

집안 분위기는 전적으로 어머니의 변덕스러운 기분에 달려 있었다. 어머니는 우울증이 아주 심했다. 하지만 실제로 어머니가 아이들을 차에 태우고 호수로 돌진하지는 않았다. 그러나 1964년 그날엔 어머니가 막내딸을 어두워지는 저녁에 거리로 내몰 생각을 굳힌 듯했다. 어머니는 낸시에게 매정하게 쏘아붙였다. "오늘은 너도 쫓아낼 거야. 하지만 날이 어두워질 때까지 기다렸다가 내보낼 거야. 누군가가 거리에서 너를 괴롭히도록 말이야."

어머니는 거의 두 시간 동안 낸시에게 쫓아내겠다고 협박하며 겁을 주었다. 시간이 갈수록 술에 취한 어머니의 협박이 심해지자 낸시는 차라리 빨리 내보내 달라고 애원했다. "그냥 지금 나가면 안 되나요?"

낸시는 아직 해가 있을 때 나가고 싶었다. 하지만 어머니 허락을 받아야 한다고 생각했다. 술에 취해 침대에 누워 있는 어머니는 이러나저러나 별 상관없을지 모르나 낸시는 그래도 어머니 기분이 더 상하지 않도록 하고 싶었다. 그냥 뒷마당으로 나가 나무 아래 앉아 있을 생각은 하지 못했다. 해가 떨어지고 땅거미가 내리자 어머니는 그제야 낸시를 내쫓으며 경고까지 덧붙였다. "아빠에게 갔다가는 혼날 줄 알아."

하지만 어린아이가 밤에 다른 곳 어디를 갈 수 있단 말인가? 낸시는 처음으로 혼자서 먼 거리를 걸어갔다. 번잡한 거리를 따라 걷다가 러시안강 위의 다리를 건너 아버지의 가게로 향했다.

집을 나선 지 30분이 지나 낸시는 드디어 목적지에 도착했다. 피신처였다. 그러나 어머니의 명을 거역하지 못해 안으로 들어가지 않았다. 그냥 가게 앞의 땅바닥에 앉아 있으면서 가끔 일어나 안에서 아버지가 일하시는 모습을 들여다보았다. "술을 사러 들어가는 나이 많은 남자들이 나를 빤히 쳐다봤다." 낸시는 '괴롭힘'이라는 말을 떠올리며 어머니가 바라던 대로 자신이 괴롭힘을 당할지 모른다고 생각하고 겁에 질렸다.

몇 시간 뒤 어머니가 가게 쪽으로 황급히 걸어왔다. 빠른 걸음에 붉으락푸르락한 얼굴이었다. "난 안에 들어가지 않았어요. 안 들어

갔어요." 낸시는 어머니가 더 화를 낼까 두려워 같은 말을 되풀이했다. 어머니는 가게 안으로 뛰어 들어갔다. 낸시는 창문을 통해 어머니의 몸짓이 경직된 분노에서 무너지는 듯한 흐느낌과 히스테리로 변하는 모습을 지켜보았다. 어머니의 찢어지는 목소리에서 극심한 공포와 분노를 느낄 수 있었다.

"아이들이 집을 나갔는데 도대체 어디 있는지 모르겠어요." 어머니가 아버지에게 말했다. 술기운이 약간 떨어지면서 진심으로 아이들을 걱정하는 듯했다. 낸시는 아주 큰 곤경에 처한 듯한 느낌이었지만 아버지가 보호해 주실 것이라고 믿었다.

아니나 다를까 아버지는 무슨 일이 일어났는지 깨닫자마자 가게 밖으로 뛰어나와 앉아 있던 낸시를 안아 올려 안전하게 그의 팔로 감싸 안았다. 그러고는 어머니를 집으로 돌려보냈다. 아버지와 딸은 자정이 가까운 시간에 가게 문을 닫고 함께 걸어 집으로 갔다. 낸시의 언니와 오빠는 아버지 가게에 오지 않았다. 아버지는 낡은 스테이션왜건을 몰고 몇 시간이나 그들을 찾아다녔다. 그동안 낸시는 뒷좌석에서 잠이 들었다. 다음 날 아침이 되자 아무 일도 없었다는 듯 모두 학교에 가고 일터로 출근했다.

✻ ✻ ✻

낸시는 늘 아이들을 좋아했다. 올해 68세인 낸시는 유아원 보육교사로 오래 근무했다. "아이들의 순수함이 너무 좋다. 아이로서 천진

난만하게 상상하며 즐거워하는 모습 말이다." 낸시는 어린 시절 그 러한 천진함과 상상력을 찾기 위해 몸부림쳤던 기억 때문에 언제나 자신에게는 아이들의 그런 면을 보호할 의무가 있다고 믿었다.

낸시는 중학교 시절부터 예수님을 알았다. 하지만 이름으로만 알 았을 뿐이었다. "피아노를 가르치는 선생님이 예수님에 관해 이야 기하셨다. 아무튼 나는 늘 그분이 어디엔가 계신다는 사실을 알았 다. 하지만 내가 개인적으로 예수님을 알 수 있으리라고는 생각하지 않았다."

낸시는 캘리포니아주에서 삼나무숲 가까이 있는 조용한 마을 유 카이아에서 성장했다. 어린 시절 좋은 때도 있었다. 어머니는 술을 마시지 않을 때는 아이들을 데리고 강으로 가서 함께 물놀이도 했 다. 낸시는 용돈을 받아 혼자 식료품 가게에 가서 탄산음료와 사탕 을 사기도 했다. 하지만 결국 어머니의 술이 가족 모두의 생활을 예 상 불가능하게 만들었다. 어머니가 술에 취한 채 학교에 전화를 걸 까? 아니면 자발적으로 학부모회에 적극 참여할까? 강에서 아이들 이랑 물놀이를 할까? 아니면 아이들을 물에 빠뜨리겠다고 협박할 까? 언제 어떻게 변할지 모르는 일이었다.

낸시가 집에서 쫓겨난 사건이 일어난 지 얼마 안 지나 가족들은 아버지의 생각에 따라 가게에서 두 블록 떨어진 곳으로 이사했다. 아버지는 어머니에게 도움이 되는 일이면 무엇이든 마다하지 않았 다. 심리상담사에게 어머니를 데려가기도 했다. 그러나 어머니는 딱 세 번 상담을 받은 뒤 가지 않겠다고 버텼다. 도저히 길이 보이지 않자 아버지는 이혼 절차를 밟았다.

그러면서 상황이 완전히 달라졌다.

낸시는 언제였는지 정확히 말할 수는 없으나 어느 시점부터 더는 두려움 속에서 살지 않아도 된다는 사실을 깨달았다. 두려움에 떨지 않고 사는 것이 어떤 건지 잘 몰랐던 낸시는 부모님의 이혼 후 자신의 삶이 어머니의 알코올중독과 학대의 벽을 허물고 뻗어 나가는 것을 느꼈다.

낸시는 열일곱 살에 예수님을 마음속에 영접했다. 그것이 치유로 가는 여정에서 매우 중요한 단계였다. 낸시가 넘어야 하는 큰 장애물은 자신이 사랑받을 가치가 있는 존재라는 사실을 받아들이는 것이었다. "어릴 때 우리는 부활절 주일에 교회에 갔지만 그게 나와 무슨 상관이 있는지 잘 몰랐다. 하나님께서 사람들과 친밀한 교제를 나눈다는 사실을 믿었지만 특별한 사람이라야만 그렇게 할 수 있다고 생각했다. 나 자신은 전혀 특별한 사람이 아닌 것 같았다. 만약 하나님께서 이 세상을 내려다보면서 '이들 다섯 명을 택하겠다'고 말씀하신다면 나는 사람들 뒤에 잘 보이지 않는 곳에 있었기 때문에 선택받기가 불가능하다고 느꼈다."

낸시는 자신과 어머니 둘 다 어린 시절의 트라우마로 인해 그같이 자존감 없는 어두운 감정을 갖게 되었을 가능성이 크다는 사실을 나중에 알았다. 고등학교 시절이 끝나갈 무렵의 어느 날 아버지는 처음으로 낸시에게 어머니가 왜 알코올중독이 되었는지 이야기했다. 그들이 결혼 1년 만에 가진 아기가 태어난 지 몇 시간 만에 사망했다. 그때 어머니의 나이 열넷이었다.

　낸시는 이렇게 회상했다. "부모님은 아버지가 열일곱, 어머니가 열셋이었을 때 결혼했다. 그들은 네바다주에서 카지노로 유명한 유흥도시 리노에 갔다. 물론 어머니는 나이를 속였다. 아버지는 어머니가 부모님의 집에서 벗어나기 위해 자신과 결혼했다고 내게 말씀하셨다."

　낸시의 어머니는 부모님 집을 나온 지 얼마 되지 않아 임신했다. 낸시는 첫아기를 잃은 어머니의 비극적인 삶에 관한 이야기를 들으며 가슴이 무너지는 듯했다. 아버지는 이렇게 말했다. "의사가 와서 방에 들어오지도 않고 문 앞에서 '당신 아기가 방금 사망했어요. 간호사들이 나에게 좀 더 빨리 알렸더라면 살릴 수 있었을 텐데'라고 말했지. 그러고는 네 엄마 혼자 남겨 두고 그냥 나가 버렸어."

　당시 미국의 대다수 십 대 소녀들은 가수 프랭크 시내트라에게 푹 빠져 있었지만 낸시의 어머니는 죽은 첫아들을 안아 보지도 못하고 병실에 혼자 누워 있었다. 열네 살이던 자신도 아직 아이였다. 술을 입에 댄 적도 없던 어머니가 그 후로 알코올중독에 빠졌다.

＊ ＊ ＊

　낸시는 대학 2학년 때 어머니가 교통사고로 병원에 있다는 전화를 받았다. 어머니가 운전하던 차가 갑자기 방향을 틀어 중앙선을 넘어 반대쪽 차선에서 다가오는 차와 충돌했다. 상대편 차에 탄 어머니와 두 딸도 크게 다쳤다. 사고 지점에는 교차로도 없었기 때문에 고통에 찌든 삶을 끝내려는 의도가 아니고서는 그처럼 차의 방향을 틀 이유가 없었다. 그때까지도 어머니는 이 세상을 떠나려고 몸부림쳤던 게 분명했다.

상대편 차를 탄 사람들은 가장 어린 딸이 중상을 입었지만 전부 살아남았다. 낸시의 어머니는 생존 가능성이 반반이었다. 낸시는 길에서 죽고 싶다고 입버릇처럼 말하던 어머니가 결국 그 뜻을 실행에 옮겼구나 싶었다.

낸시는 어머니의 병실 밖 복도에 주저앉아 눈물을 쏟으며 하나님께 어머니를 살려 달라고 기도했다. 당시 그리스도인이 된 지 얼마 안 된 낸시는 어머니도 자신처럼 생명과 기쁨을 경험할 수 있기를 바랄 뿐이었다. "하나님, 어머니를 낫게 해 주시고 살려 주세요. 제발 어머니가 예수님을 구주로 영접할 수 있을 때까지 살 수 있도록 해 주세요."

이틀 뒤 낸시는 의사들이 간호사 사무실에서 이야기하는 것을 들었다. "기적이야. 우리 중 아무도 그녀가 사고 당일 밤을 넘길 수 있다고 기대하지 않았잖아." 6주 뒤 낸시의 어머니는 퇴원했다.

하나님은 어머니를 살려 주셨다. 낸시의 기도 중 첫 부분을 들어주신 것이다. 하지만 낸시는 무엇보다 어머니가 예수님을 구주로 믿어 치유와 평안을 경험할 수 있기를 원했다. 낸시는 계속 기도했다. 둘만 함께 있는 틈만 나면 어머니에게 하나님에 관해 이야기했다. 그러나 어머니는 몸의 회복보다 더 중요한 영적인 치유가 요원한 듯했다.

어머니는 낸시를 포함한 자녀들에게 천국에 가려면 나쁜 일보다 좋은 일을 더 많이 해야 한다고 가르쳤다. 그러나 그처럼 엄격한 조건으로 따지자면 어머니는 천국에 갈 가능성이 전혀 없는 것 같았다. 어머니도 낸시처럼 자신이 사랑받을 가치가 있는 사람이라고 생각하지 않았다. 낸시는 책과 공부를 위안으로 삼았지만 어머니는 두 번째 남편과 술집에서 술로 밤을 지새우는 것을 위안으로 삼았다. 하지만 모든 예상이나 기대와 달리 어머니도 낸시처럼 서서히 하나님의 은혜에 이끌리기 시작했다.

교통사고가 나고 5년이 지났을 때 낸시는 어머니로부터 전화를 받았다. 낸시는 어머니가 하는 말을 듣고 말문이 막혔다. 성경 공부 그룹에 참가했으며 매주 성경 읽기와 과제를 하는 일이 너무 즐겁다는 이야기였다. 낸시는 "그다음 몇 달 동안 통화할 때 들어보면 어머니의 목소리에 활력과 기쁨이 넘쳤다"고 말했다.

어머니는 술집에 가도 술 대신 음료를 주문하기 시작했다. 낸시의 자녀들에게도 인기 있는 할머니가 되었다. 아이들은 할머니가 계획한 낚시 소풍이나 깜짝 모험을 아주 좋아했다. 낸시는 아이들이 할머니를 좋아하는 것을 보며 자신이 늘 바랐지만 가질 수 없었던 어머니상을 얼핏 느꼈다. 하지만 낸시는 질투로 마음이 상하기는커녕 하나님께서 어머니의 삶에 베푸신 은혜에 더욱 깊이 감사했다.

낸시가 하나님을 보호자로 믿게 된 것이 무엇보다 그런 마음을 갖는 데 중요한 역할을 했다. 물론 지금도 가끔 불만을 가질 때가 있지만 "의지로 하나님께 초점을 맞추고 내 기도에 응답해 주시고 나를 보호하고 돌봐 주신 것에 감사함으로써" 그런 순간에 대처한다고 낸시는 말했다. "무엇보다 하나님이 어떤 분이신지 기억하면 큰 힘이 된다."

그렇다면 하나님께서 매번 낸시의 기도에 응답을 주실까? 그렇지는 않다. "하지만 나의 기도에 응답해 주실 때가 많다. 물론 반드시 내가 원하는 응답을 주시는 건 아니다."

낸시의 어머니는 과거의 어두웠던 시절에 관해서는 거의 이야기하지 않았다. "어머니는 자신이 어렸던 우리를 어떻게 대했는지 잘 모르시는 것 같았다. 예수님을 알게 된 후에도 어머니는 그런 이야기는 한 번도 꺼내지 않았다."

그러나 아직 응답받지 못한 기도가 하나 남아 있었다.

어머니가 중앙선을 넘어 반대 차선 쪽으로 운전대를 꺾어 다가오는 차와 충돌한 사고가 난 지 오랜 세월이 지난 뒤 낸시는 또다시 어머니의 병상 곁에 앉게 되었다. 낸시는 어머니를 보며 또다시 험난했던 과거를 회상했다. 이번에는 새로운 비극이 찾아왔다. 심장마비였다. 어머니는 혼수상태에서 깨어나지 못했다. 예후가 좋지 않았다. "하나님, 어머니를 낫게 해 주시고 살려 주세요." 낸시는 교통사고로 목숨이 위태로웠던 어머니 곁에서 했던 것과 똑같은 기도를 하며 어머니 곁을 지켰다.

어머니의 병상 곁에서 낸시는 지난 20년 동안 자신에게 큰 위로를 주었던 성경책으로 눈을 돌렸다. "우연히 성경에서 이사야가 히스기야에게 죽고 살지 못하리라고 말했지만 히스기야가 눈물로 기도하며 좀 더 살게 해 달라고 애원하자 하나님께서 '내가 네 기도를 들었고 네 눈물을 보았노라 내가 네 수한에 십오 년을 더하리라'라고 말씀하신 이야기를 읽었다." 그때 뭔가 낸시의 마음을 흔들었다. 그 이야기가 자신에게 그대로 적용된다는 생각이 들었다. 낸시는 어머니를 쳐다보면서 연수를 계산했다. 스스로 목숨을 끊으려고 다가오는 차로 돌진한 후 정확히 15년이 흐른 시점이었다. 낸시는 "이제 어머니를 보내 드려야 할 때라는 것을 알았다"고 말했다.

이틀 후 낸시의 어머니는 세상을 떠났다.

✳ ✳ ✳

어린 시절의 트라우마는 적절히 대처하기가 매우 힘들다. 과거와 마주할 준비가 되었든 되지 않았든 상관하지 않고 불쑥 튀어나온다. 한번은 딸이 차로 겨우 몇 시간 거리 떨어진 곳으로 선교 여행을 떠났을 때 낸시는 아이가 어떻게 될지 모른다는 극도의 불안감에 휩싸였다. 그 불안이 자신의 어린 시절 겪은 두려움에서 비롯되었다는 사실을 하나님이 알려 주시자 낸시는 그제야 기도를 통해 평안을 얻을 수 있었다.

낸시의 어머니는 1989년 돌아가셨다. 지금 낸시는 자신의 어린 시절 트라우마를 하나님께서 완전히 치유해 주셨다고 말한다. 오랜 세월 심적인 괴로움이 계속되다가 갑자기 축복받고 과거의 고통에서 해방된 것이다. 낸시가 50세가 되기 직전 하나님은 그녀를 평생 괴롭힌 그 어두운 기억을 깨끗이 지워 주셨다. "내가 여섯 또는 일곱 살쯤 되었을 때 어머니는 내게 이런 희한한 이야기를 들려주셨다. 나를 임신했을 때 어머니와 아버지는 집안 형편이 너무 어려워 또 다른 아이를 키울 수 없었다. 그래서 어머니는 나를 '종양'이라고 생각했다. 실제로 어머니는 나를 '작은 종양'이라고 부르기도 했다. 나는 그것이 나에 대한 완전한 거부와 부인이라고 느꼈다. 그처럼 완전히 거부당한 느낌은 수십 년 동안 나를 괴롭혔다."

그러나 하나님은 그 상처를 단번에 치유해 주셨다. 어머니가 돌아가시고 10여 년이 지난 시점 어느 기도회에 참석했을 때 낸시는 그 이야기를 한 다른 여성에게 털어놓았다. 그러자 그 여성은 이렇게 말했다. "내 손을 당신 가슴에 얹고 그 기억과 '종양'이라는 끔찍한 꼬리표가 사라지도록 기도할게요."

기도가 끝나자 정말 신기하게도 거부당한 데 대한 원망스러운 마음이 깨끗이 사라졌다. "그 끔찍한 기분이 수십 년 동안 나를 괴롭혔다. 그런데 그 기도가 끝난 뒤 내 자리로 돌아가자 내 마음 깊은 곳에서부터 어머니가 나름대로 최선을 다해 늘 나를 사랑하셨다는 사실을 깨달을 수 있었다."

이제 낸시는 어머니를 충분히 이해하고 용서할 수 있다고 말했다. 의사들도 아기를 잃은 산모의 슬픔을 어떻게 치료해야 할지 전혀 몰랐던 그 시절에 어머니는 그러한 고통 속에서 최선을 다했다고 낸시는 믿는다. 또 그녀는 하나님께서 어머니의 삶을 연장해 주신 것에 감사한다. 그 연장된 삶 동안 어머니가 과거의 트라우마를 치유받고 삶을 변화시키는 모습을 곁에서 지켜볼 기회를 얻었기 때문이다. 무엇보다 그녀는 하나님께서 지금도 우리 모두를 위해 은혜를 베푸신다는 사실에 감사와 기쁨으로 주님을 찬양한다. 우리를 구원하시고 우리의 트라우마를 치유해 주시는 하나님의 은혜는 우리 삶의 모든 면에서 계속 작동하고 있다. "내가 주님을 받아들이자 그분은 내 삶의 두려움을 어루만져 주시기 시작했다. 오랫동안 두려움을 안고 살아왔기 때문에 그런 상태에 너무 익숙해져 두려움이 사라지자 생소한 느낌이 들기도 했다."

두려움은 낸시의 마음에서 마치 바다의 썰물처럼 서서히 빠져나갔다. "조금씩 조금씩 작은 변화가 나타났다. 그러다가 예전에 아주 두려워했던 것이 어느 순간 별로 두렵지 않게 되었다."

낸시는 오리건주 쿠스 베이의 언덕 높이 자리 잡은 집에 살았다. 집 아래의 땅이 서서히 침식되기 시작했다. 겨울철 폭풍이 닥치는 우기가 되면 상황이 심각해졌다. 폭우로 기반암 위의 흙이 미끄러져 내리기 시작했다. 학교 동료 직원들이 그녀의 집이 무너질까 우려하며 그녀 가족을 위해 기도했다.

하지만 낸시는 이렇게 말했다. "어느 날 복사기 앞에 서 있는데 누군가 '자기 집은 괜찮아?'라고 물었다. 나는 하던 일을 멈추고 '내 집에 무슨 문제가 있는데 그러지?'라고 생각했다. 하나님이 보호하고 돌보아 주신다는 확고한 믿음에 내 마음은 아주 평안했다."

요즘 낸시는 겨울철 폭풍에 대해 아주 정답게 말한다. 집 밖에는 폭풍이 불어닥쳐도 집 안에서 안전하고 아늑하게 지낼 수 있다는 생각 때문이다.

또 그녀는 어린 시절의 트라우마가 내면의 힘을 키워 주었다고 말한다. 세상 사람들이 생각하는 것과는 완전히 다른 힘이다. 어떤 상황에서든 하나님을 믿고 의지함으로써 얻을 수 있는 힘을 말한다.

아울러 그녀의 삶은 트라우마도 얼마든지 극복할 수 있다는 놀라운 치유의 가능성을 증거한다. "절대로 포기해선 안 된다. 우리가 치유를 방해한다고 생각하는 모든 장애물을 하나님께서는 뛰어넘으신다. 상황이 아무리 좋지 않아 보여도 늘 하나님께서 함께하신다고 나는 확신한다. 그분은 나와 동행하시며 모든 장애물을 뛰어넘을 수 있도록 나를 들어 올려 이끄신다."

어느 날 밤 오로라에서 생긴 일

하나님은 언제나 선하시지만
사람은 그렇지 않다.
죄와 악은 사람의 선택에서 비롯된다.

악에게 지지 말고
선으로 악을 이기라

－로마서 12장 21절

평 하는 큰 소리가 나면서 연기가 피어올랐다. 휙휙 하며 공중으로 뭔가 날아다니는 소리가 들렸다. 폭발음이 계속 이어지며 어둠 속에서 불빛이 번뜩였다. 매캐한 화학물질 냄새가 팝콘의 고소한 향기를 짓눌렀다. 가끔 들리던 낮은 기침 소리가 공포의 비명으로 바뀌었다.

메리 아이섬의 두 딸 미셸(16세)과 엘리자베스(14세)가 소리를 지르기 시작했다. "무슨 일이에요, 엄마? 무슨 일이 일어난 거죠?"

✳ ✳ ✳

메리와 딸들은 배트맨 영화 3부작 중 마지막 편 〈다크 나이트 라이즈〉를 개봉 첫날 보러 심야 상영 영화관에 갔다.

메리는 슈퍼히어로 액션영화를 좋아하지 않는다. 더구나 심야에 영화를 보러 가는 극성팬은 더더욱 아니다. 다만 아이들과 함께 시간 보내기를 좋아할 뿐이다. 새 영화를 개봉 당일 첫 상영에서 꼭 봐야 한다는 아이들을 위해 때로는 부모로서 기꺼이 양보할 수 있다는 생각이었다.

그러나 콜로라도주 오로라에 있는 센추리 16 멀티플렉스 영화관의 제9상영관은 순식간에 공포와 혼란의 도가니로 변했다. 빈 좌석이 하나도 없는 만원인데다 일부 영화광들이 배트맨 영화의 캐릭터로 분장했기 때문에 완전히 검은 옷에 복면을 착용한 괴한의 모습은 잘 드러나지 않았다.

메리만이 아니라 관객 중 아무도 몰랐지만, 그 괴한은 영화가 시작된 지 약 20분 뒤 극장에서 나갔다. 그는 나가면서 비상구가 닫히지 않게 물건을 끼워 두고 건물 바로 뒤에 세워 둔 자기 차로 가서 검은 옷과 복면을 착용한 다음 총을 들고 다시 극장 안으로 들어왔다.

그가 극장에 들어와 총을 난사하기 시작했을 때 메리는 다른 관객들과 마찬가지로 인기 영화를 홍보할 목적으로 연출하는 특수효과 쇼인 줄 알았다. 누군가 폭죽을 터뜨리는 게 아닐까? 처음에는 무슨 일인지 몰라 그냥 멍한 상태였다.

그러다가 딸들이 소리를 치자 메리도 정신을 차렸다. 메리는 이렇게 회상했다. "주변을 둘러보자 10여 미터 앞에 검은 옷을 입은 남자가 보였다. 그는 총을 들고 있었다." 그때 메리는 드디어 목소리를 냈다. "엎드려!" 메리가 딸들에게 소리쳤다. "머리를 숙여!" 그러면서 메리는 기도하기 시작했다.

✳ ✳ ✳

도대체 그녀는 왜 이 한밤중에 여기, 이 영화관에 있게 된 것일까? 메리는 집에서 TV로 영화 보기를 더 좋아했다. 자막도 볼 수 있고 남편 스콧이 발도 문질러 주니 집보다 더 좋은 영화관은 없다고 생각했다. 하지만 딸아이들을 즐겁게 해 주고 싶은 마음에 따라나섰다. 아이들이 너무 빨리 자라면서 함께 나눌 시간이 많지 않다고 느꼈기 때문이기도 했다.

미셸과 엘리자베스는 몇 달 전부터 이 영화를 개봉 당일 첫 회에 보고 싶다고 이야기했다. 처음엔 그들의 결혼한 언니가 그들을 데려가기로 했다. 하지만 언니가 임신하면서 입덧도 있고 피곤하기도 해서 그러기가 어려워졌다. 그래서 할 수 없이 메리가 대신 아이들을 데려가기로 했다.

그러다가 또다시 메리가 가지 않아도 되는 상황이 되었다. 딸들의 오빠도 같은 극장에서 같은 시간의 표를 구입했다. 상영관만 다를 뿐이었다. 그는 친구들과 함께 간다면서 동생들도 차에 태워 데려가겠다고 했다. 메리는 피곤하기도 해서 그게 좋겠다 싶었다. "상영관은 다르지만 같은 건물에서 같은 시간에 같은 영화를 보니 괜찮지 않을까 생각했다. 하지만 마음속에서 '그냥 가도록 해. 아이들과 함께 가'라는 목소리가 들렸다. 지금 생각하면 그 작은 목소리를 들을 수 있었던 것이 얼마나 감사한 일인지 모른다."

✳ ✳ ✳

그들이 도착했을 때 제9상영관은 이미 거의 만석이었다. 메리는 6-7번 열 쪽에 다섯 자리가 비어 있는 것을 보았다. 거기로 가서 메리는 중앙 통로 끝 쪽에 자리를 잡고 미셸과 엘리자베스 사이에 앉았다.

영화가 시작하기 직전 한 커플이 도착해 그들 옆의 두 자리가 비어 있는 건지 물었다. 메리와 딸들은 자신들이 옆으로 자리를 옮겨 그들에게 통로 끝자리를 내주면 되겠다고 생각했다. 그러나 미처 움직이기도 전에 그 커플이 그들을 넘어가 두 빈 자리에 앉았다.

2012년 7월 20일 자정이 조금 지난 시각, 상영관 천장의 불빛이 어두워지면서 프로젝터가 대형 스크린에 영상을 비췄다. 메리는 머리를 두 손으로 붙잡고 하품을 했다.

✳ ✳ ✳

메리와 미셸은 영화관의 지저분한 바닥에 얼굴을 바짝 대고 엎드렸다. 엘리자베스는 그 자리에 얼어붙은 듯이 움직이지 않았다. 메리가 그녀를 낚아채서 좌석 뒤의 바닥에 엎드리도록 했다.

총성과 공포의 외침, 대피하는 발걸음이 그들 주변을 둘러쌌다. 메리에 따르면 총성은 "빠르고 연속적"이었다. 학살을 노리는 난사였다.

메리는 이렇게 회상했다. "막내 엘리자베스가 그 괴한 바로 앞쪽에 있다는 생각이 퍼뜩 났다. 그가 앞으로 걸어오면서 총을 난사한다면 엘리자베스가 피할 수 없을 것 같았다. 나는 황급히 그 아이 쪽으로 움직여 내 몸으로 아이를 덮었다. 총탄이 날아온다면 비록 내 몸이 작지만 아이를 구하는 방패가 될 수 있기만을 바랐다. 그 순간 나는 제정신이 아니었다."

메리는 자기 몸으로 엘리자베스를 덮은 채로 계속 기도했다. 목소리가 제대로 나오지도 않았으나 그 끔찍한 순간에 최선을 다해 안전과 하나님의 임재를 간구하며 총격을 멈추게 해 달라고 기도했다. "말로 하는 기도라기보다 신음과 탄식에 더 가까웠다. 하나님께 우리 안전을 도모해 주시고 학살과 악몽을 중단시켜 화평을 베풀어 주시기를 기도했다. 내가 죽는다고 해도 우리 아이들만은 지켜 주시기를 기도했다."

메리는 자신이 죽을 것으로 생각했다. 그 순간 예기치 않게도 갑자기 마음이 평온해졌다. "죽음이 두렵지 않았다. 평생 겁에 떨며 살았던 내가 이상하게도 더는 죽는 게 두렵지 않았다. 그 평온함은 하나님이 주신 선물이었다. 물론 죽고 싶지 않았고 고통받고 싶지도 않았지만 그렇게 되더라도 괜찮다는 생각이 들었다. 그런 생각과 심령의 평안이 계속 기도할 힘을 주었다."

잠시 충격이 멎자 사람들이 출구를 향해 뛰기 시작했다. 메리는 이렇게 말했다. "어느 순간 미셸이 보이지 않았다. 미셸의 이름을 외치다가 다행히 곧바로 그 아이를 발견하자 안도감이 밀려왔다. 나는 엘리자베스의 손을 잡아끌며 출구로 향했다."

밖으로 나가자 깜깜한 밤중이었다. 그들은 구름 떼처럼 몰려든 사람들에 떠밀리며 주차장 쪽으로 뛰어갔다. 메리는 몇 시간 뒤 그 장면을 묘사한 글을 블로그에 올렸다. 그녀는 피신하는 군중 속에서 딸들과 함께 어떻게 달렸는지 다음과 같이 생생하게 그렸다.

우리는 시신을 뛰어넘어야 했다. 사람들은 괴한이 어디에 있는지 몰라 비명을 지르며 서로 밀쳤다. 우리는 차를 주차한 곳으로 달려갔다. 나는 지갑을 뒤집어 쏟아 미친 듯이 자동차 키를 찾았다. 그러면서 연신 주변을 살피며 괴한이 보이면 곧바로 땅에 엎드릴 준비를 했다. 나는 미셸에게 오빠 매슈도 영화관 밖으로 나왔는지 전화해 보라고 소리쳤다. 다행히 매슈도 무사히 빠져나온 것으로 확인이 됐다. 우리는 곧바로 그곳을 빠져나왔다.

메리는 사람들이 피를 흘리고 절룩거리며 뛰어가는 것을 보았다고 기억했다. 달리다 보니 새로 산 크록 샌들 한 짝이 벗겨져 어디로 갔는지 알 수 없었다. 메리는 할 수 없이 한 짝만 신고 뛰었다. "내가 왜 남은 한 짝도 벗어 던지지 않았는지 모르겠다. 맨발 아래 차가운

바닥이 느껴졌고 그다음에는 시멘트 바닥인 듯했다. 하지만 그런데 신경 쓸 여유가 없었다. 오직 한 가지 생각뿐이었다. 딸아이들을 안전하게 차에 데려가고, 옆 상영관에 있던 매슈와 친구들도 안전하게 대피했는지 확인하는 것이었다."

나중에 확인된 바에 따르면 제9상영관에서 발사된 총탄 몇 발이 매슈와 친구들이 있던 옆 상영관으로 날아들었다. 그 상영관에서 세 명이 부상했다. 메리는 이렇게 회상했다. "옆 상영관에 있던 관람객 일부도 다쳐서 안타까웠지만 우리가 있었던 제9상영관에서 일어난 학살은 정말 끔찍했다."

그 사건으로 메리의 인생관이 완전히 바뀌었다. 삶과 죽음을 보는 눈도 달라졌다.

✳ ✳ ✳

1960년대 버몬트주에서 태어난 메리는 문제 많은 가정에서 성장했다. 부모 둘 다 어린 시절 불우하게 자라며 얻은 상흔이 결혼 생활에까지 영향을 미쳐 술을 많이 마셨다. 결국 그들은 메리가 초등학교 4학년 때 이혼했다.

"내가 어렸을 때 우리 집은 엉망이었다. 부모님은 늘 술을 마시고 싸웠다. 어린아이로서 그런 일을 겪으며 자라다 보니 마음의 상처가 컸다. 늘 혼란스러웠다. 내가 모르는 사람들이 우리 집에 와서 자고 갔다. 한 남자는 남자아이들이 나에게 어떤 행동을 하고 싶어 하는

지 아주 노골적으로 설명했다. …… 직접 음란한 말도 했다. 겨우 열 살을 넘겼을 때였다. 나는 어떻게 해야 할지 몰랐다."

그처럼 건전하지 못하고 예측 불가능한 환경에서 성장한 메리는 성인이 되면서 자신의 세계를 직접 통제할 필요성을 강하게 느꼈다. 그래서 자신이 처한 상황과 주변 환경을 과도하게 통제하려 들었다. 자신이 선하고 부지런하고 목적의식이 뚜렷하면 자신과 가족을 통제하고 보호할 수 있다고 믿었다.

메리는 과거엔 매일 밤 잠자리에 들 때마다 아이들이 어떻게 될까, 가족이 어떻게 될까, 일자리를 잃게 될까 등 삶의 모든 면을 걱정하고 두려워했다고 말했다. 그러나 그 영화관 총기 난사 사건이 일어났을 때는 이미 그런 삐뚤어지고 불건전한 마음가짐을 상당 부분 극복한 뒤였다. 하나님에 대한 믿음이 자라면서 그런 회복이 시작되었다. 그러던 중에 겪은 영화관 총기 난사 사건이 메리에게 또 다른 영적 성장의 계기가 되었다.

메리는 이렇게 설명했다. "영화관 총기 난사 사건이 일어났을 때 나는 사십 대였다. 그때 나는 이미 성장 과정에서 비롯된 문제 중 다수를 극복하고 내 삶의 모든 면을 통제한다는 것이 얼마나 무모하며 환상이라는 사실을 인정하고 있었다. 하지만 영화관 사건은 모든 것을 하나님께 맡기고 순종함으로써 자유를 얻을 수 있다는 것을 재확인해 주었다. 나의 힘으로 자녀들을 악으로부터 안전하게 보호할 수 있고 그들의 환경을 통제할 수 있다는 무모한 생각을 내려놓고 하나님의 뜻에 전적으로 따르게 되는 과정의 완성 단계였다고 말할 수 있다."

✷ ✷ ✷

경찰은 극장 뒤에서 총기 난사 용의자 제임스 홈스를 체포했다. 당시 24세였던 그는 자기 차 옆에 서서 저항하지 않았다. 하지만 그가 초래한 피해는 엄청났다. 12명이 사망했고 70여 명이 부상했다.

메리의 남편 스콧은 가족이 방금 겪은 비극이 실제로 어떠했는지 처음엔 잘 몰랐다. 당시 그는 이른 아침 출근해야 해서 일찍 잠자리에 들었다. 메리가 극장에서 집으로 차를 모는 동안 딸아이 중 한 명이 전화를 걸어 스콧을 깨웠다. 메리는 이렇게 회상했다. "그 아이는 훌쩍거리며 상황을 설명하려 하다가는 '하지만 우린 괜찮아요, 괜찮아요'라는 말만 되풀이했다. 남편은 무슨 일인지 도무지 알 수 없었다. 나중에 TV를 통해 그 사건이 자세히 보도된 뒤에야 남편은 우리가 얼마나 끔찍하고 충격적인 경험을 했는지 깨달았다."

메리와 딸들은 그다음 날에도 충격에서 헤어나지 못했다. 그들은 영화관에서 무사히 빠져나왔지만 그렇다고 심리적으로도 아무 탈이 없는 것은 아니었다. 메리는 제9상영관에서 미셸 옆 좌석에 앉았던 여성도 희생자에 포함되었다는 사실을 알았다. "그 커플이 와서 옆자리가 비었느냐고 물었을 때 우리가 그 자리로 이동하고 우리가 앉았던 자리를 그들에게 내주었더라면 미셸이 총에 맞은 그 여성의 자리에 앉았을 거라는 생각에 소름이 끼쳤다."

메리는 그 순간들을 경험하면서 일어나는 모든 일을 파악하려고 애썼다. "어느 시점에서 아들에게 차 아래에 폭탄이 설치되어 있는지 확인해 보라고 했다. 아들은 군에 있었기 때문에 그런 일을 많이 겪었다. 내가 그렇게 신경 썼던 것은 괴한에 관해 아무것도 몰랐기 때문이다. 단독 범행인지 공모자가 있는지 말이다. 혹시 주차장에 있는 차들에 폭탄을 설치했을 수도 있다고 생각했다." 충격적인 일을 당하면 불필요할 정도로 과도하게 신경을 쓰기 쉽다. 메리의 경우가 그랬다.

메리가 그 직후 고통스러운 날들을 지내는 동안 하나님이 반석이자 닻이 되어 주셨다. 다른 모든 것이 산산이 조각날 때도 하나님은 그녀의 삶을 확고히 붙들어 주셨다. 시간이 흐르면서 서서히 치유가 시작되자 메리는 자신이 살아 있음에 감사하는 동시에 하나님께서 주신 은혜의 선물을 낭비하지 않게 해 주실 것을 기도했다.

그러나 때로는 어떻게 기도해야 할지조차 알 수 없었다. "그 같은 폭력적인 행동을 초래한 것이 하나님이 아닌데도 사람들이 그 비극을 하나님 탓으로 돌릴 때면 속이 무척 상했다. 유혈 폭력과 비통함을 초래하는 것은 하나님이 아니라 사람의 선택이 아닌가? 게다가 수많은 젊은이가 희생되었는데 나는 살아 있다는 사실에서도 상당한 죄책감을 느꼈다. 나는 딸아이들이 두려움에 압도당하지 않도록 그들의 마음을 치유해 달라고도 하나님께 기도했다. 나는 믿음이 강했지만 아이들은 그렇지 않았다. 아울러 하나님께서 이 비극을 통해 무엇인가 선한 것을 이루어 주시기를 기도했다."

$$*\ *\ *$$

메리는 영화관 총기 난사 사건이 일어난 지 18시간이 채 지나지 않아 자신의 블로그에 '이런 비극 속에서도 우리는 하나님이 자비로우시다고 생각해야 하는가?'라는 제목의 글을 올렸다. 요지는 하나님이 악을 초래한 동인이 결코 아니며, 오히려 비극의 와중에서도 위로와 평화를 가져다주시는 분이라는 것이었다. "하나님은 언제나 선하시다. 그러나 사람은 그렇지 않다. 그 둘을 혼동해선 안 된다."

메리는 가족을 잃은 사람들과 영화관 참사를 목격한 사람들, 특히 젊은이들을 위해 많이 기도해 달라는 요청으로 글을 마무리했다. 그녀는 충격에서 벗어나지 못한 상태에서 쓴 글이라고 했지만 그 블로그의 열람은 100만 건 이상을 기록했다. 메리는 이렇게 말했다. "어안이 벙벙했다. 팔로워 7명 정도와 몇몇 페이스북 친구들을 대상으로 쓴 글이었기 때문이다. 그런데 목사님들이 내 글을 설교에서 인용했다. 또 전 세계에서 나에게 메시지가 쇄도했다. 대부분 하나님께서 그 글을 사용해 믿음을 더욱 굳건히 해 주셨다는 내용이었다. …… 하나님께서 나에게 주신 은사를 사용해 선한 일을 이룰 수 있게 해 달라는 나의 기도에 대한 응답이었다고 생각한다."

그러나 메리는 비극을 겪은 모든 사람이 그처럼 긍정적인 생각을 갖는 것은 아니라는 사실도 잘 안다. 응답받지 못하는 기도는 이해하기가 아주 힘들 수 있다고 그녀는 말했다. 왜 무고한 사람이 희생되는가? 왜 자연 재난이 도시 전체를 파괴하는가? "나로서는 그 모든 질문에 답할 수 없다. 하지만 답을 가진 한 분을 안다. 그분은 비극의 한가운데서 평안과 위안을 주신다."

메리는 언젠가는 그 모든 일이 이해될 것이라고 믿는다. 그러나 오늘은 아직 그날이 아니다. 그래서 그녀는 믿음을 붙들고 기도에 매달린다. 자신이 알고 할 수 있는 게 그뿐이기 때문이다. "나는 계속 기도할 것이다. 하나님께서 어떻게 응답하시더라도 또 아예 응답하시지 않더라도 나는 이미 하나님의 선하심을 경험했기 때문이다. 고난이든 즐거움이든 모든 상황에서 내가 기댈 수 있는 곳은 하나님뿐이다. 오직 그분만이 나를 무한한 사랑으로 감싸 주신다."

메리는 어린 시절부터 많은 어려움을 겪으며 지금까지 왔다. 그녀는 다른 사람의 선택을 자신이 어떻게 할 수는 없다고 인정하면 심령의 평안이 찾아온다고 말했다. 그녀는 원하는 사람들에게 맞는 조언이나 충고를 할 수도 있지만 대부분은 다른 무엇보다 이웃을 아무런 조건 없이 사랑하라고 강조한다.

아무튼 메리는 가족들의 상황이 지금과 크게 달라졌을 수 있다는 사실을 잘 안다. 그녀는 그날 밤 영화관에서 자신이 죽을 것으로 생각했다. 그러나 주변에 총탄이 날아다니는 가운데서도 그녀가 기도하자 하나님께서는 그녀의 마음을 평온함으로 덮어 주셨다. "나는 동화처럼 '그 후 오래오래 행복하게 잘 살았다'는 식의 깔끔한 해피엔드를 믿지 않는다. 하지만 무슨 일이 있든 간에 하루하루가 아름다움과 기쁨으로 가득할 수 있다는 사실을 깨달았다."

지금 메리는 자신이 겪은 비극을 돌이켜보며 이렇게 말한다. "영화관 총기 난사 사건이 일어났을 때 나는 이미 내 인생에서 다른 많은 어려운 시기를 믿음으로 견디며 하나님께서 산을 옮기시는 기적을 경험한 상태였다. 그래서 이번에도 나의 믿음을 통해 하나님께서 나를 평강으로 인도해 주실 것을 알았다.”

메리를 치유와 온전함으로 이끌어 준 것은 그녀의 믿음과 하나님의 권능이었다.

인내

우리에게 구름같이 둘러싼 허다한 증인들이 있으니
모든 무거운 것과 얽매이기 쉬운 죄를 벗어 버리고
인내로써 우리 앞에 당한 경주를 하며

–히브리서 12장 1절

믿음으로 사는 삶은 시작이 가장 힘들 수 있다. 그 시작이 기도다.

기도는 단순히 소원을 고하는 것이 아니다. 기도는 훈련인 동시에 절제다. 기

도는 전쟁이다. 기도는 어두움을 물리치는 수단이자 방법이다.

기도는 부단히 노력해야 하는 고된 일이다.

기도하려면 우선 성경을 읽고 이해해야 한다. 중도에 포기해서는 안 된다.

사도 바울은 "이기기를 다투는 자마다 모든 일에 절제하나니

그들은 썩을 승리자의 관을 얻고자 하되 우리는 썩지 아니할 것을

얻고자 하노라"(고린도전서 9:25)라고 말했다.

기도를 위한 훈련과 절제는 영적인 일이다.

그러나 영적인 일도 이 세상에서 메달을 얻기 위해

경쟁하는 운동선수들의 육적인 훈련과 절제처럼 엄격해야 한다.

리즈 하월스와 기도의 용사들

**지칠 줄 모르는 합심 기도는
역사의 물줄기도 바꿀 수 있다.**

항상 기뻐하라 쉬지 말고 기도하라
범사에 감사하라
이것이 그리스도 예수 안에서
너희를 향하신 하나님의 뜻이니라
−데살로니가전서 5장 16~18절

"자네 거듭났어?"

리즈 하월스는 '무슨 뚱딴지같은 소리지?'라고 생각했다. 리즈는 사촌 에번 루이스와 함께 광산의 갱도 깊이 들어가 석탄을 퍼 담고 있었다. 땅속 어둡고 축축한 곳에서 먼지를 뒤집어쓰고 일하는 상황에 맞지 않게 에번이 불쑥 하늘나라에 관한 이야기를 꺼냈다.

"도대체 무슨 말이야?" 리즈가 퉁명스럽게 되받았다. "내 인생도 자네보다 못하진 않아."

에번이 무슨 뜻인지 설명해도 리즈는 듣지 않았고 이해하려 하지도 않았다. 리즈는 속으로 사촌을 한심하다고 비웃으며 일만 계속

했다.

기도회에도 한 번 빠진 적 없는 나에게 왜 그런 질문을 하지? 하지만 생각할수록 불안해졌다. 미국에 와서 일하려고 영국 웨일스의 집을 떠나던 날 목사님이 읽어 준 성경 구절까지 기억나면서 속이 메스꺼워졌다. "이러므로 우리에게 구름같이 둘러싼 허다한 증인들이 있으니 모든 무거운 것과 얽매이기 쉬운 죄를 벗어 버리고 인내로써 우리 앞에 당한 경주를 하며"(히브리서 12:1).

그는 마음의 눈으로 여러 세대의 가족들, 성경에 나오는 수많은 성도를 그리며 자신의 삶을 돌아보았다. 더러운 손과 그보다도 더 더러운 영혼. 리즈는 자신이 너무도 부족하다는 생각이 들었다. 그런데도 일을 마치고 마을로 걸어가는 동안 리즈가 사촌에게 한 말은 이게 전부였다. "나는 기독교 신자야. 그걸로 족해."

하지만 그는 계속 불안했다. 너무도 괴로운 나머지 여행 가방을 꾸려 광산에서 멀리 떨어진 곳으로 도피했다. 사촌 에번에게서, 무엇보다 그 불편한 질문에서 벗어나기 위해서였다.

그래도 소용없었다. 하나님은 계속 리즈의 마음을 뒤흔들었다. 두려움으로 몸이 굳어 가는 듯했지만 해결할 방도가 없었다. 그래서 그는 전능하신 하나님과 감히 '거래'를 했다. 리즈는 당시 주변 사람들에게 이렇게 말하고 다녔다. "산상수훈을 그대로 실천하는 사람을 하나님께서 직접 보여 주신다면 나도 승복하겠어."

그 거래로 리즈는 약간의 말미를 얻었다. 그는 주변을 둘러보며 '저 사람은 독실한 듯해 보이지만 진정으로 하나님을 위해 모든 것을 포기했을까?'라며 코웃음을 쳤다. 그의 눈으로는 하나님을 위해 자신의 모든 것을 내주라는 예수님의 말씀을 진실로 믿고 실천하는 사람을 찾아볼 수 없었다. "내 인생도 자네보다 못하진 않아." 그는 사촌에게 한 그 말로 계속 되돌아가 자신을 정당화했다. 나처럼 기도회에 한 번도 빠지지 않은 사람보다 진실로 더 나은 삶을 사는 사람을 어디서 찾을 수 있단 말인가?

하지만 그의 예단은 보기 좋게 빗나갔다. 얼마 지나지 않아 리즈는 모리스 루벤을 만났다. 부유한 집안에서 자라난 루벤은 상속권을 박탈당하면서까지 기독교로 개종했다(그의 아버지는 개종하면 유산을 받을 수 없다고 유언장에 명시했다). 루벤의 고집에 가족들은 그를 정신이상으로 요양 시설에 수용하려고 했다. 그러나 판사는 하나님의 음성을 듣는다고 사람을 감금한다면 사도 바울도 감금해야 한다며 그를 풀어 주었다. 그 후 루벤은 미국 전역을 돌며 복음 전하는 일에 전념했다.

리즈는 루벤의 열정과 흔들리지 않는 믿음에 감복했다. 수년 뒤 리즈의 아들은 한 인터뷰에서 이렇게 설명했다. "아버지는 루벤의 간증을 듣고는 곧바로 항복했다. 이런 식이었다. 하나님께서 그에게 이렇게 물으셨다. '이 사람을 보여 주면 족하겠느냐?' 아버지는 변명의 여지가 없었다. '예, 족합니다.' 그로써 아버지의 삶은 180도 달라졌다."

그때는 리즈가 몰랐지만 나중에 그 자신도 막강한 기도의 용사가 되어 20세기의 가장 중요한 전쟁터 중 하나에서 전투를 이끌게 된다. 눈에 보이지 않는 전쟁터였다.

＊ ＊ ＊

리즈는 영국으로 귀국하여 오랜 세월이 흐른 뒤 고향에 웨일스 성경대학을 세웠다. 1930년대 말 히틀러가 전쟁 준비에 몰두했을 때 그가 운영하던 웨일스 성경대학도 '보이지 않는' 전쟁을 준비했다. 독일 나치의 전쟁 준비가 혹독한 훈련과 무기 생산을 위한 공장 몰수와 개조, 정적 숙청, 군소 국가들의 흡수 합병이었다면 웨일스 성경대학의 구성원들은 전쟁 준비를 위해 훨씬 더 효과적인 일을 했다. 하늘나라의 요새를 공략하기 위한 합심 기도였다.

웨일스 출신의 복음주의 신학자 마틴 로이드존스는 이렇게 말한 적이 있다. "기도는 인간 영혼의 가장 고매한 활동이다. 사람은 무릎을 꿇고 하나님과 대면할 때 가장 위대하고 고귀하다."

리즈도 그렇게 믿었다. 그는 이렇게 썼다. "나는 이 전쟁을 통해 성령이 나치의 사탄보다 더 강하다는 사실을 확증하고 싶었다. 이것은 세기의 전쟁이다. 이 전쟁의 승리는 수억 명의 승리다."

히틀러가 전쟁 내내 다른 사람들이 이해할 수 없는 기이한 결정을 내리면서 결국 승기를 놓친 것을 두고 의아해하는 역사가들이 많다. 그러나 히틀러의 그런 결정 뒤에는 "주여, 히틀러를 꺾어 주옵소서"라는 기도 용사들의 열렬하고 간절한 기도가 있었다는 사실을 아는 사람은 별로 없다.

그들이 기도를 끊임없이 계속하는 가운데 히틀러는 연이어 현명하지 못한 선택을 했다. 그에 따라 연합군은 재정비를 통해 반격을 준비할 시간을 벌었고, 히틀러는 승기를 잡기 위한 전략적인 타이밍을 놓쳤다. 그 결과 전세가 완전히 뒤집혔다.

✳ ✳ ✳

리즈는 대학 총장과는 거리가 멀어 보이는 삶을 살았다. 열한 자녀 중 여섯째로 태어난 그는 열두 살 때부터 아버지를 따라 광산에서 석탄을 캤다. 웨일스에는 그처럼 어려서부터 일을 시작해 평생 위험하고 건강에 해로운 조건에서 일하는 사람이 많았다. 그곳의 푸르고 험준한 산악지대는 탄광이 무척 많았기 때문에 주민의 다수는 대대로 탄광에서 일했고 평생 그렇게 일하는 것을 당연하게 여겼다.

그러나 리즈 하월스는 미국으로 건너가 탄광 일을 하다가 귀국해 1904~1905년 에번 로버츠 목사의 웨일스 대부흥 운동에 참여하면서 목회자로 부르심을 받았다. 그는 새로운 소명에 따라 매일 탄광에서 일한 뒤 세 시간을 더 투자해 현지에 작은 교회를 세웠다.

리즈가 성령의 능력만이 아니라 성령을 하나님과 동등한 인격으로서 인식하기까지는 한참 걸렸다. 그가 마침내 그런 사실을 받아들였을 때 그는 그것이 의미하는 바를 두고 무척 고민했다고 그의 아들 새뮤얼이 말했다. "하나님은 아버지에게 그것이 전적으로 굴복하라는 의미라는 사실을 분명히 하셨다. 아버지가 만약 성령을 인격으로 받아들인다면 그때부터는 아버지 자신이 사는 게 아니라 성령이 사는 것이 되기 때문이었다. 쉽게 말하자면 '너는 나가라. 내가 들어가겠다'는 개념이다. 아버지로서는 선뜻 받아들이기 어려웠다. 아버지는 며칠 동안이나 깊이 고심했다. …… 그러다가 성령이 인격으로서 자신 안에 들어왔다는 사실을 실제로 깨닫게 되었다. …… 그로써 아버지의 인생 전체가 완전히 달라졌다."

새뮤얼이 의미하는 바는 우리가 예수님을 영접하면 하나님께서 성령을 우리의 보혜사(안내자와 교사)로 보내 주신다는 뜻이다(요한복음 14:16~17). 그는 또 그리스도가 어떻게 우리 안에 거하시는지 설명하는 갈라디아서 2장 20절도 염두에 둔 듯하다. 예수님을 영접하면 단순히 사고방식이나 심적 성향이 달라지는 데 그치지 않는다. 과거의 자신인 옛사람을 버리고 새사람으로 살게 된다. 죽은 존재를 살아 있는 존재로 대체한다는 뜻이다. 바울은 에베소 교회에 보내는 편지에서 이렇게 썼다. "너희는 유혹의 욕심을 따라 썩어져 가는 구습을 따르는 옛사람을 벗어 버리고 오직 너희의 심령이 새롭게 되어 하나님을 따라 의와 진리의 거룩함으로 지으심을 받은 새사람을 입으라"(에베소서 4:22~24).

하나님의 영을 받아들인다는 것은 우리가 완전히 새사람이 된다는 의미다. 우리가 매일 점점 더 예수님을 닮아 갈 수 있도록, 또 그렇게 되기를 원하도록 성령이 우리 마음과 정신을 바꾸기 때문에 우리는 더는 육신이 원하는 바에 얽매이지 않는다. 우리가 그리스도를 더 많이 닮아 가면서 과거 죄의 지배를 받던 옛사람보다 더 온전한 새사람이 되면서 성령은 우리를 어느 때보다 더 큰 기쁨과 목적으로 이끄신다.

목회가 성공하자 리즈는 아내와 함께 남아프리카로 가서 선교 활동을 했다. 그러다가 1920년 리즈는 웨일스로 돌아가 성경대학을 설립하라는 하나님의 명을 받았다. 하나님은 거의 무일푼인 그에게 대학 캠퍼스 부지로 글린더원으로 불리는 땅을 매입하라고 명하셨다.

리즈는 모금 수완도 없었다. 그는 독일 태생의 영국인 복음주의자이자 교육자였던 조지 뮐러의 자서전을 읽은 뒤 뮐러가 하나님의 명에 따라 보육원을 설립할 때 그랬던 것처럼 아무에게도 기부를 요청하지 않고 오로지 하나님께 기도로 구하겠다고 결심했다. 리즈는 그 다짐에서 한 치도 벗어나지 않았다. 감사하게도 그의 기도는 응답받았다. 전체 대금 5800파운드 중 부족했던 140파운드가 매입 계약서에 서명해야 하는 당일 아침에 우편으로 도착했다.

웨일스 성경대학이 캠퍼스와 교회를 세울 부지 세 곳을 전부 다 매입한 1938년, 나치는 유럽 전체를 장악할 태세였다. 당시 영국은 전쟁 준비가 전혀 되어 있지 않았다. 독일의 막강한 군사력에 비하면 초라할 정도였다. 나치는 이미 오스트리아를 합병하고 체코슬로바키아의 일부인 주데텐란트도 점령했다.

전쟁이 임박한 듯했다. 그런데 희한하게도 히틀러는 다른 지역을 계속 침공하지 않고 9월 30일 뮌헨협정에 서명했다. 그로써 유럽 나머지 지역과의 전쟁은 거의 1년이 미뤄졌다. 뮌헨협정 체결 전 몇 주 동안 리즈와 웨일스 성경대학의 학생들은 한마음이 되어 전쟁터의 군인처럼 헌신적이고 집요하게 합심 기도에 전념했다. 리즈는 나치 세력이 세계 나머지 지역에 제기하는 위협을 보면서 교직원과 학생들을 상황의 반전을 구하는 기도로 인도했다. 때로는 수업마저 포기하며 종일토록 기도했다.

리즈는 학생들에게 이렇게 말했다. "상당히 위태로운 상황입니다. 합심 기도만이 도움이 될 수 있습니다. 우리가 서부 전선에서 적과 싸워야 하는 것처럼 하나님은 지금 악의 세력과 싸우기 위해 자신의 삶을 제단에 바치려는 사람들을 부르십니다."

교직원과 학생 120명은 그날 리즈의 말을 듣고 승리하는 그날까지 합심 기도에 참여하겠다고 다짐했다. 그들은 뮌헨협정이 체결되기 몇 주 전부터 "주여, 히틀러를 꺾어 주옵소서"라고 한목소리로 기도하기 시작했다.

대부분의 역사적 평가는 뮌헨협정을 네빌 체임벌린 영국 총리와 연합국의 실패작으로 본다. 궁극적으로 그런 유화정책이 소용없었기 때문이다. 그러나 그 협정으로 연합국은 약 1년 뒤인 1939년 9월 독일이 폴란드를 침공하고, 영국과 프랑스가 어쩔 수 없이 독일에 선전포고하기까지 전쟁을 준비할 시간을 벌었다. 협정 체결 당시 독일 주재 영국 대사였던 네빌 헨더슨 경은 나중에 이렇게 회고했다.

히틀러는 체임벌린 총리에게 달갑지 않은 듯이 말했다. "나는 지금까지 귀하 외에는 누구에게도 양보한 적이 없소."……
히틀러는 자신의 결단이 마음에 들지 않아 심기가 불편했다. 그의 참모 중 일부는 영국이 전쟁 준비가 되지 않았을 때 서둘러 공격해야 한다고 계속 주장했다. 그들은 히틀러가 뮌헨협정을 받아들여 전쟁에서 승리할 수 있는 절호의 기회를 날려 버렸다고 판단했다. 히틀러의 짜증이 많아진 것도 어느 정도는 그들의 생각이 옳았을지 모른다는 불안감에서 비롯되었을 수 있다.

곧 이탈리아도 자국에 거주하는 모든 유대인에게 6개월 안에 나라를 떠나라고 통보했다. 리즈는 나치 독일의 반유대주의와 함께 이탈리아 파시스트 정권의 그런 조치를 보고 유대인을 더욱 열렬히 지지하게 되었다. 몇 주 뒤 히틀러가 폴란드 국경에서 유대인 어린이들을 '쫓아내기' 시작하면서 유대인을 향한 리즈의 열정은 더욱 뜨거워졌다.

리즈는 쫓겨난 유대인 어린이들을 영국에 받아들여 최대한 많이 수용하기 위해 부동산을 매입하려고 했다. 그러나 이전에 대학을 세우기 위해 부동산을 매입할 때 지불한 가격의 두 배 이상인 약 2만 파운드가 필요했다. 융자도 생각했지만 융자금을 갚을 자금이 전혀 없었다. 그래서 아예 대학을 매각해서 유대인 구제를 위해 최대 10만 파운드를 마련할 계획까지 세웠다. 그러나 나치의 폴란드 침공 후 전쟁이 일어나면서 어쩔 수 없이 그 모든 계획이 보류되었다. 그런 좌절에도 리즈와 그의 학생들은 전쟁 내내 그리고 그 후에도 유대인들을 위해 열심히 기도했다.

1940년 5월 나치는 프랑스를 침공했다. 그때 이미 리즈와 그의 기도 용사들은 매일 시간을 정해 두고 합심 기도에 몰두하고 있었다. 그들은 저녁마다 몇 시간씩 무릎을 꿇고 기도했다.

곧 독일군의 공세로 연합군이 프랑스의 해안 도시 됭케르크에서 포위되자 영국 국왕 조지 6세는 그곳에서 위기에 처한 영국군과 연합군을 위해 5월 22일을 '기도의 날'로 선포했다. 리즈와 그의 기도 용사들은 더욱 열렬히 합심 기도에 힘썼다.

마침내 됭케르크에서 포위된 연합군 약 33만 8000명이 몰사할 위험에 처하자 그들을 구출하기 위한 위험천만한 대규모 철수 작전이 개시되었다.

작가 노먼 그럽은 리즈의 전기에서 이렇게 회상했다.

5월 28일 리즈 하월스는 또다시 홀로 하나님과 대면했다. 그다음 그와 학생들은 함께 모여 하나님께서 됭케르크에 개입하셔서 군인들을 구해 주시기를 기도했다. 그 기도에서 성령이 그들에게 임하면서 누군가가 한 기도 중에서 "저는 지금 무슨 일이 일어나고 있다는 것을 확실히 느낍니다"라는 마지막 문장이 그들 모두에게 주어진 확신을 잘 말해 주었다.

5월 29일이 됭케르크 철수 작전 개시일이었다. 리즈 하월스는 이렇게 말했다. "우리 기도에서 중보가 이루어진다는 사실을 명심합시다. 이 전투는 성령의 전투입니다. 오늘 밤 자신의 밖에 있는 성령을 보십시오. 그분은 전쟁터에서 칼을 뽑고 서 있습니다."

오랜 세월이 지난 뒤 리즈의 학생 중 한 명이었던 루스 윌리엄스는 철수 작전이 시작된 그날을 이렇게 회상했다. "리즈는 자신이 먼저 기도를 마친 뒤 다른 사람들이 기도하도록 했다. 그중 한 남자가 기도했을 때 그의 손이 주님께 닿은 것이 분명해 보였다. 됭케르크에서 일어난 일은 정말 기적이었다. 폭풍이 몰아쳐 철수에 어려움을 겪던 바다가 갑자기 아주 잔잔해졌다. …… 한편으로 하나님은 자신만의 목적이 있었다. 그분은 기독교 국가인 영국이 침공당하지 않을 것이라고 말씀하셨다. 그 말씀이 실제로 이루어졌다."

전쟁이 계속되고 수많은 사람이 목숨을 잃었지만 그날 됭케르크에 포위되어 있던 병력 수십만 명은 무사히 철수할 수 있었다. 나중에 이 작전은 '됭케르크의 기적'으로 알려졌다. 영국 정부는 최선을 다했지만 장비가 부족한 탓에 철수 작전이 여의찮아 보였다. 그러자 영국의 민간인 수백 명이 자발적으로 지원에 나섰다. 그들은 어선과 예인선 등 모든 이동 수단을 동원해 군인들과 난민들이 됭케르크에서 배를 타고 영국 해협을 건널 수 있도록 도왔다. 웨일스에서는 성경대학 학생과 교직원들로 구성된 기도의 용사들이 철수하는 연합군을 추격하고 집어삼키려는 적들의 마음을 돌리기 위해 유럽을 휩쓰는 어두운 힘에 맞서 싸웠다.

그다음 영국 본토 항공전이 치러지던 기간에도 리즈와 대학에 모인 사람들은 하나님께 나치 독일로부터 나라를 보호해 주시기를 계속 기도했다. 그러던 중 1940년 9월 어느 날 나치 독일의 공군 전폭기들이 승리를 목전에 두고 갑자기 방향을 틀어 본국으로 돌아갔다.

히틀러가 느닷없이 영국 대신 러시아를 공격하기로 목표를 변경했기 때문이었다. 당시 총리였던 윈스턴 처칠은 회고록에 이렇게 썼다.

> 그때 내가 물었다. "우리 공군이 사용할 수 있는 다른 자원이 있나요?" 키스 파크 영국 공군 사령관이 답했다. "남은 게 없습니다." 그는 나중에 쓴 글에서 그때 내가 "침통한 모습이었다"고 묘사했다. 그럴 수밖에 없었다. ……
> 5분이 더 지났다. 우리 전투기 대다수는 연료 재공급을 위해 착륙한 상태였다. 대부분 우리가 가진 자원으로는 우리 전투기들을 공중의 폭격으로부터 보호할 수 없었다. 그런데 그때 갑자기 적기들이 기수를 돌려 본국으로 향했다. 적기들의 움직임을 표시하는 탁자 위의 디스크들은 그들이 계속 동쪽으로 이동하는 것을 보여 주었다. 새로운 공격은 없었다. 또다시 10분이 지나자 전투 상황이 완전히 종료되었다.

그처럼 히틀러는 전략적인 우위나 승리를 앞둔 바로 그 순간 다른 쪽으로 방향을 틀었다. 그뿐이 아니다. 나치는 동맹국이던 러시아를 배반하고 그들의 영토를 침공했다. 그로써 러시아는 연합군에 합류했고, 결과적으로 전승국 중 하나가 되었다. 기도의 힘을 잘 모르는 사람들이 수십 년 동안 이해하지 못한 또 다른 기이한 결정이었다. 게다가 "절대로 겨울철에는 러시아를 침공하지 말라"는 역사적으로 유명한 격언이 있는데도 히틀러는 겨울 공격을 감행했다. 형편없고 아주 오만한 결정이었다. 그 결과 나치의 전차 부대가 진창에 빠졌다. 2022년 우크라이나 전쟁 초기 러시아 전차 부대가 진창에 빠져 공격에 실패한 사례와 비슷하다.

먼저 이탈리아가 그리스를 격파하지 못하자 독일은 그리스를 침공하면서 크레타섬을 점령하기로 했다. 그곳이 북아프리카에 있는 독일군을 보호하기 위해 전투기를 발진시키기에 적합한 전략적 요충지라고 판단했기 때문이다. 그들은 단 며칠이면 크레타섬을 점령할 수 있을 것으로 생각했다. 그러나 전투는 예상외로 오래 끌었다. 그로 인해 레닌그라드(현재 지명: 상트페테르부르크)와 모스크바를 점령하려는 나치의 공세가 겨울로 미루어졌다. 결과적으로 그것이 나치의 주요 패인이 되었다. 독일군은 러시아의 그 두 도시를 점령하기 직전 또다시 희한하게도 다른 곳으로 눈을 돌렸다. 소련에서 서방으로 망명한 빅토르 크라프첸코는 저서 《나는 자유를 선택했다(I Chose Freedom)》에서 이렇게 적었다. "독일인들은 당시 모스크바를 아주 쉽게 점령할 수 있었다. …… 그런데 그들이 갑자기 퇴각했다. 그 이유는 독일인들만 풀 수 있는 미스터리다."

리즈의 웨일스 성경대학은 전투가 치러질 때마다, 매일, 또 모든 상황에서 연합군을 위해 기도했다. 리즈의 학생 중 한 명이었던 루스 윌리엄스는 어떻게 리즈와 그의 학생들과 같은 효과적인 합심 기도자가 될 수 있는지 묻자 "하나님과 동행하는 것으로만 가능한 일"이라고 말했다. "매일 하나님과 함께하고, 매일 기도하고, 하나님을 굳게 믿는 것 외에 다른 방법은 없다고 생각한다."

리즈는 또 모리스 루벤처럼 산상수훈을 실천하는 방법도 배웠다.

리즈의 아들 새뮤얼에 따르면 그는 인생이 무너진 한 남자를 만났다. 빚 때문이었다. 리즈는 그 남자가 교회 곁을 지나가는 것을 보면서 이렇게 말했다. "영적인 영역에서 그처럼 심한 영혼의 갈등을 본 적이 없다. 사탄이 그를 공격하는 것이 내 눈에 보였다. …… 나는 기도하면서 하나님께 그를 보호해 주신다면 모든 것을 바쳐서 무슨 일이든 하겠다고 말했다."

그날 리즈는 그 남자를 만나 빚이 얼마나 되는지 물었다. 그 남자는 2년 치 아파트 임대료를 유흥비로 탕진했다고 말했다. 채권자들이 그날 그의 가구를 압류한 상태였다.

리즈의 아들 새뮤얼은 "당시로는 큰 금액이었다"고 한 인터뷰에서 말했다. 새뮤얼에 따르면 리즈는 그 남자에게 이렇게 제안했다. "그 빚의 절반을 내가 갚아 주겠소. 나머지 절반은 아마도 내 친구가 보낼 수 있을 거요."

리즈는 돈을 가지러 계단을 걸어 올라갔다. 그때 그에게 하나님의 음성이 들렸다. 리즈는 갑자기 극심한 부끄러움을 느꼈다. 그는 하나님이 자신에게 이렇게 말씀하셨다고 전했다. "너는 오늘 아침 나에게 그를 구하기 위해 너의 모든 것을 내주겠다고 하지 않았느냐? 왜 절반만 주려느냐? 예수 그리스도는 너의 모든 빚을 갚아 주고 너에게 완전한 자유를 주지 않았느냐?"

리즈는 그 자리에서 바로 돌아서서 그 남자에게 달려가 진심으로 사과하며 그가 사탄의 유혹에 더는 넘어가지 않도록 2년 치 임대료 전액을 주겠다고 했다. 리즈는 나중에 이렇게 말했다. "내가 그 말을 한 순간 하늘나라의 기쁨이 나에게 내렸다. 받는 것보다 주는 것이 훨씬 더 큰 축복이라는 사실을 본성으로 깨달았다." 그로써 마침내 리즈 자신도 나름대로 산상수훈을 실천할 수 있게 되었다.

1942년 7월 에르빈 로멜 원수가 이끄는 독일 제90경기갑사단이 이집트를 점령하기 위해 포위망을 좁혀 갈 때 리즈는 그들을 반드시 막아야 한다고 느꼈다. 이집트가 무너지면 팔레스타인이 독일군 손에 들어가는 것은 시간문제였다. 리즈는 전쟁이 끝난 뒤 유대인들이 그곳에 나라를 다시 세울 수 있도록 팔레스타인이 보존되어야 한다고 생각했다. 북아프리카에서 전투가 치열하게 벌어지는 동안 리즈와 그의 학생들은 나치가 이집트 북부의 알렉산드리아를 점령하기 전에 그들을 저지할 수 있게 해 주실 것을 하나님께 기도했다.

그다음 주 그들은 신문을 통해 알렉산드리아 남서쪽 약 100킬로미터 지점에 있는 이집트의 지중해 연안 도시 엘알라메인에서 나치가 격파되었다는 소식을 접했다. 주요 패인은 절대적인 식수 부족이었다. 먹을 물이 없었던 독일군은 입이 바짝 마를 정도로 탈수증에 시달렸다. 그런 극단적인 갈증으로 독일군 1000명 이상이 무기를 버리고 투항했다.

한 잡지 기사는 이렇게 논평했다. "그런 믿기 어려운 일을 우연으로 넘길 수는 없다. 전능하신 하나님의 손이 다시 한번 나타난 게 분명했다. 중대한 문제가 걸린 앞날이 어떻게 될지 알 수 없는 상황에서 하나님이 개입하셔서 우리를 도우셨다."

웨일스 성경대학의 학생들은 전쟁의 나머지 기간 내내 계속 기도했다. 그러자 전투마다 나치가 패퇴했다. 마침내 1945년 5월 8일 연합군이 베를린에 진주하면서 유럽에서 최종적인 승리를 확정 지었다. 전쟁이 끝난 뒤에도 웨일스 성경대학은 선교사들을 세계 각지에 파견하면서 기도를 계속했다. 전쟁 내내 유대인들을 지원했던 리즈와 그의 학생들은 1948년 5월 14일 팔레스타인에 유대인 국가 이스라엘이 건설되는 것을 지켜보았다. 리즈에게는 일생일대의 축복이었다(리즈가 신앙적으로 영감을 받았던 모리스 루벤이 유대인이었기 때문이기도 했다). 리즈는 이스라엘의 건국을 보며 이렇게 적었다.

지난 2000년의 역사에서 성령의 가장 위대한 날 중 하나다. ……
그 오랜 세월 동안 세계 곳곳에 흩어졌던 유대인들이 그 나라에 다시 돌아올 것이라는 조짐은 하나도 없었다. 그러나 하나님께서는 아브라함과 언약을 맺은 지 4000년이 지난 지금 모든 나라를 불러 모아 팔레스타인 땅의 많은 부분을 이스라엘인들에게 돌려주도록 했다.

리즈는 남은 생애 동안 복음이 아무런 방해 없이 만민에게 퍼져 나갈 수 있도록 간구하는 기도를 계속했다. 그의 마지막 기도는 온 땅에 퍼져 나가고 있는 하나님의 종들을 후원하는 데 필요한 10만 파운드를 확보할 수 있도록 해 달라는 것이었다. 그 기도 역시 응답받았다. 그 직후 리즈는 자신을 지으신 창조주를 직접 만나러 갔다. 1950년 2월 13일 그는 이 세상을 떠나 사모하던 본향으로 향했다. "승리…… 할렐루야!" 그의 마지막 말이었다.

'기적'이라는 이름의 사나이

게리 미러클은 모든 것을 잃은 순간
성경에서 읽은 욥의 이야기를 되새기며 주님을 칭송한다.

그러므로 우리는 긍휼하심을 받고
때를 따라 돕는 은혜를 얻기 위하여
은혜의 보좌 앞에
담대히 나아갈 것이니라

−히브리서 4장 16절

내가 왜 모든 것을 잃게 되었을까? 욥이 가진 가장 큰 의문이었다. 얼마 전까지만 해도 그는 말 그대로 만사형통했다. 자녀가 열 명이었고, 그가 소유한 땅은 가축들로 가득했다. 그는 성읍에서 존경받는 사람이었다. 그가 거리에 나서면 젊은이들이 비켜섰다. 모든 사람에게 선행을 베풀어 "빈궁한 자의 아버지…… 맹인의 눈…… 다리 저는 사람의 발"로 불리기도 했다.

욥은 모든 일을 올바로 했다. 그런 그가 왜 갑자기 모든 것을 잃었을까?

2020년 초 플로리다주 록레지에 있는 한 병원, 게리는 독감이 패혈증으로 악화하면서 매우 위중한 상태로 병상에 누워 있었다. 의사들이 제시한 그의 생존 확률은 1.7퍼센트. 그는 성경의 욥기를 떠올리지 않을 수 없었다.

욥의 경우처럼 게리의 위기도 갑자기 찾아왔다. 그는 운동선수 출신으로 늘 건강했기 때문에 갑자기 온몸이 아프고, 한기가 들며, 머리부터 발끝까지 발진이 생기고, 숨이 차자 놀라지 않을 수 없었다. 그는 2019년 성탄절 직후 닷새 동안 네 번이나 응급실에 실려 갔다. "심장마비 같은 흉통에 시달렸다. 목에는 유리 조각이 들어 있는 것처럼 느껴졌다. 안정기의 심박수가 110이었다."

새해 전야에는 심한 패혈증 쇼크가 왔다. 모든 장기가 기능을 멈췄다. 가족과 친구들이 마지막 작별을 고하기 위해 그의 병상 곁에 모였다.

모두에게 너무나 충격적인 일이었다. 게리는 며칠 전만 해도 모두가 부러워하던 아버지의 삶을 누렸다. 재앙을 당하기 전의 욥처럼 그도 무엇 하나 모자람이 없는 삶을 살았다. 그는 서른여덟의 나이에 다른 삼십 대들에게는 요원해 보이는 '일과 삶의 균형'을 찾았다. 이전에는 자동차 판매 영업사원으로 주 70시간씩 일했지만 집을 사무실 삼아 디지털 마케팅 일을 시작한 뒤로는 네 자녀(5, 7, 8, 15세)와 함께 많은 시간을 보낼 수 있게 되었다. 그러면서 정신적으로 건강해졌고, 노후를 위한 준비도 착실히 할 수 있었다. 무엇보다 플로리다주에서 두 차례 육상 챔피언으로 이름을 날렸던 게리로서는 자녀들의 스포츠팀 코치를 맡을 수 있었던 것이 가장 큰 즐거움이었다.

게리는 매일 아침 아이들을 차에 태워 학교에 데려다주고, 9시부터 오후 5시까지 집에서 일한 다음 평일 저녁과 토요일에는 아이들의 스포츠팀을 지도했다. 일요일이면 교회에 나갔다.

게리와 그의 가족은 2019년 성탄절을 어느 때보다 더 즐겁게 보냈다. 그때는 아무도 생각하지 못했지만 그날이 그에게 마지막으로 정상적인 날이었다.

한 주가 지난 뒤인 2020년 1월 1일 게리는 헬기에 실려 올랜도에 있는 한 병원으로 이송되었다. 체외막산소화(ECMO) 장치를 사용할 수 있는 대형 병원이었다. ECMO 장치는 심폐 기능이 정상적이지 않은 환자의 순환기 기능을 보조하기 위해 사용한다. 게리는 앞과 뒤 그리고 좌우에서 번쩍거리는 화면들, 프로브(인체 내부 검사에 이용하는 길고 가느다란 기구), 수액 그리고 자신의 삶을 좌우할 결정 등 그 모든 것을 제대로 이해하지 못했다. 다만 의사가 가족들에게 큰 희망을 품지 말라고 말하는 것만 들었다. 그러고는 심정지가 왔다.

게리의 성은 '미러클(Miracle)'이다. 기적이라는 뜻이다. 의식 없이 죽음이 임박한 상태에서 11분이 지났다. 어려서 기적을 뜻하는 '미러클'이라는 성 때문에 많은 놀림을 받았던 그에게 진짜 '기적'이 필요한 시점이었다. 첫 번째 기적은 즉시 찾아왔다. 당직 의사가 마침 심장전문의였다. 게리가 살아나기 위해서는 여러 가지가 필요한 순서대로 정확히 맞아떨어져야 했다. 그 첫 단추를 끼운 것이 당직 의사였다. 그가 일단 게리를 소생시켰고 곧바로 ECMO 장치에 연결하기 위한 5시간의 수술이 시작되었다.

게리는 그다음에 무슨 일이 있었는지 기억하지 못한다. 혼수상태에 빠진 그는 산소가 풍부한 혈액을 핵심 장기로 재순환시켜 주는 ECMO에 의존했다. 계속되는 끔찍한 악몽이 그를 괴롭혔다. 악몽의 주제는 늘 같았다. "나는 늘 어딘가에 갇혀 있었다. 밖에는 사람들이 다니는 것을 볼 수 있었다. 나는 창문을 두드리며 살려 달라고 외쳤지만 아무도 거들떠보지도 않았다."

며칠이 지났다. 게리는 볼 수 없었지만 그의 병실 안에서는 소망 가득한 기도와 믿음이 그를 둘러싸고 있었다. 가족과 친구들이 돌아가며 찾아와서 그의 손을 잡았고, 그의 머리를 쓰다듬었다. 잠시도 그를 혼자 두지 않았다. 그들은 생존 확률 1.7퍼센트라도 하나님께서 개입하시기에 충분하다고 믿고 하나님께서 게리를 살려 달라고 열심히 기도했다.

그들이 출석하는 교회의 로비에는 2019년 성탄절에 찍은 게리의 가족사진이 붙었다. 사진을 찍을 당시에는 아무도 알지 못했지만 게리가 두 손으로 아이들의 어깨를 잡고 찍은 사진은 그것이 마지막이었다.

게리는 혼수상태에서 악몽에 시달린 지 열흘 만에 깨어났다. 병실 벽에는 성경 구절과 가족사진들이 가득 붙어 있었다. 나중에 게리는 이렇게 말했다. "우리 가족은 의사와 간호사들에게 그들이 어떤 사람의 생명을 구하고 있는지 확실히 알려 줄 생각으로 그 사진들을 붙였던 것 같다. 아버지이자 남편이자 형이자 아우이자 아들이자 친구인 나를 구하고 있다는 사실 말이다."

게리의 눈이 벽에서 아래로 향했다. 뭔가 아주 이상했다. 그의 손과 다리가 검은색이었다. 그의 심장과 신장, 폐, 뇌를 구하기 위해 사지의 끝부분을 희생시킨 결과였다. 그의 손과 다리는 혈액과 산소 결핍으로 차갑고 검게 변했다. 세포가 죽어 썩어 가고 있었다.

2주 뒤 게리의 아버지는 누구도 원치 않을 아들과의 대화를 할 수밖에 없었다. 그는 다른 사람들을 모두 병실 밖으로 나가 달라고 부탁한 다음 게리에게 손과 다리를 절단해야 한다고 설명했다. 육상 경주에서 그에게 우승을 안겼던 다리, 굳은 악수로 수천 건의 거래를 마무리했던 손이 아니던가? 그러나 어쩔 수 없는 일이었다.

게리는 "너무 힘든 이야기라 믿을 수 없었다"고 말했다. 그는 매일 27가지 약을 먹고 있었기 때문에 몽롱한 상태였다. 그런데 이제는 팔다리까지 절단한 채로 살아가야 한다고? 결정적인 순간이었다. 그는 과연 어떻게 반응했을까?

놀랍게도 팔다리 없이 살아야 한다는 사실이 하나님을 향한 게리의 믿음을 더 굳게 만들어 주었다. 그는 아버지에게 이렇게 말했다. "주시는 이도 주님이고 거두시는 이도 주님이죠. 지금은 우리 주님이 내 팔다리를 거두실 때인가 봐요. 그래도 나는 '주님의 이름을 칭송하겠습니다'라고 말할 겁니다."

게리는 자신이 대단한 기독교인이라고 생각하지 않는다. 그러나 열 살 때 예수님을 따르기로 결심한 이래 그는 늘 하나님은 선하시다고 굳게 믿었다. 그는 자동차 판매 영업사원이 되기 전에 청소년을 위한 목회자로 봉사했다. 크리스천 록밴드 머시미의 상품 판매를 돕다가 목회가 자신의 소명인지 확인해 볼 생각으로 그 일을 시작했다.

"나는 늘 사람들에게 하나님은 선하시다고 말했다. 그런데 이제 내 인생에 비극적인 일이 생겼다고 하나님은 선하시지 않다고 생각하면 되겠는가?" 게리 가족과 친구들의 믿음이 그를 든든히 뒷받침했다. 그들은 끊임없이 병실에 와서 그와 함께 기도했다. 게리는 자신이 병실에서 암울한 활력징후를 보여 주는 화면을 쳐다볼 때마다 친구들이 다가와서 오일을 발라 주고 치유를 위해 기도해 준 것을 기억했다. "그러면 활력징후 수치가 즉시 좋아졌다."

팔다리 절단이 불가피해지자 게리의 가족들은 절단 부위가 팔꿈치와 무릎 아래가 될 수 있도록 해 주실 것을 하나님께 기도했다. 팔꿈치와 무릎 관절이 살아 있으면 보철로 활동의 여지가 훨씬 클 수 있다. 그러나 그의 팔다리 조직이 심하게 손상되었기 때문에 장담할 수 없는 일이었다.

3월 17일 게리는 양손을 절단했다. 여드레 뒤에는 왼쪽 다리, 4월 22일에는 오른쪽 다리를 차례로 절단했다. 다행히 팔꿈치와 무릎은 보존할 수 있었다.

입원 기간이 길어지자 게리도 욥이 고난을 오래 겪으면서 달라져 가던 과정을 그대로 따라갔다. 주변의 사랑과 존경을 한 몸에 받던 상황에서 갈수록 멀어졌다. 몇 달이나 병실에 누워만 있으면서 겨우 인터넷으로 영화 스트리밍 서비스만 이용할 수 있었기 때문에 코로나19 팬데믹이 전 세계를 휩쓴 사실도 까마득히 몰랐다. 의료진이 갑자기 전신 방호복을 입고 그를 돌보자 그는 자신이 그들을 위험하게 만들고 있다고 생각했다. "나 때문에 그들이 감염될까 봐 방호복을 입는 줄 알았다." 그러나 그들이 착용한 전신 방호복은 게리를 코로나바이러스로부터 보호하기 위한 수단이었다. 그가 바이러스에 감염되면 연약한 면역체계에 치명타가 될 수 있기 때문이었다.

마침내 퇴원할 수 있었다. 새해 첫날 헬기로 병원에 이송될 때 그의 몸무게는 100킬로그램이 넘었지만 4월 1일 만우절에 퇴원할 때는 70킬로그램이었다. 팔다리를 절단한 데다 근육량까지 심하게 감소한 결과였다.

그러나 퇴원한다고 해서 결코 회복이 쉬운 것도 아니었다. 집 안의 복도는 전에는 아이들과 잡기 놀이를 하며 뛰어다니기에 충분할 정도로 넓었으나 이제는 전동 휠체어를 타고서 이동하기가 힘들 정도로 좁아 보였다.

머그잔으로 물을 마시려면 팔꿈치로 머그잔을 감싼 다음 가슴에 올바른 각도로 갖다 대야 가능했다. 그러다가 떨어뜨리기가 일쑤였다. 잔도 그렇고 전화기, 샴푸 등 이전에는 아무런 생각 없이 집었던 각종 물건을 걸핏하면 떨어뜨렸다.

진정 스스로 낮아지고 겸손해지는 것을 배워 가는 고통스러운 과정이었다. 과거의 게리는 사업 수완이 좋고, 교회에서는 독실한 신자이며, 모든 사람의 마음에 들게 행동하고, 언제나 긍정적으로 무슨 일이든 잘 해내는 사람이었다. 그러나 이제는 그런 사람인 척조차 할 수 없었다. 빨랫감을 세탁기에 던져 넣는다든가 포크와 나이프를 사용하는 것 등 과거에는 아무런 어려움 없이 바로 하던 일도 그에게는 너무 어려웠다.

"퇴원해 집으로 돌아가자 어떻게 살지 결단을 내려야 했다. 늘 소파에 앉아 신세 한탄이나 하며 진통제에 중독되어 살든가 아니면 하루 하나씩 일상생활에 필요한 기술을 익히며 살든가 둘 중 하나였다." 당연히 게리는 후자를 택했다. 가장 먼저 휴대전화 충전에 필요한 기술을 익히는 데 몰두했다. "첫 시도에서 전화기를 충전기에 연결하는 데 딱 3시간이 걸렸다."

땀과 눈물을 통해 일상생활의 요령을 하나씩 다시 배워 나갔다. 때로는 속이 상해 울음을 참을 수 없어서 소리를 내지 않으려고 베개에 얼굴을 파묻어야 했다. 빨랫감을 세탁기에 넣는 데 성공한 다음 혼자 옷을 입는 기술도 익혔다. 화장실을 혼자 이용할 수 있게 되면서 품위도 되찾을 수 있었다.

일상생활의 기술은 다시 익히는 것이지만 그 외에 완전히 새로 배워야 하는 것도 있었다. 혼자서 할 수 없음을 인정하고 남의 도움을 청하는 것이었다. 운동선수 출신으로 못 하는 일이 없었고, 독립심도 강한 남자로서는 무척이나 어려운 일이었다. 어느 날 그는 소파에 너무 낮게 앉아 있다가 휠체어에 옮겨 타려 했지만 몸을 일으킬 수 없었다. 시도하다가 볼품없게 미끄러져 바닥에 널브러졌다. 누군가 와서 도와줄 때까지 꼼짝할 수 없었다. 또 어느 날에는 화장실 벽에 걸린 두루마리 화장지를 너무 세게 당겼다. 화장지 걸이가 바닥에 떨어지며 쨍그랑 소리가 났다. 팔다리 절단과 기능 상실을 비유적으로 보여 주는 듯했다. 그래도 그는 낙담하지 않고 친구에게 화장지 걸이를 다시 달아 달라고 부탁했다.

그러나 잃은 것이 많은 가운데서 새로운 무엇인가가 자라고 있었다. 교회와 가족, 친구들이 게리의 손과 발이 되어 주었다. 그들은 미러클 가족이 필요한 모든 것에 도움을 주었다. 음식 만들기, 집 안 청소, 정원 가꾸기 그리고 특히 기도에서 큰 힘이 되었다. 곧 게리도 자신의 '손'을 모으고 그들과 함께 기도할 수 있었다.

2020년 여름 게리는 주문 제작한 의수와 보철 팔을 받았다. 그 검은 집게손은 로봇을 좋아하는 아이들의 탄성을 자아냈을 뿐 아니라 게리의 민첩함도 되살려 주었다. 그다음 해에는 주문 제작한 세 벌의 보철 다리를 받았다. 거기에는 달리기 경주용 의족이 포함되었다. 그는 바로 한 달 뒤 열린 3.2킬로미터 달리기에 참가했다. 또 수영용 의족(블레이드)도 있었다. 이제는 바다에 가서 수영도 할 수 있게 되었다.

게리는 이두박근 단련을 위해 팔꿈치 관절로 덤벨 바를 감싸고 가슴까지 끌어 올리는 운동을 했다. 유머 감각을 유지하기 위해 SNS에 글이나 사진도 올렸다. 한번은 보철 팔다리를 곁에 두고 바닥에 앉아 있는 자신의 사진을 올리며 'I'm beside myself'라는 설명을 달았다. '나는 제정신이 아니다'라는 관용구로 흔히 사용되지만 문자 그대로 '나는 내 곁에 있다'로 해석하면 보철이 자신의 분신이라는 강렬한 메시지가 드러난다. 이중적인 의미로 번득이는 유머 감각을 보여 준다.

게리는 성경을 꾸준히 읽으며 욥 이야기를 파고들었다. 그는 "나에겐 특히 욥기 42장 5절 '내가 주께 대하여 귀로 듣기만 하였사오나 이제는 눈으로 주를 뵈옵나이다'가 의미심장했다"고 말했다.

그 구절이 게리의 마음에 와닿았던 것은 이제 전도가 자신이 소명이라는 사실을 확실히 깨달았기 때문이다. 사실 청소년을 위한 목회자로서 그의 소명 의식은 다른 사람들에게 예수님에 대한 자신의 믿음에 관해 그처럼 명확히 말할 정도로 강하지는 않았다. 그러나 이제 그는 '게리 미러클이 말한다(Gary Miracle Speaks)'라는 전도 프로그램을 통해 미국 전역을 다니며 자기 경험을 나누고 예수님을 증거하기 시작했다. 특히 그는 청중에게 자신의 투쟁과 실패를 눈에 보이도록 완전히 드러내라고 권면한다. 그는 이렇게 설명했다. "나와 다른 사람 사이의 유일한 차이는 나의 투쟁은 눈에 뻔히 보인다는 것이다. 때로는 눈에 보이지 않는 투쟁이 더 무섭다. 나는 사람들에게 자신의 투쟁을 털어놓을 수 있는 사람을 찾아 마음을 나누기를 권한다."

밴드 머시미의 친구들이 그를 위해 쓴 히트곡 〈난 안 그럴 거라고 말해요(Say I Won't)〉의 뮤직비디오에 출연한 게리는 그 후 설교 요청과 팟캐스트 예약, SNS 활동 등으로 눈코 뜰 새 없이 바쁘다. 그는 자서전을 쓰기 시작했고, 자신의 웹사이트를 만들었으며, 자신의 심박수를 로고에 넣은 상품도 개발했다. 그 수치는 2020년 심정지 후 11분이 지나 소생했을 때의 첫 심박수를 나타낸다.

게리가 받은 새로운 생명은 하나님의 크나큰 은혜다. 그는 사지를 잃었지만 하나님은 그에게 더 멀리 더 높이 닿을 수 있는 능력을 주셨다. 과거 달리기 경주에서 우승했던 그는 이제 다리가 없어도 하나님이 그에게 명하신 경주 코스를 달리는 방법을 익혔다.

게리의 이야기를 들으면서 우리는 그의 회복에만 초점을 맞추기 쉽다. 그러나 그가 하나님을 신뢰하기로 굳게 마음먹은 순간도 회복만큼이나 놀랍다. "주시는 이도 주님이요, 거두시는 이도 주님이다"라는 문장은 가슴을 아프게 하면서도 큰 위로를 준다. 우리 삶의 모든 것을 좌우하시는 하나님의 권능을 인정하는 것이기 때문이다. 사지를 잃은 가운데서 "주님의 이름을 칭송하겠습니다"라고 말하기로 한 게리의 결정은 어두움의 심연에서도 하나님을 칭송하는 것이 가능하다는 사실을 우리에게 상기시킨다. 실제로 우리가 하나님의 선하심을 기억하면 삶의 가장 어두운 시기도 충분히 견뎌 낼 수 있다.

그 문장은 구약성경의 욥기에서 인용했다. 욥은 며칠 사이에 자녀와 재산을 잃고 마지막으로 자신의 건강까지 잃었다. 그는 자신이 하나님으로부터 버림받았다고 느낄 수밖에 없었지만 그럼에도 하나님을 향해 원망하지 않고 이렇게 말했다. "주신 이도 여호와시요 거두신 이도 여호와시오니 여호와의 이름이 찬송을 받으실지니이다"(욥기 1:21).

무엇이 이를 가능하게 할까? 우리는 하나님께서 우리의 환난 중에 우리와 함께하시겠다고 약속한 사실을 명심해야 한다.

욥은 이렇게 애통해했다. "하나님은 나처럼 사람이 아니신즉 내가 그에게 대답할 수 없으며 함께 들어가 재판을 할 수도 없고 우리 사이에 손을 얹을 판결자도 없구나"(욥기 9:32~33). 그러나 게리는 욥에 비하면 이점이 많다. 욥은 그리스도가 이 땅에 오시기 수 세기 전에 살면서 자신의 삶에 들어와 곁에서 고통을 나눌 수 있는 '중보자'를 단지 꿈꿀 수 있었을 뿐이지만 게리는 하나님께서 실제로 이 세상에 내려와 예수 그리스도로 육신을 취하시고 우리 곁에서, 우리와 함께 고난을 겪으셨다는 사실을 잘 안다. 예수님은 우리 인간의 고통과 수치, 취약함, 무력함을 그대로 당하셨으며, 지금도 하늘에 계신 그의 아버지 하나님과 우리 사이의 중보자로 계속 일하신다.

머시미의 〈난 안 그럴 거라고 말해요〉의 가사 중 일부는 이렇게 성경을 인용한다. "난 모든 걸 할 수 있죠/내게 힘주시는 그리스도를 통해서라면." 그러나 그다음은 게리의 독백이 이어진다. "그래서 난 안 그럴 거라고 계속 말할 거예요/그리고 난 당신이 틀렸다는 걸 증명할 거예요."

비극을 당할 때 슬퍼하는 것은 잘못이 아니다. 욥과 게리 미러클의 이야기가 강조하는 점은 그럴 때일수록 우리가 하나님께 더욱 가까이 다가가야 한다는 것이다. 우리가 약한 데서 하나님의 능력이 온전해지기 때문이다.

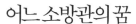

어느 소방관의 꿈

9·11 테러로 소방관 남편을 잃은 여성이
믿음으로 하나님의 평강을 체험한다.

모든 지각에 뛰어난 하나님의 평강이
그리스도 예수 안에서
너희 마음과 생각을 지키시리라

─빌립보서 4장 7절

열여섯 살인 앤 클라크는 극장 안을 찬찬히 둘러보았다. 저절로 상상의 나래가 펼쳐졌다. 열정적인 팬들로 가득한 장내. 부풀어 오른 앤의 마음은 관객의 환호성과 밝은 미소를 타고 크림색과 오렌지색으로 빛나는 천장까지 둥실 떠올랐다. 앤은 자신이 브로드웨이 무대에 서 있다는 사실을 믿을 수 없었다. 브로드웨이는 뉴저지주 출신의 십 대 댄서에게는 꿈의 무대였다.

갑자기 음악이 흘러나왔다. 앤은 정신이 번뜩 들었다. 그녀의 첫 오디션이었다. 관객은 단 4명. 주변에는 다른 댄서들이 서 있었다. 그들 전부 앤처럼 이번엔 반드시 배역을 맡고야 말겠다는 확고한 결의에 차 있었다. 앤은 꿈에 부풀어 자신이 무엇을 하고 있는지 잠시 잊었다. 그러나 곧바로 자세를 가다듬고 경사진 무대 위에서 조심스럽게 균형을 잡으며 좌우의 댄서들과 함께 음악에 맞춰 몸을 움직이기 시작했다.

지금 앤은 그때를 생각하며 잔잔한 미소를 짓는다. "발레는 아무리 노력해도 완벽할 수 없다." 단체경기와 달리 발레는 아주 개인적인 스포츠다. 언제나 자신보다 더 잘하는 사람이 있고, 자신에게 완벽하지 않은 점이 늘 있으며, 반드시 고쳐야 하는 잘못된 습관이 있다. 발레에서는 꿈처럼 완벽한 현실이 있을 수 없다.

앤은 오디션이 끝난 뒤 버스 정류장까지 걸어가면서 실제로 무대에 선 경험이 너무 황홀해 배역을 얻지 못했다는 사실에도 개의치 않았다. 그런 흥분은 버스를 타고 집으로 가는 내내 가라앉지 않았다. 집에 들어갔을 때도 그녀의 얼굴은 큰 미소를 머금고 있었다. 앤의 어머니가 딸아이의 표정을 보고는 남편의 팔을 꽉 잡으며 말했다. "어머나, 세상에! 우리 애가 배역을 땄나 봐요."

그러나 앤은 빙그레 웃으며 고개를 저었다. "아녜요. 하지만 난 오늘 진짜 브로드웨이 무대에 섰어요."

이제 그녀는 다른 꿈을 찾았다. 배역은 얻지 못했지만 무대에서 느낀 그 마법 같은 기분은 그녀의 진정한 열정에 불을 지폈다. 그 황홀한 느낌을 모든 사람과 함께 나누고 싶은 열정이었다.

앤은 영국 옥스퍼드에서 태어났다. 어머니는 영국인, 아버지는 미국인이었다. 앤이 두 살이 되었을 때 그들은 미국으로 이주해 최종적으로 뉴저지주에 정착했다. 그곳에서 허드슨강만 건너면 브로드웨이가 있는 뉴욕 맨해튼이었다.

앤은 열여섯 살 되던 해 무용에 푹 빠져 무용 강사로서 아이들을 가르치고 틈만 나면 브로드웨이 뮤지컬의 배역을 얻기 위해 오디션을 봤다. 그녀는 아이들을 가르치면서 자신이 느끼는 기쁨을 특별한 방식으로 다른 사람과 함께 나눌 수 있다는 사실을 발견하고는 그 일이 천직이라고 생각했다. 그러다가 스물한 살에 무용 강사 일자리를 잃고 말았다. 그녀는 망연자실해서 집으로 돌아와 아버지 곁에 놓인 의자에 풀썩 주저앉아 불평불만을 쏟아 냈다.

앤의 마음이 좀 진정되자 아버지는 차분히 그녀에게 새로운 길을 찾아보자고 제안했다. "자, 한번 잘 생각해 보자. 네가 지금 바라는 게 뭐지? 무엇을 하고 싶은지 말해 봐."

앤은 마음을 추스르고 잠시 생각해 본 뒤 말했다. "어린 여자아이들에게 발레를 가르치고 싶어요."

"그렇다면 그 일을 하려면 무엇이 필요할까?" 아버지가 물었다.

"우선 가르칠 장소가 있어야죠. 발레 바와 음악을 틀 레코드플레이어도 필요해요."

"그래, 생각 잘했어. 출발이 아주 좋은데." 아버지가 말했다. "그다음엔 교습소 이름도 지어야 하고 은행 계좌도 개설해야 하지."

아버지와 딸은 주방 식탁에서 머리를 맞대고 교습소를 차리는 데 필요한 모든 것의 목록을 작성했다.

그 당시 앤은 몰랐지만 그녀의 인생은 이루지 못한 꿈을 가진 또 다른 젊은이의 삶과 나란히 가고 있었다. 키 크고 마른 체격인 브루스 밴 하인은 청년 시절을 해군에서 보내고 제대 후 수목 관리사로 일했다. 하지만 그에게는 한 가지 다른 꿈이 있었다. 그는 소방관이 되고 싶었다. 실현 가능성이 없어 보여 다른 사람들에게 말하지 않고 그냥 마음 깊이 간직한 꿈이었다.

1973년 브루스는 뉴욕 남브롱크스에서 근무하는 소방관들의 삶을 기록한 책 《제82소방서의 보고서(Report from Engine Co. 82)》를 읽었다. 그는 나중에 "그 책에 나오는 소방대원들은 나로서는 꿈도 못 꿀 진정한 영웅들이었다"고 말했다.

브루스는 독실한 기독교 신자 집안에서 성장하면서 믿음이 인생을 지탱해 주는 기둥이라고 생각했다. 하이킹을 좋아하는 그는 미국 동북부의 애팔래치안 트레일을 걸으며 쉼터나 대피소마다 성경책을 놓아두었다.

반면 앤의 경우는 믿음이 그리 쉽사리 오지 않았다. "나는 성경과 영적인 성장에 관해 공부를 많이 했다. 이해 못할 게 없었다. 하지만 예수님과 교제하고 예수님을 사랑한다는 생각은 도저히 할 수 없었다."

앤은 성경 공부 모임에 참석하면서 그리스도에 관해 그들이 하는 말에 흥미를 느꼈다. 그녀는 좀 더 깊이 알고 싶다는 생각에 기독교 서점에 갔다. "내가 책들을 둘러보고 있는데 누군가 와서 '혹시 도움이 필요하세요?'라고 물었다. 그래서 내 삶에서 일어나고 있는 일을 대충 설명하자 그는 바로 '예수님을 구주로 받아들이고 싶으세요?'라고 물었다."

앤은 주저하지 않고 그러고 싶다고 답했다. 그러면서 모든 것이 달라졌다. 바로 그전까지 앤에게 하나님은 늘 아주 멀리서 우주 만물을 주관하는 존재였다. 그러나 이제 하나님은 매일 그녀의 삶에 함께하신다.

앤이 좋아하는 성경 이야기 중 하나는 하나님께서 모세에게 불붙은 떨기나무를 통해 이야기하시는 장면이다(출애굽기 3:4~12). 그 이야기에서 하나님은 모세에게 멀리서만 돕지 않고 바로 곁에 있겠다고 약속하신다.

앤이 그랬듯이 모세도 '원하는 그대로 이루어지지는 않는 꿈'이라는 문제와 씨름했다. 당시 애굽의 노예였던 히브리 사람으로 태어난 모세는 그리스도가 오시기 오래전에 애굽 왕국의 입양된 왕자가 되었다. 모세는 자신의 삶이 어느 길로 가고 있는지 안다고 생각했다. 그가 애굽의 왕궁에 들어가게 된 데는 분명 무슨 이유가 있다고 믿었다. 모세는 다 계획이 있었다. 입양되었지만 왕자라는 자신의 특권적 지위를 이용해 잔혹한 애굽인 지배자들로부터 동포인 노예들을 보호하는 것이었다. 그 꿈은 고결했지만 곧바로 산산조각이 났다. 그는 히브리인 노예를 학대하는 애굽인 감독을 살해한 뒤 도망자 신세로 멀리 피신할 수밖에 없었다.

특히 모세는 그렇게 된 과정이 너무 가슴 아팠다. 그의 도움으로 학대를 면한 노예가 모세의 애굽인 감독 살해를 비밀로 하지 않고 악의적인 잡담거리로 널리 퍼뜨렸다. 그 사실을 안 애굽 왕이 살인 혐의로 모세를 체포하려 하자 그는 이집트를 떠나 미디안 땅의 유목민 부족에 의탁했다. 모세는 그다음 40년 동안 광야에서 양 떼를 쳤다(출애굽기 2:11~22).

그처럼 지루한 일상이 계속되던 중 어느 날 모세는 불꽃이 튀는 떨기나무를 보았다. 그 나무는 불이 붙어 있었지만 무슨 이유에서인지 타서 없어지지는 않았다. 그 떨기나무의 불꽃 가운데서 하나님이 모세에게 말씀하셨다. 몹시 어려운 일을 하라는 명령이었다. "내가 애굽에 있는 내 백성의 고통을 분명히 보고 그들이 그들의 감독자로 말미암아 부르짖음을 듣고 그 근심을 알고…… 이제 가라…… 내가 너를 바로에게 보내어 너에게 내 백성 이스라엘 자손을 애굽에서 인도하여 내게 하리라."

그러자 모세는 이렇게 물었다. "내가 누구이기에 바로에게 가며 이스라엘 자손을 애굽에서 인도하여 내리이까?"

하나님이 말씀하셨다. "내가 반드시 너와 함께 있으리라."

앤의 경우도 비슷했다. 1975년 당시의 상황을 고려할 때 스물한 살의 여성으로서 발레 교습소를 직접 운영하기는 여간 어려운 일이 아니었다. 그 과정에서 이런 생각도 했다. 이제 겨우 성인이 되었는데 이건 너무 힘든 일이야. 내가 누구인데 사업을 시작한다는 말인가? 하지만 앤이 걷는 걸음 하나하나에 그녀의 아버지가 함께했다. 물론 하나님도 바로 곁에 계셨다.

아무도 의식하지 못한 일이지만 어느덧 브루스 밴 하인도 그녀 곁에 있었다. 앤은 일자리를 잃은 바로 그날 브루스를 만났다. 그가 불쑥 문 앞으로 찾아왔다. 친구의 친구인 그가 그냥 안부 인사차 들러 본 것이었다. 첫눈에 반했다고 할 수는 없다. 첫 데이트 후 앤은 한 친구에게 그가 닭살 돋게 하는 남자라고 흉을 봤다.

앤과 브루스는 1980년 결혼했다. 서로 무슨 말을 해도 편한 상태가 되자 앤은 브루스에게 "내 닭살"이라고 애정 어린 농담을 했다. 브루스는 무대와 무용의 세계를 전혀 몰랐지만 앤이 하는 모든 일을 전심으로 응원했다. 앤의 연례 공연이 있는 날이면 그는 늘 휴가를 내어 준비를 도우며 격려했다.

브루스는 다른 사람들의 정원수를 돌봐 주는 일을 했다. 연중 내내 일이 있는 것은 아니었기에 비수기에는 허드렛일을 찾았다. 벌이가 신통찮았다. 어느 날 아침 브루스가 주방 식탁에 앉아 신문에 난 구직 광고를 살필 때 앤이 곁에 앉았다. 남편이 관심이 가는 구직 광고에 동그라미를 치고 있는 동안 앤은 그를 물끄러미 쳐다보았다. 그녀는 자신의 꿈이 달라지긴 했지만 그래도 늘 그 꿈을 추구해 온 지난 세월을 돌아보며 브루스에게 물었다. "당신은 어릴 때부터 어떤 일을 하고 싶었어요?"

브루스는 두 번 생각하지 않고 말했다. "소방관이 되고 싶었어요." 그는 잠시 뜸을 들인 뒤 다시 강조했다. "진짜 소방관!"

"진짜라고요?"

"그래요. 뉴욕시의 소방관이 되고 싶었어요." 그가 말했다.

"그렇다면 꿈을 따라야죠."

브루스는 1981년 소방관이 되기 위한 훈련을 신청했다. 하지만 훈련을 마친 후 그의 뉴욕시 소방관 지원서는 관공서의 복잡한 요식 절차에 휘말려 계속 계류되었다. 그동안 그는 웨스트포인트에서 소방관으로 채용되어 일하면서 자신의 꿈인 뉴욕시 소방관이 되기는 틀렸다고 생각했다. 그의 지원서가 어떻게 되었는지 아무 소식이 없었기 때문이다. 그러다가 1990년 마침내 브루스는 뉴욕시 소방청에 채용되었다. '진짜 소방관'이 되고 싶다는 그의 꿈이 이루어졌다.

가슴 벅찬 기쁨과 긍지를 느낀 그는 곧바로 아내에게 편지를 썼다. "나는 '뉴욕시의 소방관이 되기는 역부족인가 보다'라고 생각했어요. 자기의 격려와 사랑이 없었다면 해내지 못했을 거요. 자기와 오늘의 이 기쁨을 주신 하나님께 감사를 드리고 싶어요. 언제나 당신을 사랑해요."

※ ※ ※

"소방관은 전원 지금 즉시 근무지로 복귀하라."

11년 뒤였다. 고속도로에서 운전하고 있던 앤은 좋지 않은 예감에 차의 라디오 볼륨을 높였다. 그녀가 알기로 뉴욕시가 일반 라디오 채널로 소방관들을 소집하는 경우는 없었다. 뭔가 아주 특이한 일이 일어난 게 분명했다. 라디오 뉴스 진행자가 물었다. "테러 공격인가요? 전쟁 났어요?"

2001년 9월 11일 아침이었다. 비행기 두 대가 뉴욕 세계무역센터 쌍둥이 빌딩을 들이받았다는 사실만 확실할 뿐 정확히 무슨 일이 일어났는지 아는 사람은 앤의 주변에 없었다.

'주여, 브루스를 보호해 주세요.' 앤은 기도했다. '무사히 집으로 돌려보내 주세요.'

앤은 십 대인 두 딸아이를 학교에서 조퇴시켰다. 통화량 폭주로 브루스와 전화 연결이 되지 않자 그녀는 부모님 집으로 차를 몰고 갔다. 아버지는 앤을 진정시키려고 애썼다. "얘야, 네 남편은 안전할 거야. 복귀 명령이 떨어진 시점부터 시간을 계산해 보면 세계무역센터가 완전히 무너지기 전에 브루스가 근무지 브롱크스 소방서에서 그곳 맨해튼 남단까지 갈 수는 없어."

그래도 앤은 마음을 놓을 수 없었다. 브루스는 뉴욕시 소방관으로 채용되자마자 곧바로 소방차를 타고 현장으로 나갔다(그의 옛 동료는 2020년 미군 웹사이트에 실린 인터뷰에서 그런 경우가 아주 드물다며 브루스가 일을 그만큼 잘했다는 뜻이라고 설명했다). 곧 브루스는 특수작전지휘부인 41분대에 배속되었다. 앤은 그들이 다른 분대가 할 수 없거나 하지 않는 특수 임무를 거의 매일 수행한다는 사실을 알았다. 너무 위험한 일이라 소속 대원들은 자신들이 무슨 일을 하는지 가족에게조차 말하지 않았다. 그 분대 소속이라면 브루스와 동료들은 다른 소방관들보다 더 빨리 세계무역센터에 파견될 수 있었다.

자정 직전 집 밖에 차가 멈춰 서는 소리가 들렸다. 앤은 창밖을 내다보고 싶었지만 눈을 꼭 감고 기도했다. '제발 우리 집에 오지 않게 해 주세요.' 그러나 바로 초인종이 울렸다. 소방관 두 명이 문 앞에 있었다. 앤은 그들을 들어오게 했다. 세 사람은 한동안 말없이 어색

하게 서 있었다.

"그냥 말하세요." 앤이 더 이상 참지 못하고 말했다.

"남편분이 실종 상태입니다."

✻ ✻ ✻

그다음 며칠 동안 앤은 거의 아무런 생각을 할 수 없었고, 무엇에 집중할 수도 없었다. 그저 이전에 수없이 읽었던 성경 구절만 반복해서 되새겼다. "형제들아 무엇에든지 참되며 무엇에든지 경건하며 무엇에든지 옳으며 무엇에든지 정결하며 무엇에든지 사랑받을 만하며 무엇에든지 칭찬받을 만하며 무슨 덕이 있든지 무슨 기림이 있든지 이것들을 생각하라"(빌립보서 4:8).

어느 날 그 구절을 다시 읽던 앤의 눈이 그 앞 구절로 향했다. 바로 그 순간을 위해, 또 자신을 위해 기록된 것처럼 느껴지는 대목이었다.

주 안에서 항상 기뻐하라 내가 다시 말하노니 기뻐하라

너희 관용을 모든 사람에게 알게 하라 주께서 가까우시니라

아무것도 염려하지 말고 다만 모든 일에 기도와 간구로, 너희 구할 것을 감사함으로 하나님께 아뢰라

그리하면 모든 지각에 뛰어난 하나님의 평강이 그리스도 예수 안에서 너희 마음과 생각을 지키시리라

-빌립보서 4장 4~7절

앤은 기도할 때면 자주 그 평강을 느꼈다. 그러나 그날은 거기서 다른 구절이 그녀의 시선을 사로잡았다. "주께서 가까우시니라"였다.

앤은 성경에서 가장 좋아하는 불붙은 떨기나무 이야기를 다시 생각했다. 모세는 하나님께 물었다. "내가 누구이기에 바로에게 가며 이스라엘 자손을 애굽에서 인도하여 내리이까?" 그러자 하나님께서 말씀하셨다. "내가 반드시 너와 함께 있으리라."

앤은 하나님께서 모세의 질문에 맞는 답을 하지 않으셨다는 사실을 깨달았다. 모세가 자신은 그 일을 할 만한 위인이 못 된다고 느꼈는데도 하나님께서는 그 일에 모세를 선택한 이유를 설명하지 않으셨다. 또 "따지지 말고 그냥 내가 하라는 대로 해"라고 말씀하시지도 않았고, 모세가 그 어려운 일을 해야 하는 것이 왜 중요한지 자세히 알려 주시지도 않았다. 그러나 "내가 반드시 너와 함께 있으리라"라는 하나님의 답변은 다른 어떤 설명보다 훨씬 더 개인적이고 강렬했다.

앤이 스물한 살에 발레 교습소를 차렸을 때 그 모든 일을 혼자 감당하기가 힘들었지만 그녀의 아버지가 늘 곁에 있었다. 지금 그녀는 그때까지 겪은 어떤 일보다 훨씬 더 어렵고 고통스러운 상황에 부닥쳤다. 인생의 동반자였던 브루스 없이 미지의 세계에 들어가야 하는 것이 너무 두려웠다. 그런데 이제는 하늘에 계신 아버지가 그녀에게 말했다. "내가 반드시 너와 함께 있으리라."

✳ ✳ ✳

맨해튼의 세계무역센터 쌍둥이 빌딩이 무너진 지 일주일이 지난 9월 18일 화요일, 앤은 뉴욕시 소방청 회의에 참석했다. 맨해튼 중심부의 넓은 호텔 연회장에서 시장과 주지사, 소방청장, 검시관은 배우자와 가족들에게 대부분 이미 각오하고 있던 소식을 전했다.

"지난 5일 동안 생존자를 발견하지 못했습니다." 한 관리가 말했다. "이제 우리의 주안점을 구조에서 복구로 옮겨야 할 때입니다." 그는 침통하게 아래를 내려다봤다. "중장비를 동원해야 할 시점입니다."

다른 소방관들은 포기할 생각이 없었다. 그들은 수색을 계속하고 잔해를 치우면서 희망의 끈을 놓지 않았다.

그러나 앤은 브루스가 돌아오지 않으리라는 사실을 알았다. 복구대원들이 시신을 찾을 가능성도 크지 않았다. 앤이 브루스의 추모식을 준비하자 딸아이들이 물었다. "만약 우리 생각이 잘못되었다면요? 그들이 아빠를 찾으면요?"

"나도 아빠가 자기 추모식에 걸어 들어온다면 더 바랄 게 없겠어." 앤이 아이들을 부드럽게 타일렀다.

브루스의 추모식은 2001년 9월 29일 열렸다. 앤과 가족들이 교회에 도착했을 때 뉴욕 소방청의 사다리 소방차 두 대 사이에 거대한 성조기가 걸려 있었다. 추모식은 찬송과 기도, 추모사와 눈물로 가득했다. 슬픔 속에서 식이 끝나고 교회를 나선 앤과 가족들은 밖에 도열한 소방관들 앞을 지나갔다.

백파이프 연주는 없었다. 앤이 그 연주까지 듣기에는 너무 마음이 아프다며 생략해 달라고 요청했기 때문이다. 고요함 속에서 소방관들이 정면을 뚫어지게 쳐다보는 가운데 앤의 귀에 들린 것은 보도에 부딪히는 자신의 구두 소리뿐이었다.

＊ ＊ ＊

앤의 어머니는 제2차 세계대전 중 나치 독일의 폭탄이 떨어지는 영국에서 성장했다. 그래서 늘 이렇게 말했다. "미국인들은 자기 나라가 공격당하는 것이 어떤지 모를걸."

그러나 이제 앤과 가족들은 그것이 어떤지 알았다.

9월 11일 이후 앤과 같은 유가족들은 개인적인 슬픔을 뒤로 하고 테러를 규탄하는 공식적인 집회에 자주 참석해야 했다. 테러 공격이 미국과 세계에 충격파를 던지면서 모두가 유가족을 지지하고 존중하고자 했다. 앤과 딸들은 수많은 행사에 초청되었다. 그들은 저명인사를 만나고 많은 선물을 받았다. 그 덕분에 앤은 난생처음 새 차를 소유하게 되었다.

앤은 발레 교습소 일을 다시 시작했다. 거기서는 여전히 "미스 앤"이지만 다른 곳에서는 이제 "뉴욕시 소방관의 미망인 밴 하인 여사"로 불렸다. 앤은 언론 인터뷰도 했고, 여러 행사에 초청되어 "몇 마디 해 달라"는 요청을 받았다.

2005년 앤과 딸들은 백악관에 초청받았다. 거기서 앤은 브루스 대신 의회에서 수여하는 무공훈장을 받았다. 2016년에는 유럽의회에 연사로 초청받았다.

앤은 그 일에 관해 하나님께 이렇게 물었던 것을 기억한다. "주님, 그들이 어떻게 생각할까요? 제가 누구라고 유럽의회에서 연설을 하나요?" 앤은 자신이 그렇게 말하는 것을 들으며 모세가 하나님께 던진 질문이 떠올랐다. 무엇보다 하나님께서 모세에게 한 대답을 기억했다. "내가 반드시 너와 함께 있으리라." 하나님은 늘 그녀에게 그렇게 말씀하셨다.

앤은 2006년 3월부터 과거 세계무역센터가 서 있던 곳에 세우는 박물관 건설 현장을 둘러보는 투어를 이끌었다. 그녀는 자신을 "이야기 지킴이"라고 부르며 하나님께서 9·11기념박물관 건설을 위한 자원봉사를 사용하셔서 자신에게 여러 방식으로 말씀하신다고 말했다. 지금까지 앤은 그런 투어를 500회 이상 안내했고, 그동안 그곳에서 9·11기념공원, 9·11기념박물관, 리버티파크의 완공과 프리덤타워의 건설을 지켜보았다.

앤은 《무너져 내리는 조각들: 믿음과 가족, 뉴욕시 소방청과 함께 9·11 극복하기(Pieces Falling: Navigating 9/11 with Faith, Family, and the FDNY)》라는 제목의 회고록을 썼으며, 지금도 9·11기념박물관을 돕는 자원봉사를 계속한다.

앤은 이렇게 말했다. "때로는 꿈이 변한다. 브로드웨이 무대에서 춤추고 싶었던 나의 꿈은 어린 여자아이들에게 발레를 가르치는 소중한 일로 변했다. 브루스의 경우 뉴욕시 소방관이 되겠다는 꿈을 처음엔 그냥 접었지만 그 꿈을 다시 발견하고는 다시 태어났다. 사랑하는 사람과 함께 늙어 가고 싶다는 나의 꿈은 9·11로 사라지고 나는 또 다른 꿈을 가져야 했다. 하지만 나의 삶이 어떤 식으로 흘러 가더라도 하나님을 신뢰할 수 있다는 사실을 나는 안다. 일어나는 일이 마음에 들지 않고 이해할 수 없을 때도 나는 혼자가 아니다. 이 인생길에 그분이 늘 동행하신다."

치마요 예배당의 순례자

순례는 기도에 응답하시는 하나님을
구하는 것이 얼마나 중요한지 일깨운다.

너희가 온 마음으로
나를 구하면 나를 찾을 것이요
나를 만나리라

—예레미야 29장 13절

일곱 살 난 오스틴 캐넌은 아버지가 운전하는 올즈모빌 자동차의 해어진 좌석을 쓰다듬었다. 여름의 건조하고도 뜨거운 열기로 공기에서 퀴퀴한 냄새가 났다. 하지만 오스틴은 아버지가 운전하는 차를 타고 아버지와 함께 있으니 더 바랄 게 없어 마냥 신이 났다.

오스틴의 아버지는 과묵한 성격이었다. 숫기가 없는 게 아니라 그의 내면에서 조용한 힘이 뿜어져 나왔다. 오스틴이 나중에 알게 된 사실이지만 그런 극기심은 아버지가 미군 해병으로 제2차 세계대전의 태평양전쟁에 참전했을 때 끔찍한 이오토(이오지마) 전투를 겪으면서 몸에 밴 것이었다. 하지만 그는 그 전투에서 어떤 일을 겪었는지는 아무에게도 말하지 않았다.

그날은 여느 날과 다르지 않아 보였다. 그러나 오스틴과 아버지는 곧 어느 낯선 남자의 목숨을 구하게 된다.

오스틴은 별생각 없이 앞을 바라보다가 트럭 한 대가 갑자기 중심을 못 잡고 뒤집히면서 고속도로 밖으로 튕겨 나가는 것을 보았다. 오스틴은 앞을 가리키며 소리 질렀다. 아버지는 이미 조심스럽게 차를 도로 곁에 세우고 있었다.

오스틴은 아버지가 뒤집힌 트럭 쪽으로 매우 침착하게 성큼성큼 걸어간 것을 기억했다. 엔진에서 연기와 증기가 새어 나왔다. 아버지는 트럭 운전자의 팔을 두 손으로 잡고 신속하게 좌석에서 끌어내렸다.

아버지는 그 운전자의 전신을 재빨리 살폈다. 아버지의 표정이 모든 것을 말해 주었다. 운전자는 최대한 빨리 응급치료를 받아야 했다. 아버지는 다시 뒤집힌 트럭을 보며 추가적인 위험이 있을지 확인했다.

오스틴이 호기심에서 트럭 쪽으로 다가가자 아버지가 말했다. "그 트럭에서 떨어져. 불이 날 수 있어." 트럭 운전자는 피를 흘리고 있었고 움직일 수 없었다. 아버지가 오스틴에게 말했다. "이 사람과 함께 있으면서 정신을 잃지 않게 계속 말을 붙여. 무엇을 하든 절대로 자리를 떠나서는 안 돼."

아버지가 도움을 구하러 차를 몰고 떠나자 오스틴은 와락 겁이 났다. 이 남자에게 무슨 말을 하고 무엇을 해야 할까? 오스틴은 멀어져

가는 아버지의 차를 보며 두려움과 함께 긍지도 느꼈다. '아버지가 믿어 준다면 나도 할 수 있어.'

오스틴은 트럭 운전자 옆에 주저앉아 농민이라면 알 만하다고 생각되는 것에 관한 이야기를 꺼냈다. 수박이었다. 수박이 다 자라면 얼마나 커지는지, 또 자기는 수박을 너무 좋아한다는 이야기를 두서없이 늘어놓았다.

나중에 반백이 되었을 때 오스틴은 그때의 일과 살면서 겪은 다른 사건들을 회상하며 이렇게 말했다. "어릴 때는 주변에서 일어나는 일의 중요성과 의미를 잘 인식하지 못한다. 대단한 일일 수 있지만 당시에는 그냥 일어나는 일일 뿐이라고 여긴다. 하지만 나중에 돌아보면 '정말 놀라운 일이었군' 하고 깨닫게 된다." 이제 오스틴은 부상한 트럭 운전자를 위해 그들이 한 일이 얼마나 중요했는지 이해한다. 그의 생명을 구했기 때문이다. 오스틴은 이렇게 말했다. "그 사람에게는 우리가 바로 거기에 있었다는 사실 자체가 기적이었다. 지금 생각해 보면 그날 나는 진짜 남자가 되기 시작했다."

그날 오스틴은 자신과 아버지가 일상적이고 평범한 길을 가고 있다고 생각했지만 사실은 특별한 영적인 사명을 띠고 있었다. 우리가 눈에 보이지는 않지만 늘 위험과 기회가 가득한 영적인 세계의 길을 가고 있다는 사실을 기억하는 것이 그리스도인으로서 살아가는 데 매우 중요하다. 우리가 걷는 그 길은 종종 어둡고 구불구불하다. 그처럼 험난한 길을 갈 때 우리는 반드시 하나님을 신뢰하고 의지해야 한다. 우리는 모두 반드시 치러야 할 전투가 있다. 따라서 음침한 계곡을 통과할 때는 반드시 그 전투에서 이기는 데 도움이 되는 원칙과 행동이 필요하다.

"나는 어릴 때 독립성이 강하도록 양육되었다. 독자적으로 생각하고 선택한 뒤 스스로 책임지도록 말이다." 오스틴이 말했다. 오스틴의 어린 시절 내내 아버지가 그의 곁에 있었다.

다윗은 잘 알려진 시편에서 이렇게 노래했다. "내가 사망의 음침한 골짜기로 다닐지라도 해를 두려워하지 않을 것은 주께서 나와 함께하심이라 주의 지팡이와 막대기가 나를 안위하시나이다"(시편 23:4). 이 시편의 주제는 우리가 인생의 어둡고 험한 골짜기를 지날 때 하늘에 계신 아버지이신 하나님이 늘 우리와 함께하신다는 것이다. 오스틴은 자신의 인생 고비마다 자신의 친부인 아버지가 그런 역할을 했다고 느낀다.

오스틴의 아버지 로버트 트래비스 캐넌 해병 상병은 태평양전쟁에서 조국을 위해 용맹스럽게 싸웠다. 그는 이오토에 상륙한 2진에 속했다. 그가 소속된 미 해병 28연대는 엄청난 희생을 치렀지만 결국 일본군을 격파하고 그 섬에 성조기를 세워 올렸다.

오스틴은 이렇게 말했다. "아버지는 전쟁의 참상을 많이 목격했다. 그는 이오토에서 엿새 반나절 동안 전투를 치르다가 결국 부상을 당해 병원선으로 후송되었다." 전투에서 살아남은 군인은 누구나 하나님이 베푸신 기적을 선물받은 것이다. 오스틴에 따르면 그의 아버지 캐넌 상병은 "믿음 자체가 총알을 막아 주지는 않는다"고 생각했다. "그러나 믿음은 그를 강하게 만들어 주었다. 미래지향적으로 생각하고 또 동료를 도와줄 힘이 되었다. 믿음은 아버지가 이 세상을 살아가는 데 큰 도움을 주었다. 그가 전쟁에서 살아남은 것은 그 덕분이었다."

그러나 오스틴이 아버지와 똑같은 길을 가기 위해 입대하겠다고 했을 때 그는 뜻밖의 반응을 보였다. "아버지는 빙긋 웃으며 '군에 가지 말고 대학에 진학해'라고 했다. 그런 다음 나와 내 동생을 보며 '너희 둘의 몫이 되고도 남을 만큼 이미 내가 국가에 충분히 헌신했어'라고 그 이유를 설명했다."

오스틴의 아버지는 앞으로 닥칠 힘든 날이나 어려운 상황도 노력하면 얼마든지 극복할 수 있다는 사실을 아들들에게 자주 상기시키며 늘 긍정적인 자세를 유지하는 것이 중요하다고 강조했다. 사실 그들이 겪은 어떤 일도 아버지가 겪은 이오토 전투에 비하면 아무것도 아닐 수 있다.

트럭 전복 사고가 난 그날 오스틴의 아버지는 트럭이 폭발하지 않을 것이라고 확신하고 운전자를 구조했다. 오스틴은 그게 아버지가 가졌던 믿음이었다고 생각한다. "그는 그 운전자를 도움으로써 올바른 일을 했고, 그렇게 함으로써 자신도 도움을 받을 것이라고 믿었다."

✻ ✻ ✻

하나님은 우리를 홀로 내버려 두시지 않는다. 우리는 혼자라고 느낄 때가 있지만 실제는 그렇지 않다. 하지만 하나님은 우리에게 감당할 수 없다고 생각되는 일을 맡기실 수 있다. 우리가 그런 도전을 겪지 않으면 성장할 수 없다는 사실을 아시기 때문이다. 우리는 인생을 게임처럼 쉽게 여겨서는 안 된다. 그런데도 흔히 우리는 왜 그토록 견디기 힘든 고난을 겪어야 하는지 이해할 수 없다고 생각하고 고난을 견디는 것이 전혀 의미가 없다고 느끼기도 한다. 그러나 사도 바울은 이렇게 말했다. "우리가 환난 중에도 즐거워하나니 이는 환난은 인내를, 인내는 연단을, 연단은 소망을 이루는 줄 앎이로다 소망이 우리를 부끄럽게 하지 아니함은 우리에게 주신 성령으로 말미암아 하나님의 사랑이 우리 마음에 부은 바 됨이니"(로마서 5:3-5).

오스틴은 지금까지 살면서 많은 어려움을 겪었지만 어렸을 때부터 아버지가 불어넣어 준 힘으로 버틸 수 있었다고 믿는다. 그는 기독교인으로 성장했고 믿음을 완전히 잃은 적은 없으나 한동안 하나님에 대한 믿음이 약해지기도 했다고 인정한다.

하지만 주변을 둘러보면 그처럼 삶에서 믿음이 뒷전으로 밀려나는 경우가 적지 않다. 우리 사회가 종교성을 잃어 가면서 삶이 힘들 때 하나님이 개입하실 능력이 있다고 믿는 사람이 갈수록 줄어든다. 갤럽의 여론조사에 따르면 2022년 6월 기준으로 미국인의 81퍼센트가 하나님을 믿는다고 응답했지만, 그중 절반은 자신들이 믿는 하나님은 자신들의 일에 개입하지 않으며, 기도에 응답하지도 않는다고 생각했다.

놀라운 현상이다. 이 여론조사 결과는 무조건 하나님을 믿는 것만으로는 충분하지 않다는 사실을 말해 준다. 하나님이 계심을 믿되 역사하시는 하나님을 믿지 않는다는 것은 하나님이 주시는 놀라운 은혜의 혜택을 외면할 뿐 아니라 어떤 경우에도 기도의 응답을 받을 수 없다고 단정한다는 의미다. 실제는 그렇지 않은데도 아버지가 자신에게 아무런 관심을 보이지 않는다고 오해하는 것과 마찬가지다.

오스틴도 기도의 응답에 관해서는 별 관심이 없었다. 그러다가 2018년 12월 16일 일요일 아침 그의 정신을 번쩍 들게 만드는 경종이 울렸다. 보통 그는 일요일이면 일찍 일어나 자전거를 타거나 긴 시간 산행을 하거나 스키를 탄다. 그러나 그날 아침에는 특별한 이유 없이 그냥 집에 좀 더 머물며 동거녀와 시간을 보내고 싶었다.

오스틴은 지금 돌이켜 볼 때 그 결정이 자신의 인생을 바꿔 놓은 기적의 첫 부분이었다고 생각한다. 오랫동안 그는 하나님에 대한 믿음이 약해진 상태였다. 그러나 그날 아침에 일어난 일이 가라앉은 그의 믿음을 단숨에 일으켜 세웠다. 그가 동거녀인 로라 포스트와 앉아 이야기를 나누는 동안 뇌졸중의 첫 증상이 왔다. 로라는 오랜 경력을 가진 간호사로 그런 상황에서 어떻게 해야 할지 잘 알고 있었다.

로라의 신속한 판단으로 오스틴은 즉시 응급실로 실려 갔다. 골든 타임을 놓치지 않는 것이 관건이었다. 희한하게도 단계마다, 고비마다 정성을 다해 그를 치료하고 돌봐 주는 전문의들이 등장했다. 마치 예정되어 있었던 것 같았다. 나중에 오스틴은 만약 그날 늘 하던 대로 시외의 한적한 도로로 자전거를 타러 나갔다가 뇌졸중이 왔다면 지금의 그는 없었으리라 생각하며 하나님께 감사한다.

오스틴은 그 위기를 극복하는 데 자신의 낙관적인 태도도 큰 도움이 되었다고 믿는다. 그는 아버지가 임종을 앞두고 있을 때 곁에서 그에게 과거의 좋은 시절을 떠올릴 수 있도록 재미있게 농담했던 것을 기억했다. 이제 자신의 병상에서 오스틴은 아버지를 위해 했던 그대로 자신에게 했다. "우리는 모든 일을 아주 심각하게 생각할 수 있다. 하지만 가볍고 재미있게 볼 수도 있다. 심각하기보다 가볍게 보면서도 힘든 상황에 용기 있게 대처할 수 있다."

간호사가 들어와 오스틴을 보고 놀라는 표정을 지었다. 오스틴이 웃고 있었기 때문이다. 그는 모든 일이 잘된다고 마음먹고 재미있는 일을 계속 생각했다.

뇌출혈이 심해지지 않았다. 집중치료실에 있는 사흘 동안 출혈은 점차 줄어들었다. 또 천만다행으로 출혈이 발생한 위치가 뇌간 부근이다. 운동 기능에만 영향을 미쳤지 인지 기능은 손상이 없다는 뜻이다. 오스틴은 기억을 포함해 중요한 정신 기능을 전혀 잃지 않았다. 그러나 말하는 능력은 잃었고, 신체의 오른쪽이 마비되었다. 그 기능들을 복구하기 위해 장기간 재활치료를 받아야 했다. 지금도 발음이 약간 부정확하고 움직일 때 몸의 민첩성이 조금 떨어진다. 하지만 텍사스식 억양을 띤 그의 목소리는 분명하며, 이제 자전거와 스키도 조금씩 탈 수 있다.

의사는 그를 보며 고개를 설레설레 저었다. "이런 회복은 난생처음 봐요. 뇌출혈을 겪으면 보통은 이렇게 회복이 빠르지 않은데 환자분의 경우는 완전히 예외인데요."

뇌출혈의 시련을 겪으면서 오스틴은 하나님의 임재와 신실하심을 새롭게 믿게 되었다. 그는 자신의 회복과 치유가 믿음과 긍정적인 사고방식 덕분이라고 본다. 하지만 그는 이렇게도 말했다. "이제 나는 주님의 권능이 일으키는 기적을 확실히 믿는다."

오스틴은 신자들이 믿음을 더욱더 강하게 하고 하나님과의 관계를 더욱 굳건히 할 필요가 있을 때 찾아가는 뉴멕시코주의 순례 성지에 관해 들은 적이 있다. 요즘 많은 사람이 그곳에 몰려가면서 그 순례지는 갈수록 널리 알려지기 시작했다. 어쩌면 믿음이 계속 줄어드는 오늘날의 현상을 반영하는 것인지도 모른다. 모든 면에서 볼 때 우리 모두 믿음을 붙들고 강화할 필요가 분명히 있기 때문이다. 매년 수많은 미국인이 사막 한가운데 있는 작은 엘 산투아리오 데 치마요 예배당으로 순례를 떠난다. 안내자에 따르면 그곳은 순례자들이 예수님의 발자취를 따라 걸을 수 있는 곳이다. 말 그대로 믿음의 순례길이다. 사람들은 뉴멕시코주의 뜨거운 열기와 펄펄 날리는 먼지도 아랑곳하지 않고 그 순례길을 걷는다.

뇌졸중에서 충분히 회복한 오스틴은 그곳으로 순례를 떠나기로 결심했다. 회복을 허락하신 하나님께 감사하는 마음에서 내린 결정이었다. 거기서 그는 우리 모두에게 최고의 친구가 되시는 예수님의 희생을 기억할 생각이었다.

오스틴은 그 순례가 살아오면서 겪은 많은 일의 정점처럼 느껴졌다고 말했다. 영적인 사명과 추억, 부성애, 다른 사람을 돕고 싶은 열정을 피부로 느낄 수 있는 여정이었다.

뇌졸중을 겪기 전이었다면 약 13킬로미터의 순례길 정도는 그에게 아무 일도 아니었을 것이다. 그는 열정적인 스포츠 애호가이자 모험가로서 스키와 등산을 좋아했기 때문이다. 그러나 뇌졸중을 겪은 뒤에는 의사들이 놀랄 정도로 잘 회복했다고 해도 장거리 도보 여행은 고통스러운 도전이었다.

"그동안 치마요를 여러 번 갔다. 하지만 순례길을 걷지는 않았다." 오스틴이 말했다. 그는 마침내 용기를 내어 뉴멕시코주 산타페이에 있는 '거룩한 믿음 교회'의 단체 순례에 참여했다. 그들은 미국 연방정부가 보호하는 원주민 부족의 거주지인 남베 푸에블로까지 차를 타고 가서 거기서부터 치마요까지 약 13킬로미터의 순례길을 걸었다.

그로써 그들은 예루살렘 십자가의 길에서 시작된 고난주간(성주간) 순례에 참여했다. 이 순례는 단순한 '도보 여행'이 아니다. 예수님이 십자가 처형장으로 향하던 성금요일(수난일)에 당한 고난을 그대로 기념하는 여행이다. 세계 전역에서 교회와 마을과 도시의 거리에서 행해지는 성금요일 의식은 '십자가의 길 14처'로 불린다. 14처는 예수님이 십자가 처형 선고를 받은 장소에서 시작해 그의 시신이 안치되는 묘지에 이르는 경로 중 각각 중요한 지점을 상징적으로 나타낸다. 순례 참가자들은 각 처에서 발걸음을 멈추고 기도하며 영광의 부활 전에 그리스도가 겪은 수난을 묵상한다.

치마요의 '십자가의 길 14처'는 그리스도가 받은 수난을 그대로 재현한다. 몇몇 순례자들은 나무 십자가를 지고 걷는다. 또 어떤 순례자들은 무릎으로 걷는다. 물론 그 수난은 성경에도 나와 있고 영화에서도 상세히 묘사된다. 그러나 구주이신 그리스도의 희생을 충분히 이해하고 감사하기 위해서는 그리스도가 수난 중에 걸었던 것과 같은 길을 직접 걸으며 실제 행동과 몸으로 체험할 필요가 있다고 느끼고 또 그렇게 하길 원하는 사람들이 적지 않다.

하나님은 우리 인간의 약점을 아신다. 예수님의 제자 도마는 그의 부활 소식을 듣고 이렇게 말했다. "내가 그의 손의 못 자국을 보며 내 손가락을 그 못 자국에 넣으며 내 손을 그 옆구리에 넣어 보지 않고는 믿지 아니하겠노라"(요한복음 20:25). 그처럼 또는 다른 식으로 우리는 늘 의문을 품고 의심한다. 우리는 모두 "보지 못하고 믿는"(요한복음 20:29) 사람이 되기엔 역부족인 경우가 많다.

'십자가의 길 14처' 순례는 우리가 나약한 피조물이기 때문에 정신적으로 아는 것을 물리적으로, 신체적으로 강화할 필요가 있다는 사실을 일깨운다. 무한한 지혜와 은혜를 가지신 하나님께서는 우리에게 성경을 읽고 기도하는 지적인 활동에 더해 물리적인 의식도 행하도록 명하셨다.

엘 산투아리오 데 치마요는 매년 수십만 명의 순례자들로 붐빈다. 그곳의 투어 안내자이자 역사가인 패트리셔 트루히요 오비에도에 따르면 그중 3만 명 정도가 고난주간 순례 참여자로 추정된다. 대다수는 어도비 점토로 지은 작은 예배당을 찾는다. 그곳의 '성스러운 흙'이 가진 정신적, 신체적, 영적인 치유력 때문이다. 스페인 사람들이 이 지역을 점령하기 오래전 그곳에 있던 온천의 물이 마른 뒤 남은 흙이다. 치마요는 또 다른 기적의 치유 성지인 프랑스 루르드(이곳은 흙이 아니라 샘물이 중심이다)와 견주어질 때가 많다.

그곳에는 성소가 두 곳이다. 한 곳은 '아토차의 거룩한 아이 예배실'이다. 세베리아노 메디나라는 사람이 질병에서 회복한 뒤 감사의 뜻에서 세웠다고 전해진다. 그곳에는 산토 니뇨(니뇨는 스페인어로 '아이'라는 뜻이다)의 나무 조각상이 서 있다. 전통적으로 순례자들은 그곳에 어린이의 신발을 둔다. 우리 모두에게 소망과 위로를 전파하는 사역을 하며 세계를 다닐 수 있도록 어린 그리스도에게 바치는 신발이다. 두 번째 성소에는 기적의 십자가가 서 있고 그 옆방에는 '성스러운 흙'이 있다. 기도실은 그곳에서 치유받은 사람들이 남기고 간 지팡이와 목발이 가득하다.

1929년 그 지역의 가톨릭 대교구가 치마요 성지를 인수했을 때는 그곳이 지금과 사뭇 달랐다. 예배당은 다른 곳보다 높은 지대에 위치했지만 지하에 강이 흐르고 있었다. 오랜 세월 동안 침식이 진행되면서 지반이 무너져 내렸다. 곧 쓰러질 듯한 예배당을 본 카시미로 로카 신부는 예수님의 말씀을 떠올렸다. "진실로 너희에게 이르노니 만일 너희에게 믿음이 겨자씨 한 알만큼만 있어도 이 산을 명하여 여기서 저기로 옮겨지라 하면 옮겨질 것이요 또 너희가 못 할 것이 없으리라"(마태복음 17:20).

그곳을 보존하려면 거의 말 그대로 산을 옮겨야 하는 대공사가 필요했다. 그래도 로카 신부는 포기하지 않고 인근 에스파놀라의 사업자들을 찾아가 의논했다. 아니나 다를까 부근의 산 하나를 거의 다 파헤쳐 그 흙을 가져와 구조를 떠받쳐야 한다는 결론이 나왔다. 로카 신부는 그들에게 믿음을 갖고 있느냐고 물었다. 그들은 그렇다고 대답했다. 로카 신부는 그들에게 그 믿음을 증명해 보여 달라고 부탁했다.

몇 주 뒤 그 사업자들은 대규모 건설단을 조직해 흙 150톤 이상을 퍼 날라 치마요를 뒤에서 굳건히 떠받치도록 했다. 로카 신부가 공사 대금으로 얼마를 지불해야 하는지 묻자 그들은 미사에 사용하는 포도주 몇 병이면 된다고 말했다. 로카 신부는 그다음 40년 동안 그곳에 머무르며 치유의 효험을 듣고 찾아오는 순례자들을 맞이했다.

패트리셔는 이렇게 덧붙였다. "예수님은 병을 낫게 하는 것은 자신이 아니라 낫고자 하는 사람의 믿음이라고 복음서에서 여러 차례 말씀하셨다. 그분은 '내가 너를 치유했다'고 말씀하시지 않았다. 로카 신부님도 같은 맥락에서 흙 자체나 자신이 치유를 가능케 하는 것이 아니라 순례자의 믿음이 치유를 이루는 것이라고 늘 강조했다. 그렇다면 '믿음이 무엇이냐?'라는 의문이 생길 수밖에 없다. 믿음은 하나님이 우리에게 주시는 선물이다. 우리는 열린 마음을 가져야 한다. …… 치유가 이루어지지 않는 경우도 많지만 그 대신 평강을 얻을 수 있다. 무엇을 받든지 그것은 하나님의 임재에서 비롯된다."

우리가 기독교인이든 유대인이든 무슬림이든 모든 종교의 신자들에게는 믿음의 원천에 더 가까워질 수 있는 성지가 있다. 예수님이 제자 도마에게 말씀하셨듯이 눈으로 보거나 경험하지 않아도 믿을 수 있는 사람은 복이 있다. 그러나 자비로우신 예수님은 의심하는 도마에게 믿음을 주기 위해 자신의 상처를 눈으로 보고 손으로 만져 보도록 허락하셨다. 우리가 예수님과 더 친밀하게 동행할 수 있는 출발점을 찾기 위해 걷고 묵상하고 기도하며 그분과 만날 수 있는 곳을 찾아가는 것도 그 때문이다.

우리 모두가 생각하는 목적지는 같지만 우리가 그곳에 도달하기 위해 택할 수 있는 길은 다양하다. 하나님은 그 길 하나하나에 표지판을 세워 주신다. 우리는 각자의 길을 가면서 어려움을 겪는 사람들을 도울 수 있고, 역으로 우리가 갖지 못한 확신을 두고 길을 가는 사람들에게서 영감을 얻을 수도 있다. 우리는 이 세상을 살아가면서 예수님이 걸으신 십자가의 길처럼 각 구간을 빼놓지 않고 걸어가야 한다.

✳ ✳ ✳

오스틴은 뉴멕시코주의 맑은 하늘 아래 아름답고 여과되지 않은 햇빛 속을 걸으면서 과거 믿음을 처음 가졌던 순간으로 다시 돌아간 듯이 느꼈다. 눈이 시릴 정도로 푸른 하늘, 산꼭대기의 빛나는 하얀 눈. 새순을 내기 시작한 나무. 오스틴은 이렇게 회상했다. "공기 중에 뭔가 있었다. 틀림없었다. 나는 논리적인 편이지만 무엇인가 다를 때는 느낌으로 바로 안다. 대기 중에 뭔가 있었다. 믿음과 주님을 반영하는 듯했다."

오스틴은 어렸을 때 아버지에게서 사고로 다친 운전자에게 계속 말을 붙이며 그의 곁을 지키고 있으라는 막중한 임무를 부여받았을 때처럼 순례길에서도 하나님 아버지가 맡기시는 임무의 중요성과 무게를 느낄 수 있었다.

뇌졸중에서부터 순례길까지 겪은 모든 경험을 통해 오스틴은 하나님께 감사하고 이웃을 사랑하려는 마음을 더욱 새롭게 다졌다. "예전에 내가 경험했던 것보다 훨씬 더 강력한 영향력을 가진 무슨 일이 나의 내면에서 일어났다. 이상하게 들릴 테지만 뇌졸중 덕분에 나는 더욱 새로워졌다. …… 너무 감사할 따름이다."

오스틴은 어린 시절 아버지에게서 임무를 부여받은 순간부터 구주 예수님의 고난의 길을 걸은 순간까지 하나님과 이웃에 대한 자신의 의무를 신실하게 수행하기 위해 노력했다. 물론 그는 한동안 정해진 길과는 다른 우회로를 걸었지만 이제 다시 돌아왔다. 오스틴은 이제까지 한 경험을 통해 어떤 상황에서도 불만을 품지 않고 하나님의 권능과 임재 안에서 평강을 누리는 법을 배웠다.

그는 자신이 지향하는 이 세상의 삶을 이렇게 요약했다. "늘 만족하고 재미있게 살다가 끝에 가서 '정말 잘 살았다'는 흡족한 마음으로 죽음을 맞이하는 것보다 중요한 것은 없다."

물론 긍정적인 사고방식이 만능은 아니다. 그러나 하나님의 자비와 권능과 보호하심을 믿고 오늘 하루도 좋은 날이 되리라고 낙관적으로 생각하면 우리도 어디에 있든 오스틴이 사막의 순례길에서 찾았던 것과 같은 만족감을 얻을 수 있다.

✳ ✳ ✳

　종종 우리는 개인적으로 어두운 시기에 등불을 켤 수 있는 작은 불꽃을 발견한다. 찾을 생각을 하지 않았을 때도 그렇다. 믿음과 기도의 놀라운 능력과 힘은 특히 그처럼 기대하지 않을 때 나타난다. 우리는 반드시 무엇을 찾거나 이루기 위해 순례길에 오르지는 않는다. 그러나 때로는 한 가지 의무를 수행할 목적으로 내딛는 걸음이 심령을 고양하는 참된 깨달음으로 이어질 수 있다. 또 때로는 우리가 필요하다고 생각하는 것이 반드시 그대로 이루어지지는 않는다. 우리가 생각하는 그 모습이 아닌 다른 모습으로 나타날 수 있기 때문이다.

　2018년 나는 예루살렘의 미국 대사관 개관식을 취재하기 위해 현지에 파견되었다(도널드 트럼프 미국 정부는 텔아비브에 있던 미국 대사관을 예루살렘으로 옮겼다). 예루살렘에 머무는 동안 어느 날 오후 개인적인 영성 산책을 할 수 있는 시간이 났다. 나는 다윗성 뜰의 번들거리는 대리석을 가로질러 걸었다. 내 발걸음은 자연스럽게 통곡의 벽으로 향했다. 예루살렘 성전 확장 공사를 위해 세운 고대 석회암 옹벽의 일부다. 유대인들이 기도할 수 있는 가장 성스러운 곳으로 알려져 있다. 이곳은 무슬림의 성지이기도 하다. 이슬람 선지자 무함마드가 천국으로 승천하기 전에 날개 달린 말의 고삐를 맨 곳으로 알려져 있다.

　나는 유대인들이 벽을 마주 보고 서서 조용히 기도하며 머리를 연신 아래로 숙이는 모습을 지켜봤다. 하나님의 중보를 간구하기 위해 옹벽 틈 사이에 쪽지를 끼워 넣는 사람도 있다고 한다. 그곳에서 나는 깊은 감명을 받았다. 하나님의 영이 그곳 전체에서 발하는 듯했다. 마음이 평안해졌다. 단지 그 벽 때문에 그런 것은 아니었다. 최근에 나의 어머니가 세상을 떠났다. 어머니가 더 좋은 곳으로 갔다는 사실을 알면서도 마음이 아팠다. 어머니는 내 삶을 지탱해 준 나의 반석, 나의 요새, 나의 기초였기 때문이다. 어머니는 아버지와 함께 기도의 능력을 잘 보여 주는 삶을 살았다고 나는 자랑스럽게 말할 수 있다.

나는 어머니를 잃으면서 내 인생에서 가장 큰 상심을 겪었다. 그러나 그 통곡의 벽에서 나는 어머니를 통해, 그리고 모르는 사람들이지만 위안과 기적을 간절히 바라는 마음으로 서로 연결된 그곳 사람들의 기도를 통해 나의 믿음이 더욱 깊어지고 하나님을 향한 나의 사랑이 더욱 뜨거워지는 것을 느꼈다.

사람.

장소.

기도.

평강.

치유

여호와께서는 자기 백성을 기뻐하시며
겸손한 자를 구원으로 아름답게 하심이로다

−시편 149편 4절

고난은 우리에게 많은 교훈을 준다.

그런데도 우리 사회는 고난을 숨기거나 아예 없는 체한다.

이어지는 이야기 속의 주인공들은 고난이 엄연히 존재한다는 사실을 안다.

그들은 하나님께서 고난을 물리칠 능력을 가지셨다는 사실도 안다.

그러나 그들은 사도 바울이 로마서 5장에 기록했듯이

"환난은 인내를, 인내는 연단을, 연단은 소망을 이룬다"는 사실도 잘 안다.

대니가 더그를 만났을 때

기적은 우리가 아니라
하나님이 정한 시점에 펼쳐진다.

너희는 그 은혜에 의하여 믿음으로 말미암아 구원받았으니
이것은 너희에게서 난 것이 아니요 하나님의 선물이라
행위에서 난 것이 아니니
이는 누구든지 자랑하지 못하게 함이라

-에베소서 2장 8~9절

"이건 꿈이 아니라 생시야. 이건 꿈이 아니야. 현실이야. 이건 현실
이야."

대니 로리언은 미시간주 랜싱에 있는 세인트메리 성당의 중앙 통
로를 걸어 나갔다. 말은 떠듬거렸지만 발걸음은 확고했다. 스테인
드글라스에 비친 거리의 가로등 불빛이 저녁 치유 기도회가 진행되
는 성당 내부의 그림자를 가로질렀다. 남편 더그는 만약 대니가 넘
어질 경우에 대비해 뒤에서 팔을 뻗어 붙잡을 준비를 하고 있었다.
어머니 린다가 그들 뒤에서 빈 휠체어를 밀며 따랐다. 지난 13년 동
안 대니가 사용하던 휠체어였다.

"이건 현실이야." 대니는 같은 말을 되풀이했다. 십여 년 만에 부축 없이 떼는 걸음이 하나둘 이어지면서 그녀의 말은 더욱 확신에 차기 시작했다. 더는 의심의 여지가 없는 선언이었다.

만약 할리우드 영화라면 이 시점에서 웅장한 배경음악이 울려 퍼지기 시작했을 것이다. 그러나 여기서는 브랜든 레이크의 찬양곡 〈너무나 좋아 믿지 않을 수 없는 주(Too Good to Not Believe)〉가 그녀의 걸음에 흘러나왔다.

더그는 아내를 향해 팔을 뻗치다가는 하나님을 향해 위로 팔을 들어 올리기를 반복했다. 그의 얼굴에 뜨거운 눈물이 흘러내렸다. 대니의 얼굴은 환한 미소로 빛났다. 그녀는 기관절개구 튜브에 부착된 휴대용 인공호흡기를 붙잡지 않고 하나님을 칭송하기 위해 두 손을 위로 들어 올렸다. 대니는 몸이 가볍다고 느꼈다. 자유로웠다. "지금까지 나는 제대로 창조된 다른 사람과 달리 쓰다 남은 자투리로 만들어진 사람이라고 생각했다. 늘 그런 느낌이었다." 오랫동안 그녀를 괴롭히던 그 느낌이 이제 말끔히 사라졌다. 대니는 앞을 향해 계속 걸어갔다.

2022년 3월 15일 대니는 두 손을 하나님께로 들어 올렸다. "내 손을 들며 주님께 나를 붙들어 주시기를 간구했다."

하나님은 기도에 응답하셨다. 메리 힐리 박사가 인도한 치유 기도회가 끝난 지 몇 시간 뒤 대니는 더그의 아들네 집 계단을 걷지도 않고 뛰어 올라가 그 좋은 소식을 전했다. 다음 날 아침에도 대니는 침대를 뛰어 오르내렸다.

힐리 박사는 그날 저녁 '지식의 말씀'을 들었다. 하나님의 계시에 의한 통찰력으로 진리를 이해하고 말하는 은사로, 여기서는 특별히 성령의 역사로 대니의 치유가 이루어졌음을 알게 되었다는 뜻이다. 그 덕분에 대니와 그 가족들에게는 봄의 약속이 일찍 찾아왔다. 단 한 달 안에 대니와 더그는 랜싱 시내에 있는 아파트에서 성당까지 걸어가 부활절 미사를 드렸다.

✳ ✳ ✳

13년 전인 2009년 4월 23일 미시간주 북부에 있는 한 병원의 병실. 간호사들이 누워 있던 대니를 조심스럽게 일으켜 앉혔다. 그다음 그들은 대니를 부축해 서서히 일으켜 세웠다. 대니는 잠시 불안정하게 서 있다가 곧바로 정신을 잃고 쓰러졌다.

당시 32세이던 대니는 며칠 동안 몸이 좋지 않았다. 그러다가 결국 폐렴으로 입원했다. 그녀는 평소에 아주 건강했다. 열정적인 스쿠버다이버로서 곳곳을 다니며 그 취미를 즐겼다. 직장도 마음에 들었다. 친구들과도 잘 어울렸다. 아주 다정한 남자와 데이트도 하고 있었다. 그녀는 한 치의 의심도 없이 밝은 미래를 기대했다.

그러나 입원 후 대니의 상태는 점점 더 나빠졌다. 숨쉬기가 힘들어지면서 인공호흡기가 필요했다. 대니는 이렇게 기억했다. "나는 병실에서 깨어났다. 간호사들이 와서 인공호흡기를 껐다. 그들은 나를 일으켜 세웠다. 나는 바로 정신을 잃었다. 그들은 같은 과정을 여러 번 다시 시도했다. 결과는 마찬가지였다."

여러 차례의 검사 결과 대니는 기립성빈맥증후군(POTS)으로 진단받았다. 오랫동안 간호사로 일한 더그는 "일어서려고 할 때 혈압이 떨어지고 심박수가 올라가는 자가면역 질환"이라고 설명했다.

대니는 여생을 휠체어에 의지해야 한다는 말을 들었다. 무슨 활동이든 혼자서는 할 수 없었다. 결국 퇴원 후 요양원에 들어갔다. 32세의 한창 나이로 남은 오랜 세월을 요양보호사에게 의지할 수밖에 없는 형편이었다. "처음엔 너무 끔찍했다. 하지만 나는 처한 상황에 최선을 다해 신속히 적응하는 편이다. 나는 매우 외향적인 성격이라 요양원에서 바로 친구들을 사귀기 시작했다. 바느질 같은 것을 가르치기도 했다. 요일별로 짜인 프로그램도 있었다. 어떤 날 밤에는 모두 함께 발코니에 나가 음악을 듣기도 했다. 하지만 아주 아주 힘든 생활이었다."

대니는 그곳의 다른 사람들보다 몇십 년이나 젊었다. 그녀는 대다수 고령자 사이에서 휠체어에 앉아 지내며 바깥의 친구들이나 동년배들이 무엇을 하는지 궁금해했다. 때로는 견디기 어려울 정도로 좌절감이 밀려왔다. "그럴 때면 나는 부모님에게 전화를 걸어 '지금 버스 정류장으로 나갈 거예요. 이곳을 떠날 거예요'라고 말하곤 했다. 너무나 힘든 삶이었다. 난 겨우 삼십 대 초반이었다. 그런데 그곳에서 친해진 사람들이 죽어 나갔다. 그런 일을 숱하게 겪었다."

처음에는 사귀던 남자 친구와 관계를 유지할 수 있었다. 그는 매일 요양원으로 그녀를 찾아왔고, 대니의 상태가 좋을 때면 그녀가 외출을 허락받고 그의 집으로 가기도 했다. 하지만 대니의 건강이 계속 문제가 되었다. 폐렴과 폐 감염이 이어졌다. 병원에 오가고 요양원에서 오래 지내다 보니 외부 사람들과 사회적인 관계를 유지하기가 거의 불가능해졌다. 친구들의 방문이 뜸해지더니 급기야 아무도 찾아오지 않았다. 대니는 나중에 이렇게 회상했다. "요양원에 있는 친구를 찾아가고 싶어 하는 사람은 많지 않다. 본능적인 반응이다. 그러다 보니 요양원에서 사귄 사람들 외에 다른 사람들을 만날 기회가 없었다."

남자 친구와도 헤어졌다. 바깥에 있는 친구들보다 요양원에 있는 친구들이 더 많아졌다. 그들 중 다수가 세상을 떠나는 것도 지켜봤다. 외향적인 성격의 대니는 어려운 상황에서 나름대로 최선을 다했다. 하지만 희망은 점점 더 사라져 갔다. 무엇을 더 기대할 수 있단 말인가? 대니는 어렸을 때부터 꿈에서 이상한 환영을 계속 봤다. 그것이 자신의 인생관에 큰 영향을 미쳤다. "나는 그 환영을 누구에게도 말하지 않았다. 거기서 내가 창조되는 순간이 보였다. 한 남자가 나왔다. 등을 돌리고 있었기에 그의 얼굴은 볼 수 없었다. 그는 쓰다 남은 자투리들을 담은 여러 개의 트렁크 위에 몸을 굽히고 있었다. 그는 그 조각들을 짜 붙여 나를 만들었다."

대니는 내다 버리는 자투리로 자신이 창조되었다고 믿었다. 온전하지 않아서 다른 사람들을 만들기에는 적합하지 않은 조각들로 말이다. 그래서 자신의 건강이 계속 나빠지는 것도 불가피한 일이며 어쩌면 당연하다고 생각했다.

시간이 흐르면서 기립성빈맥증후군은 계속 악화했고, 호흡하기도 너무 힘들어져 기관절개술을 받을 수밖에 없었다. 의사들은 그녀의 목에 구멍을 뚫어 그곳으로 플라스틱 밸브를 삽입한 뒤 인공호흡기를 통해 충분한 산소를 공급받을 수 있도록 조치했다.

2017년 가을 대니는 캐피털 에어리어의 메디로지에 방을 얻어 그곳으로 옮겼다. 사우스 랜싱에 위치한 그곳은 부모님과 그녀의 다른 가족들이 사는 곳과 가까웠다.

하지만 그런 편리함 외에는 달라진 게 없었다. 메디로지를 생활 보조 시설이라고 부르든 은퇴자 거주 시설이라고 부르든 간에 대니는 그곳에서 또다시 주변 사람들이나 주변 환경과 어울리지 않는 존재가 되었다. 아무튼 메디로지는 많은 편의시설과 서비스를 제공하는 일류 시설이었다. 대니는 의료진을 제외한 다른 입주자들과 나이 차가 컸지만 그래도 그들 가운데서 적응하려고 최선을 다했다.

의료진 중에 더그 로리언이 있었다. 장기적인 돌봄이 필요한 환자들을 돕는 간호사였다. 더그는 이렇게 회상했다. "내가 근무하는 구역에 대니가 들어왔다. 휠체어에 앉아 있는 그녀를 가끔 봤다. 그녀는 특별활동 프로그램에 자주 참여했다. 그럴 때는 특활실로 가기 위해 내가 있는 곳의 복도를 따라 이동해야 했다. 어느 날 그녀는 인공호흡기를 달고 있었다. 기관절개구의 튜브 때문에 생기는 거친 숨소리가 들렸다. 나는 뒤돌아보지 않았지만 대니라는 것을 바로 알았다. 그래서 영화 〈스타워즈〉에 나오는 검은 투구와 가면, 거친 숨소리로 악명 높은 최고의 악당 다스 베이더에게 빗대 이렇게 농담했다. '좋은 아침이네요, 미스 베이더.' 그러자 그녀는 빙긋이 웃었다."

대니는 그의 인사에 답한 뒤 계속 복도를 따라 특활실로 갔다.

당시에는 두 사람 중 누구도 의식하지 못했지만 나중에 그들은 그때를 돌아보며 로맨틱 코미디 영화에 나오는 남녀의 첫 만남과 똑같았다고 생각했다. 그런 이야기는 정해진 패턴대로 흘러간다. 남자가 여자를 만난다. 여자가 남자에게 퇴짜를 놓는다. 남자가 여자의 마음을 다시 얻을 수 있을까? 바로 거기에 드라마의 재미가 있다.

하지만 그때 그들이 〈스타워즈〉를 두고 주고받은 농담은 우정을 촉발한 불꽃이었다. 다시 말해 '대니가 더그를 만났을 때'의 순간이었다.

더그는 이렇게 설명했다. "아주 로맨틱했다. 하지만 친구 관계로 시작하여 플라토닉한 정신적인 사랑에 머물렀다. 환자들을 위한 삶의 질을 중심으로 우리 사이가 가까워졌다. 당시 그곳의 조직이 개편되는 중이었다. 그때 우리는 특별활동 지도교사가 없었다."

대니는 그 교사의 빈자리를 메우기 위해 적극적인 역할을 떠맡았다. 그녀는 메디로지에 입주한 환자들의 삶의 질을 높이기 위해 애썼다. "나는 더그가 훌륭한 간호사이며 그가 가끔 특활 지도교사를 보조하고 특별활동에도 참여한다고 들었다. 사실 그렇게 하는 사람은 그가 유일했다. 그래서 그와 함께 그곳의 특별활동 프로그램 진행에 관해 진지하게 논의하고 싶었다."

2018년 봄 더그가 휴무인 날 두 사람은 머리를 맞대고 그 문제를 심도 있게 논의하기로 했다. 대니는 나에게 이렇게 말했다. "그가 약속을 잡아줘서 난 너무 기뻤다. 그날 그는 멋진 차림으로 나타났다. 작은 서류 가방을 휴대하고 와서는 아주 진지하게 논의를 시작했다. 그의 그런 모습과 태도 덕분에 나는 아주 행복한 젊은 여성이 될 수 있었다."

대니는 내가 오해할까 우려하는 듯이 곧바로 이렇게 부연 설명했다. "더그는 아주 좋은 친구였다. 일로 연결된 친구 말이다. 그때는 내가 누구와 사랑에 빠진다는 것을 생각조차 할 수 없었다. 내 처지를 비관한 것은 아니었다. 하지만 나는 현실주의자였다. 누구든 목에 구멍이 뚫려 있고 다른 건강 문제도 많은 사람을 사랑하기는 쉽지 않다. 그래서 그냥 그대로 만족하기로 마음먹었다. 연애에는 아예 관심을 두지 않았다."

반면 더그는 아주 유머 있게 자신과 대니의 관계를 나에게 설명했다. 그들은 친구가 되었고, 더그는 대니를 통해 그녀의 어머니와 다른 가족들을 만났다. 그들 모두 미시간 대학의 미식축구팀 울버린을 좋아했다. 대니의 조카딸인 여덟 살 난 시드니가 가장 열정적인 울버린 팬이었다. 시드니는 더그를 아주 좋아했다. 그들은 모두 함께 대학 미식축구에서 가장 유명한 연례 라이벌전 중 하나인 미시간 대학 울버린 대 오하이오 주립대학 벅아이즈의 게임을 구경하기로 했다.

더그는 웃으며 이렇게 말했다. "우리가 있던 이스트 랜싱은 미시간 주립대학의 미식축구팀 스파르탄스의 연고지다. 따라서 울버린 팬이 많지 않다. 그래서 가족 모두가 울버린 팬인 대니를 만난 것이 너무 좋았다."

대니와 더그의 만남은 우연으로 보이지만 사실 예정에 따라 오랜 세월에 걸쳐 진행된 과정의 산물이었다. 무엇보다 자력으로 거동하기 어려운 고령자들을 돌보는 의료서비스 분야에서 일하는 사람은 아주 특별하다고 볼 수 있다. 더그는 2018년까지 30여 년에 이르는 간호사 경력 중 거의 전부를 그 분야에서 보냈다. 더그는 이렇게 말했다. "아버지는 가톨릭 신자였고, 어머니는 미국 성공회의 신자였다. 나는 공립학교에 다녔지만 '그리스도교 교리 신심회(CCD)'에 가입했고, 세례도 받았다. 또 청소년 단체에서도 열심히 활동했다. 나는 여러 평신도 설교자를 멘토로 삼았다."

더그는 집안에서 가장 어렸다. 그가 태어났을 때 부모님은 거의 40대, 조부모님은 70대였다. 게다가 아버지는 보험설계사였는데 수수료보다는 개인적인 어려움에 부닥친 고객을 돕는 데 더 관심이 많아 세일즈맨으로서는 성공하지 못했다. 더그도 다른 사람들, 특히 노인들을 돕는 일에 헌신하는 삶을 택했다. 그는 간호사로 부상자 치료소에서 일하기도 했지만 대부분은 고령자들을 돌보는 일을 했다.

코로나19 팬데믹을 계기로 잘 알려졌지만 의료 종사자들은 스트레스와 트라우마에 매우 취약하다. 특히 노인들을 돌보려면 대단한 사명감이 필요하다. 인생의 마지막 단계에서는 다른 사람의 도움이 가장 많이 필요한데 대개 사람들은 고령자나 죽음을 앞둔 사람들과는 거리를 두고 싶어 한다.

더그는 이렇게 말했다. "나는 그 일을 천직으로 생각했다. 그동안

치유

너무 힘들어 견디지 못하고 그만두는 동료들이 많았다. 노인들과 소통하고 가까워지기도 힘들지만 어렵게 친해진 그들이 세상을 떠나고 나면 가슴이 아프고 정서적으로 매우 힘들어진다. 나는 내가 맡은 노인들이 죽어 갈 때 그냥 곁에서 그들과 함께 지낸다. 그들의 손을 잡아 주고 편안하게 느낄 수 있도록 한다. 이 세상의 삶으로 모든 것이 끝나는 게 아니라 그 후에 가야 하는 곳이 있다는 사실을 그들에게 상기시키려고 애쓴다. 간호사로서 반드시 해야 할 일은 아니지만 그들에게 신체적으로 필요한 일만이 아니라 정신적으로, 영적으로 필요한 일에도 도움이 되려고 노력한다. 그래서 나는 언제나 내 일을 단순히 직업이 아니라 하나님의 부르심을 받은 소명으로 생각한다."

더그는 환자들과 갖는 그런 영적인 소통을 좀 더 구체적으로 설명했다. "나는 환자들의 육신적인 삶이 끝날 때 그들과 함께하며 몸에서 영혼이 떠나는 그 아름다운 과정을 자주 지켜본다. 영혼이 떠날 준비가 되면 병실에 아주 평안한 분위기가 감돈다. 하늘나라로 가는 문이 열린다. 죽음과 관련해 가장 아름다운 경험 중 두 가지는 간호사로서가 아니라 가족으로서 부모님의 임종을 지키면서 했다. 첫째는 아버지가 뇌졸중으로 돌아가실 때였다. 2차 뇌출혈이 있고 난 뒤 아버지는 반(半) 혼수상태에 빠졌다. 나는 간호사가 아니라 그냥 아들로서 아버지와 함께 있으면서 임종 때까지 그 곁을 지켰다. 그때가 나와 우리 가족에게 말할 수 없이 평안한 시간이었다. 두 번째는 얼마 전 어머니가 돌아가셨을 때였다. 어머니의 영혼이 몸을 떠날 때 대니와 내가 그 곁에 있었다. 이 두 가지 경험은 우리가 서로 연결되어 있음을 일깨워 주었다. 우리는 모두 아름다운 양탄자를 짜는 고운 실이라는 사실을 떠올리게 했다. 그들이 생명의 다음 단계로 옮겨 갈 때 나는 그들의 삶과 죽음을 동시에 보고 느꼈다."

＊ ＊ ＊

한편 대니의 아버지는 사제가 되기 위해 디트로이트에 있는 세이크리드 하트 메이저 세미너리에 들어갔다. 그는 그곳에서 8년을 지냈지만 서품은 받지 않았다. 그는 그곳을 떠나 대니의 어머니와 결혼했다. 그들은 미시간주 워터퍼드에서 살았다. 디트로이트에서 북쪽으로 약 60킬로미터, 랜싱에서 동남쪽으로 약 150킬로미터 떨어진 곳이었다. 대니의 아버지는 블룸필드 타운십 경찰국 소속 경관으로 일했다.

대니는 이렇게 말했다. "우리는 매주 성당에 갔다. 두 번 정도 빠진 것 같다. 그럴 때는 꼭 가족회의를 열어 하나님께서 우리 사정을 이해하신다는 점을 분명히 했다. 그처럼 성당에 열심히 다녔지만 일요일만 신경 썼지 나머지 평일에는 별생각 없이 지냈다. 어려서는 성당에 가서 조용히 앉아 있고, 똑바로 서며, 식사 전후의 기도를 기억하는 것이 가톨릭 신자로서 해야 하는 일의 전부였다. 교리문답 교육도 받았지만 하나님의 임재를 경험하지는 못했다. 그것은 주로 공립학교와 우리 사회에서 하나님에 관한 이야기를 하지 않기 때문인 것 같다."

대니는 그것이 어린 시절 생각했던 종교이지 진정한 종교는 아니라는 사실을 이제 확실히 안다. 성인이 되고 난 뒤 그녀는 종교에 관해 성숙한 관점과 경험을 갖게 되었다. 그러한 전환은 2012년 대니가 미시간주 셔보이건으로 옮겨 그곳의 요양원에서 지낼 때 시작되었다. 그녀는 프란치스코회 신부가 운영하는 성당에 다녔다. 프란치스코회는 중세의 성인으로 흔히 동물의 수호 성자로 알려진 아시시의 성 프란치스코가 세운 교단이다. 어떤 면에서 대니는 그런 자연과 동물의 연관성으로 인해 어렸을 때 가졌던 최상의 종교적 경험을 되살릴 수 있었다.

대니는 이렇게 말했다. "1년 중에서 내가 가장 좋아한 날이 예수님의 수난일인 성금요일이었다. 우리 가족은 성경을 들고 함께 공원으로 가서 돌아가면서 성경 구절을 낭독했다. 우리는 물가에 앉아 있었는데 아주 고요하고 아름다웠다. 나는 그 기억을 오랫동안 간직했다. 그래서 나중에 내가 셔보이건에서 지낼 때 '국립 숲속 십자가의 성지'를 자주 찾아갔다."

그 아름다운 자연 성지에는 성 프란치스코 상을 포함한 조각상이 많이 서 있다. 당시 대니에게 가장 감명 깊었던 것은 8.5미터 높이의 '십자가 위의 예수님' 조각상이었다. 누가복음 23장 46절 "예수께서 큰 소리로 불러 이르시되 아버지 내 영혼을 아버지 손에 부탁하나이다 하고 이 말씀을 하신 후 숨지시니라"를 그대로 묘사한 작품이다. 이 상을 만든 조각가는 "예수님의 얼굴에 평온과 힘이 가득한 표정을 담아 이 십자가상을 보는 모든 사람에게 용기를 주고 싶었다"고 말했다.

그토록 오랫동안 숨쉬기를 힘들어했던 대니에게 그리스도의 마지막 숨은 당연히 강한 반향을 일으켰다. 대니는 지금도 그곳의 아름다움을 마음 깊이 간직하고 있다. 그러면서 어린 시절의 성금요일 소풍도 애틋하게 돌이킨다. "그 소풍에서 내가 믿는 종교가 나의 믿음으로 바뀐 것을 느낄 수 있었다."

그와 똑같은 변화가 그곳 성지와 인디언강 교구의 성당에서도 일어났다. "그 성당에 있는 동안 신부님이 강론하시는 말씀 그 이상을 들을 수 있었다. 나는 성경을 더 많이 읽기 시작했다. 종교를 주제로 한 책도 더 많이 읽었다. 그러면서 주님을 향한 더 강한 애착을 느끼기 시작했다. 지금처럼 느꼈다고 말할 수는 없지만 내가 최종으로 도달할 곳에 훨씬 더 가까이 다가가고 있는 건 분명했다." '국립 숲속 십자가의 성지'는 대니의 교구에 속했다. 그녀는 그곳에서 청소년부 회장을 맡았고, 교구 사목회의에도 참석했다. "마이크 헤이니 신부님은 아주 따뜻하고 훌륭한 선생님이셨다. 거기 있었던 경험이 더 깊고 친밀한 믿음의 진정한 출발점이었다."

대니의 기적적인 치유가 이루어진 것은 그로부터 수년 뒤의 일이었다. 그러나 치유로 나아가는 길은 그처럼 2022년이 되기 오래전에 시작되었다. 흔히 사람들은 '즉각적인 치유'를 이야기한다. 그러나 대니에게 이루어진 것 같은 기적의 치유는 뿌리가 아주 깊다. 심지어 그 기적의 선물을 받는 사람도 그 뿌리가 어디까지 뻗었는지 알지 못한다.

대니와 더그는 하나님께 더 강하게 끌림과 동시에 서로에게도 더 강하게 끌렸다. 건강이 악화하면서 대니와 더그는 2018년 11월의 대학 미식축구 라이벌전에 응원하러 가지 못했다. 대니가 입원하자 더그는 경기 관람권을 포기했다. 대니가 집중치료실에서 나오자 더그는 병실로 그녀를 찾아갔다. 그 두 사람은 그날 저녁을 '침대게이트'로 부른다. 더그는 경기장에 응원하러 가는 것처럼 소시지와 치즈를 잔뜩 사 들고 병실을 찾았다. 그는 대니와 침대에 나란히 앉아 음식을 먹으며 TV로 경기를 봤다.

그러면서 거기서 무슨 일이 일어났다. 대니는 이렇게 설명했다. "어느 순간 더그가 손을 내 무릎 위에 얹었다. 감전된 듯이 찌릿함을 느끼면서 갑자기 내 가슴이 쿵쾅거렸다. 나에게 남녀 간의 사랑은 있을 수 없다는 생각이 머리를 스쳐 갔으나 한편으로 '어머, 이게 무슨 일이야?'라는 생각도 들었다. '이게 사랑일까? 세상에, 맞아. 사랑인 것 같아.' 그러나 또다시 '확실치는 않지만 내가 다리를 다시는 움직이지 못할지도 몰라'라는 생각도 들었다."

그 순간 대니가 희망을 찾았다는 사실이 특히 의미가 컸다. 그녀는 2009년 이래 인공호흡기를 붙였다 뗐다 했지만 이제부터는 매일 밤 사용해야 한다는 절망적인 이야기를 들었기 때문이다. 지난 9년 동안 요양원 등의 생활 보조 시설을 들락거리며 대부분 40세 연상인 노인들 사이에서 지낸 상황도 힘들었지만 이제는 매일 밤 인공호흡기를 달고 지내야 한다는 것이 너무나 가혹한 일이었다. 더그는 이렇게 말했다. "대니는 자신의 세계가 허망하게 쪼그라들었다고 느꼈다. 척박한 삶과 질환이 그녀를 무자비하게 짓눌렀다. 그녀는 아무런 희망을 품을 수 없었다."

더그는 '침대게이트'가 일어난 바로 그날 저녁 대니가 한 이야기에서 그녀의 그런 깊은 절망감을 알 수 있었다. 대니는 그에게 어린 시절 가졌던 기이한 꿈의 환영에 관해 이야기했다. 마치 기괴한 쇼에서처럼 자신이 쓰레기 같은 자투리 조각으로 만들어졌다는 이야기 말이다.

더그는 조용히 듣고 난 뒤 대니에게 물었다. "그의 얼굴을 한 번도 본 적이 없잖아요?" 대니는 곰곰이 생각해 보았다. "난 그 자리에서 즉시 그 환영을 다시 떠올렸다. 처음부터 끝까지 그는 나에게 등을 돌리고 있었다. 하지만 더그가 그 질문을 했을 때 나는 그 답을 바로 알아차렸다. 더그도 그 답을 알고 있었다."

대니는 꿈에서 자신이 전혀 소중한 존재가 아닌 듯이 쓰레기 같은 자투리로 자신을 대충 만들어 낸 그 사람의 얼굴을 한 번도 본 적이 없었다.

더그는 대니에게 그 사람은 창조주 하나님이 아니라 사탄이라고 잘라 말했다.

대니는 당시를 이렇게 회상했다. "주님에 관한 나의 지식과 믿음은 얄궂게도 나 자신에는 적용되지 않는 듯했다. 주님이 다른 사람을 만들 때는 사용하지 않은 자투리로 나를 창조했기 때문에 나는 늘 내가 다른 모든 사람과 다르다고 믿었다. 또 그처럼 자투리로 대충 만들어졌기 때문에 당연히 쉽게 망가지고 고장이 날 수밖에 없으며, 결국 내가 이런 병든 삶을 사는 것이 마땅하다고 느꼈다. 사실 당해야 할 대로 충분히 당한 것도 아니라는 생각이 들었다. 벌써 오래전에 끝났어야 할 삶인데 지금까지도 분에 넘치게 삶이 계속되고 있다고 느꼈다."

더그는 마음의 눈으로도 대니에게서 뭔가를 보았다. "나는 대니를 위해 새로운 비전을 제시하기 시작했다. 그녀에게 삶의 새로운 비전이 필요하다고 판단했다. 대니가 이제부터 매일 밤 인공호흡기를 달아야 한다는 사실을 알고 난 후부터 우리는 호흡 치료사와 상담하기 시작했다. 최대한 작은 호흡기를 찾는 것이 급선무였다. 우리는 호흡기를 달고서도 수명을 다할 때까지 잘 살아간 사람들의 이야기를 들었다. 그런 이야기를 들으면서 나도 그처럼 그녀와 함께 사는 삶을 긍정적으로 그려 보았다. 우리가 함께하면 더 많은 것을 할 수 있다고 확신했다."

절대 녹록하지 않은 상황이었다. 그러나 두 사람은 담대히 헤쳐 나가기 시작했다. 이번에는 그들이 함께 외쳤다. "이건 꿈이 아니야. 현실이야."

✳ ✳ ✳

2019년 1월 더그는 자신이 임대한 집으로 대니를 데려갔다. 그때부터 두 사람은 늘 함께하기로 했다. 그해 5월 마지막 날 약혼하고

11월에 두 사람의 절친한 친구인 피터의 주례로 결혼했다. 더그는 이혼한 상태였기 때문에 절차상의 문제가 해결되기까지 성당에서 결혼식을 올릴 수 없었다. 마침내 2021년 12월 그들은 정규 미사의 일부로 친구 30명 앞에서 다시 결혼 서약서를 교환했다.

그들은 랜싱 시내의 아파트로 이사했다. 엘리베이터가 있고, 도서 관과 식당, 가게가 가까웠다. 특히 세인트메리 성당에 가기가 편했 다. 대니와 더그는 매주 미사에 참석하기 시작했다.

더그는 이렇게 회상했다. "성당으로 돌아가 우리 결혼을 축복받는 것은 우리에게 아주 대단한 일이었다. 우리는 친구와 가족 모두와 함께 미사에 참석했다. 칼 펑 신부님이 미사를 집전하고 우리 결혼 서약을 인도하셨다. 그는 우리가 세인트메리 성당에 다니는 내내 우리를 잘 대해 주셨고, 여러모로 우리 삶에 긍정적인 영향을 미쳤다. 그때부터는 우리가 의무적이 아니라 정말 원해서 성당에 다녔다. 신부님은 늘 기쁨과 사랑을 이야기하셨다. 주님은 늘 사랑을 베푸신다는 것이 그의 핵심 메시지였다. 그는 훌륭한 교사이자 진실한 목회자였다. 어느 일요일 성당 게시판에 신규 교인 환영 모임에 관한 공고가 붙었다. 테레사라는 한 여성이 우리를 그곳에 초대했다. 그들은 우리를 진심으로 환영했다. 그곳에서 기도 모임도 같이 진행되었다."

그들은 대니의 건강 회복을 위해 기도했다. 더그는 그 모임에 두 번 참석한 다음부터 하나님이 대니를 치유해 주고 싶어 하신다고 느끼기 시작했다.

그때 대니에게 또 다른 건강 위기가 닥쳤다. 2021년 말 그녀는 기관협착증 초기 단계라는 진단을 받았다. 오랫동안 기관절개구 삽입 튜브를 사용하면서 기관이 열려 있도록 받쳐 주는 연골이 약해졌기 때문이었다.

게다가 더욱 섬뜩한 기관지연화증(기관과 기관지의 탄력 조직과 결합 조직에 결함이 생기는 증상)도 우려된다는 진단까지 나왔다. 대니는 숨을 들이쉴 수는 있지만 인공호흡기 없이는 내쉴 수가 없었다. 이제는 인공호흡기를 매일 밤이 아니라 하루 24시간 사용해야 할 수밖에 없었다. 인공호흡기를 달고 그냥 침대에 누워 있기도 힘든데 낮에 활동할 때까지 달고 있기는 보통 어려운 일이 아니었다. 연결부에서 튜브가 빠지기 일쑤였다. 그럴 때면 숨을 쉬지 못한다는 급박한 두려움이 엄습했다. 그러다가 더그가 튜브를 다시 연결해 주면 서서히 안도감이 찾아왔다. 대니는 "너무 힘들고 무서운 시간이었다"고 돌이켰다.

그런 어려움도 컸지만 기도 모임 참석은 신체적으로만이 아니라 아주 색다른 경험이라는 측면에서도 처음엔 상당히 부담이 컸다. 대니는 이렇게 말했다. "소규모 집단에서 그처럼 소리 내어 기도하는 것은 처음이었다. 미사에서는 소리 내어 기도하지만 그것은 대부분 기도문을 그대로 외워서 말하는 것이었다. 하지만 그 모임의 기도는 달랐다. 사람들은 자기 생각과 느낌과 마음을 있는 그대로 소리를 내어 기도했다. 아름다운 모습이었다. 칼 신부님도 우리와 함께 몇 차례 그렇게 기도했다. 나는 신부님의 가르침에 의존하면서 많이 배웠다. 사실 나는 늘 그렇게 기도하면 얼마나 좋을까 생각했기 때문에 그런 모습을 보면서 감동했다. 나도 과거 주님께 내 생각을 이야기했다. 하지만 나는 그게 기도가 아니라고 여겼기 때문에 그다지 신경 쓰지 않았다. 또 나는 여전히 주님은 우리와 개인적으로 친밀한 관계를 맺을 수 없고 그냥 멀리서 우리를 다스리신다고 생각했다. 내가 결코 가까이 다가갈 수 없는 분이라고 느꼈다. 하지만 전혀 그렇지 않다는 사실을 점차 깨닫게 되었다. 나는 다른 신자들과 함께 기도하는 게 좋았다. 생소하긴 했지만 아름다운 경험이었다. 그런 기도 모임에서 한번은 그들 중 한 명이 나에게 자신이 받은 느낌을 이야기했다. 내가 누군가에게 용서 구하기를 주님이 원하신다는 것이었다. 아주 이상한 느낌이었다. 주님이 그런 식으로 신자들과 소통한다는 이야기를 들어 본 적이 없기 때문이었다."

그때부터 대니는 그 모임에서나 다른 곳에서 기도할 때 자신의 치유보다는 용서를 구했다. 대니는 오빠와 소원한 관계였다. 가족 중에서 오빠와 가장 사이가 좋지 않았다. 대니는 오빠가 자신을 무시한다고 느꼈다. 자신도 오빠의 높은 기준에 맞출 수 없다고 믿었다. 그들은 서로의 존재를 거의 인정하지 않았다. 함께 이야기할 수 있는 공동의 관심사도 없었다. 서로 가족의 일원이라고는 생각하나 개인적인 공감과 오누이의 정은 찾아볼 수 없었다.

대니는 오빠를 위해 기도하면서 하나님께 용서를 구했다. 기도 모임에서 한 참석자로부터 그런 이야기를 듣지 않았더라면 그런 기도를 할 생각도 못 했을 것이다.

✳ ✳ ✳

대니가 휠체어를 타지 않고 아무런 도움 없이 성당의 제단 앞으로 걸어 나가는 기적이 이루어지기 2주 전 대니와 더그는 메리 힐리 박사가 사흘 동안 저녁 시간에 성당에서 치유에 관한 강연을 한다는 소식을 들었다. 힐리 박사는 디트로이트 소재 세이크리드 하트 메이저 세미너리의 성경학 교수였다. 성경과 복음 전도, 치유, 영적인 삶의 전문가로 신망 높은 힐리 박사는 이틀 동안은 강연만 하고 마지막 날 저녁에는 치유 기도회를 인도할 예정이었다. 두 사람은 참석하기로 했다.

대니는 이렇게 기억했다. "힐리 박사는 기도에 관해, 또 용서하는 것과 용서받을 가치가 있다고 스스로 느끼는 것의 중요성에 관해 이야기했다. 그러면서 성경에 나오는 치유 사례를 집중적으로 다루었다. 특히 힐리 박사가 자신을 스스로 '치유자'로 생각하지 않는다고 강조한 것이 마음에 들었다. 치유하시는 분은 주님이시며 자신은 단지 그에 관해 우리에게 가르칠 뿐이라고 했다."

힐리 박사가 자신은 치유자가 아니라고 그처럼 명확히 밝히지 않았더라면 대니는 치유 기도회에 참석하지 않았을 것이라고 말했다. "내가 생각하는 인간 치유자는 TV에서 본 것이 전부였다. 사람들을 앞으로 나오게 한 뒤 이마를 살짝 치면 그들이 뒤로 넘어졌다가 일어나 갑자기 다 나았다고 말하는 그런 쇼 말이다. 사실 나는 힐리 박사의 치유 기도회가 어떤 식으로 진행될지 몰라 불안했다. 힐리 박사가 이틀 동안 강연에서 설명한 개념은 전부 다 이해할 수 있었다. 논리가 정연하고 비약이 없었다. 하지만 치유 기도회는 어떻게 될지 전혀 알 수 없었다."

대니는 특히 힐리 박사가 설명한 용서의 개념이 마음에 와닿았다. 과거에 집착하지 않고, 자신이 용서받을 자격이 없다는 느낌을 떨쳐야 한다는 생각이 들었다. 치유 기도회가 있기 바로 전의 일요일에 대니는 자신과 오빠의 소원한 관계에 관해 기도했다. 그러면서 자신에게 부당하다고 느끼게 한 오빠의 행동을 마음속으로 다 용서했다.

또 같은 날 치유 기도회를 앞두고 불안과 염려가 컸지만 성당의 청소년 전도회에서 일하는 줄리 베타와 함께 했다. 줄리도 기도 모임의 일원이었다. 줄리는 청소년 전도회 회원들을 데리고 랜싱 시내로 나갈 계획이었다. 일반 대중에게 치유 기도회 참석을 권하기 위해서였다. 대니도 그들과 함께 거리로 나갔다.

"믿음을 실천하는 아이들을 보니 가슴이 뭉클했다. 그들이 행인들에게 조심스럽지만 다정하고 사랑스럽게 말을 붙이는 모습이 정말 아름다웠다. 그러던 중 잘생긴 한 남자가 지나갔다. 아이들이 그에게 치유 기도회 참석을 권했다. 그는 걸음을 멈추고는 자신의 아버지도 목회자였으며 자신도 치유를 목격한 적이 있다고 말했다. 또 그는 그날 저녁 치유 기도회 초대를 흔쾌히 수락했다."

대니는 부모님을 초대했다. 어머니는 참석하기로 했지만 파킨슨병을 앓는 아버지는 안타깝게도 참석할 수 없었다. 더그는 그날 근무일이라 저녁 7시 기도회가 시작된 후 조금 늦게 도착하기로 했다.

대니와 어머니는 앞에서부터 열세 번째 열에 자리 잡았다. 대니는 이렇게 회상했다. "불안한 동시에 약간의 희망을 품고 기도회에 참석했다. 무엇을 기대해야 할지는 몰랐다. 아무튼 치유 기도회라고 하니 어떤 일이든지 일어날 수 있다고 생각했다. 나는 그런 기도회가 처음이어서 매우 초조했다."

찬양이 시작되었다. 대니의 오른쪽에는 거리에서 청소년 신자들의 초대를 수락한 그 잘생긴 남자가 앉아 있었다. "그도 나처럼 찬양을 즐기는 것 같았다. 그는 성령이 충만한 듯 기쁨이 넘치는 모습으로 노래를 따라 불렀다. 나도 이 기도회가 혹시 나와 관련이 있을지 모른다는 막연한 기대를 떨쳐 버리려고 애쓰며 마음 편하게 그 남자가 행복해하는 모습을 보며 함께 기뻐하려고 했다. 모든 참석자가 편안해 보였다. 하지만 나는 여전히 무슨 일이 일어날지 모른다는 생각에 약간 초조했다."

곧 더그가 도착해 대니와 그녀 어머니 곁에 앉았다. 힐리 박사는 치유와 믿음, 기도에 관해 이야기했다. 어느 시점에서 대니는 참석자 중 일부가 자발적으로 두 손을 위로 들어 올리는 것을 보았다. 힐리 박사는 그렇게 손을 들어 올리고 싶으면 어린아이의 마음으로 그렇게 한다고 생각하라고 조언했다. 팔을 들어 올리며 아버지에게 끌어올려 달라고 하는 것처럼 말이다.

대니는 이렇게 말했다. "나는 힐리 박사의 조언대로 생각하며 손을 위로 들어 올렸다. 주님이 나의 아버지이고 내가 그의 어린 딸인 것처럼 나는 그에게 나를 잡아 주고 안아 주고 보살펴 달라고 마음속으로 간절히 기도했다." 그러자 갑자기 주변이 어두워졌다. 하나님이 그녀 앞에 서서 그녀를 붙들려고 팔을 뻗었다. 대니는 즉시 하나님이 자신을 돌보아 주신다고 느꼈다. "그때 나는 주님을 쳐다보았다. 그는 성당의 다른 남자들과 크게 다르지 않아 보였다. 그냥 이웃 아저씨나 친구인 듯했다. 우리 중 한 사람처럼 아무런 거리감이 없었다. 그때 내 양쪽 귀에 물이 쏟아져 들어가는 것처럼 느껴졌다."

대니는 더그를 쳐다보며 말했다. "인공호흡기를 떼도 괜찮겠죠?"

더그는 확신이 서지 않았다.

힐리 박사는 기도회 참석자들을 향해 이렇게 말했다. "방금 누군가의 폐 기능이 정상이 되고 있다는 지식의 말씀을 성령님에게서 받았습니다."

더그는 대니를 쳐다보며 말했다. "호흡기를 떼 봐요."

대니는 호흡기를 뗐다. "호흡기 없이 첫 숨을 쉬었다. 들이쉬고 내쉬었다. 다시 들이쉬고 내쉬었다. 네 번을 반복하고 나자 이제 괜찮다는 것을 알 수 있었다. 내 마음속에서 모든 일이 한꺼번에 진행되고 있었다. 마치 꿈을 꾸는 듯했지만 분명히 꿈은 아니었다. 꿈에서는 무엇인가 주변 현실과 맞지 않기 마련인데 그런 게 전혀 없었다. 내가 보는 모든 것, 내가 듣는 모든 것, 내가 느끼는 모든 것이 실제였다. 꿈이 아니라 현실이었다."

대니의 눈에서 눈물이 주르륵 흘러내렸다. 어머니가 그녀를 위로하려고 했다. 어머니는 대니의 눈물이 실망의 눈물이라고 생각했다. 그러나 그 눈물은 말할 수 없는 놀라움과 감사의 눈물이었다. 세 사람은 너무나 놀라 어안이 벙벙한 상태로 앉아 있었다. 대니가 계속 숨을 정상적으로 들이쉬고 내쉬자 어머니는 이제 딸이 인공호흡기에 의존할 필요가 없다는 사실을 깨달았다.

그때 힐리 박사가 이렇게 말했다. "이 자리에서 치유가 된 사람이 있으면 단상에 올라와서 자신의 이야기를 들려주면 감사하겠습니다."

대니는 호흡장애가 단숨에 치유된 이 놀라운 이야기를 하러 앞으로 나가려 했다. 더그는 대니가 통로로 나갈 수 있도록 일어섰다. 대니의 어머니 린다는 그녀 곁으로 돌아서서 그녀가 앉을 수 있도록 휠체어를 펼쳤다. 하지만 대니는 휠체어를 타지 않고 두 발로 혼자 걸었다. 린다는 휠체어를 끌며 그 뒤를 조용히 따랐다. 처음엔 대니가 흥분된 상태라서 휠체어에 앉을 생각을 못 한 줄 알았다.

그러나 대니의 걸음이 계속 이어지면서 세 사람 모두의 '이건 현실이야'라는 행진이 시작되었다.

더그는 그녀의 말이 진실이라는 사실을 서서히 깨달았다.

꿈이 아니라 현실이었다.

린다도 대니가 이제는 쓰러지지 않고 혼자 걸을 수 있다는 사실을 깨달았다.

꿈이 아니라 현실이었다.

대니의 치유는 꿈이 아니라 현실에서 일어난 기적이었을 뿐 아니라 그 순간에 그치지 않고 지속되었다. 그녀는 계속 혼자서 힘들이지 않고 걸을 수 있었다. 계단을 오르내리고 침대를 뛰어 오르내리는 능력도 조금도 줄어들지 않았다. 기쁨과 감사가 넘치는 마음도 지속되었다. 치유 기도회 직후 대니와 더그는 힐리 박사와 칼 신부를 따로 만났다. 칼 신부는 대니의 치유가 하나님이 아무런 조건 없이 주신 선물이라고 강조했다. 은혜를 갚아야 한다는 생각은 하지 말라고 했다. 그러나 대니와 더그는 계속 하나님의 사역을 위해 봉사하고 싶어 한다. 아직은 어떤 일을 해야 할지 알 수 없다. 다만 그들은 여러 가지 방법으로 자신들의 이야기를 다른 사람과 나누고 싶은 마음이다. 그들은 자신들의 이야기가 다른 사람들에게 영감과 희망을 주고, 우리 모두의 어두운 시기에 한 줄기 빛이 될 수 있기를 소원한다.

그날 밤 하나님께서는 치유의 대상으로 왜 대니를 선택하셨을까? 대니는 그 질문에 이렇게 답했다. "그처럼 치유를 받는 것은 부분적으로는 내가 믿음을 갖고 열린 마음으로 주님께 치유를 구했기 때문이라고 생각한다. 나는 치유 기도회에서 주님을 향해 손을 들어 올리면서 난생처음 나의 모든 것을 달라지게 해 달라고 간절히 기도했다. 그냥 작은 것을 얻게 해 달라거나 작은 일을 도와 달라고 기도하지 않고 처음으로 큰일을 이루어 달라고 기도했다. 나의 멘토인 빌루이스가 그렇게 하는 것이 중요하다고 가르쳤다. …… 아울러 더그와 나는 과거의 수많은 자랑스럽지 못한 일을 인정하는 것이 중요하다고 믿는다. 시간 되돌리기가 가능하다면 과거로 돌아가서 몇 가지를 바꾸고 싶지만 그럴 수는 없다. 주님이 원하시는 대로 창조한 사람이 바로 지금의 나이기 때문에 그것을 바꾸어서는 안 된다. 따라서 좋은 면, 나쁜 면, 추한 면이 모두 어우러져 지금의 나를 만든다. 그리고 지금의 내가 있도록 한 모든 것이 주님의 치유를 받을 수 있다. 누구든지 치유를 받을 수 있다. 주님이 누구에게 치유를 베풀지 어떻게 결정하는지는 나도 모른다. 하지만 간절히 원하지 않거나 또 제대로 받을 준비가 되어 있지 않다면 절대 그 선물을 받을 수 없다고 믿는다."

더그는 이렇게 덧붙였다. "노숙자들이 많은 도심지역에서 살다 보면 주님의 치유가 필요한 사람들을 많이 본다. 단순히 우리 삶에서 경제와 생활 수준이 높아져 이 세상에 문제가 없다고 생각한다면 기적이 무슨 의미가 있는가? 지금 우리는 깊은 연민을 갖고 사람들의 삶에 주님을 끌어들여 그들이 주님을 알 수 있도록 하는 방법을 고민한다. 우리가 주님을 아는 것처럼 그들도 그를 알고, 우리가 주님을 체험하는 것처럼 그들도 그를 체험할 수 있도록 돕고 싶다."

대니는 더그의 메시지를 부연 설명했다. "얼마 전에 누군가가 나에게 나의 세계는 무엇이 다른지 물었다. 나는 이렇게 답했다. '세계는 똑같다. 그러나 이 세계에서 우리 관점과 우리 역할은 크게 달라졌다. 우리가 생각하는 이 세계는 주님의 나라다. 많은 사람이 주님의 존재를 부인하고 싶어 한다. 하지만 그분은 모든 것을 관장하신다. 다시 말하지만 세계는 똑같다. 거리에는 여전히 노숙자가 많다. 하지만 지금 우리는 그런 사람들을 모두 주님의 자녀로 본다. 우리와 똑같은 주님의 자녀다.'"

대니는 이전에 자신이 쓰레기 같은 자투리로 만들어졌다고 생각하고 자신이 망가진 사람처럼 느꼈다. 그 문제는 이제 어떤 식으로 달라졌을까? "지금 생각해 보면 내가 실제로 망가진 적은 없다. 내 생각과 아이디어는 약간 망가졌었다. 하지만 물리적으로 망가진 것은 없었다. 이 세상에서 과거의 나처럼 느끼는 사람이 있다면 나는 내 곁에 계시는 주님이 그들 곁에도 있다는 것을 보여 주고 싶다. 꿈 속의 환영에서 나에게 등을 돌리고 서 있던 남자는 주님이 아니었다. 내가 치유받던 날 나에게 얼굴을 보여 준 그분, 마음이 따뜻하고 인자하신 그분이 주님이셨다."

하나님은 실제다. 꿈이 아니라 현실이다.

더그와 대니의 이야기는 영화 대본이 아니라 실제적이고 적극적이며 은혜와 자비를 베푸시는 하나님이 스스로 정한 시간에 기도에 응답하신 것이다. 대니는 어린아이가 아버지에게 안아 달라고 하듯이 하나님을 향해 두 팔을 들어 올려 붙들어 달라고 도움을 청했고, 그 요청이 받아들여졌다.

하나님과 갖는 이런 관계가 바로 놀라운 은혜의 선물이다.

대니는 이렇게 마무리 지었다. "주님의 권능과 평강은 우리 모두의 안에 있다. ······ 주님은 부업으로 치유를 베푸시는 게 아니다. 치유는 주님의 본업이다. 주님이 치유자이시다."

코로나19 덕분에 되찾은 생명

사망의 문턱에 있던 여성이 믿음을 통해 소생하면서
삶을 짓누르던 두려움과 절망감에서 완전히 해방된다.

오직 믿음으로 구하고
조금도 의심하지 말라
의심하는 자는
마치 바람에 밀려 요동하는 바다 물결 같으니

—야고보서 1장 6절

아홉 살인 리자는 어깨를 펴고 꼿꼿이 서서 옷의 주름을 펴며 매무새를 고쳤다. 그러고는 당당하게 통로를 걸어 나갔다. 교인들의 시선이 느껴졌다. 리자가 조지아주 더글라스에 있는 제1침례교회 성도들 앞에서 믿음을 고백하고 세례를 받는 날이었다.

지금 리자는 그때를 돌이키며 이렇게 회상했다. "전혀 두렵지 않았다. 나는 그냥 내가 세례를 받아야 한다는 사실을 알았다." 그 어린 나이에도 리자는 하나님이 자신에게 하시는 말씀을 알아듣고 그같이 결정했다.

리자는 자신을 주님의 손에 맡기면 늘 편안했다. 태어나 그 교회에 다니기 시작하면서부터 그곳은 리자에게 제2의 집이었다. "교회의 문이 열릴 때마다 우리는 그곳에 있었다."

그날 세례식에서 따뜻한 물속으로 들어가면서 리자는 자신이 얼마나 특별한 존재인지 느끼며 가슴이 벅차올랐다.

✳ ✳ ✳

그로부터 40년 뒤. 그동안 리자는 결혼하고, 자녀를 갖고, 원하던 대로 교사가 되어 충실히 봉사했다. 그 모든 여정에서 리자는 늘 하나님의 신실하심을 느끼고 감사했다.

그러다가 갑자기 전혀 예상하지 않았던 일이 일어났다. 마음이 이상해졌다. 자신이 쓸모없어 버려진 듯이 느꼈다. 어디에 있어야 할지, 무엇을 어떻게 해야 할지조차 알 수 없었다. 외로움. 버림받은 느낌. 너무나 괴로워 극단적인 생각까지 했다. "그때 내가 죽게 해 달라고 하나님께 기도했다." 나이 마흔아홉에 독실한 크리스천이던 리자 마틴은 자신이 스스로 목숨을 끊을 수는 없다는 사실을 알았다. 그래서 대신 하나님께 자신이 죽게 해 달라고 기도했다.

리자와 남편 제프는 자녀 네 명을 훌륭한 성인으로 키웠다. 리자는 교사로서 보람 있는 삶을 살았다. 제프는 목회자에서 자영업자로 직업을 바꾸어 성공했다. 그들 가족은 친구도 많았고, 모든 면에서 아쉬울 게 없는 인생을 누렸다.

그럼에도 리자는 어느 날 문득 자신이 버림을 받았다고 느꼈다.

"내가 죽어도 다른 사람들은 아무런 문제가 없겠다 싶었다. 내가 없다고 아무도 아쉬워하지 않을 것 같았다." 리자는 어쩌다 이렇게 되었는지 아무리 생각해도 알 수 없었다. '왜 내 인생이 이처럼 달라졌을까? 얼마 전까지만 해도 사람들은 나를 필요로 했는데 왜 이제는 내가 그들에게 없어도 괜찮은 존재가 되었을까?' 어린 시절 리자의 순전한 확신은 온데간데없었다.

물론 궁극적으로 하나님은 리자가 자신의 가치를 과소평가했음을 보여 주고, 그녀가 소중하며 사랑받는 존재라는 사실과 함께 어린 시절의 그 확신을 되찾아 주실 것이다. 그러나 그렇게 되기까지 리자는 벼랑 끝의 아슬아슬한 위기를 겪어야 했다.

✳ ✳ ✳

자녀가 다 자라서 집을 떠나면 부모는 종종 상반된 감정으로 혼란을 겪는다. 흔히 말하는 달콤하면서도 씁쓸한 기분이다. 아이들을 등하교시키고 과외활동에 데려가는 운전기사 역할을 면하고 나면 홀가분해지면서 자유를 만끽할 수 있다. 또 자녀가 남부럽지 않게 잘 자랐고 성숙한 것을 보면 보람과 뿌듯함도 느낀다. 그러나 한편으로 자녀가 의지하던 보호자 역할이 못내 아쉬워질 수도 있다. 바로 그런 이유로 부모는 자녀가 떠난 '빈 둥지'를 보면서 삶의 목적을 잃고 낙담하기도 한다.

2020년 리자는 딸들과 아들이 모두 집을 떠나자 이제 자신이 더는 목표도 없고 쓸모도 없다고 느끼기 시작했다. 세 딸 매디슨, 하퍼리, 나탈리가 모두 독립했고 아들 잭슨은 타지에 있는 대학에 입학했다. 남편 제프는 다섯 개의 사업체를 운영하느라 바빴다. 리자는 자신이 누구에게도 인정받지 못하는 외톨이가 되었다고 느꼈다.

리자는 가족과 친구들이 자신에게서 등을 돌렸다고 생각했다. 그녀는 언어교육 전문 교사였다. "나는 가르치기를 아주 좋아한다. 그보다 더 좋아하는 일은 없다." 하지만 이제 교사직을 그만둘 수밖에 없는 사정이 생겼다. 교육과 연관된 분야의 새 일자리를 찾았지만 교사만큼 보람 있는 일은 아니었다.

리자는 괴로워하기 시작했다. '더 이상 가르칠 수 없다면 무엇을 해야 할까? 자녀들이 예전처럼 나를 필요로 하지 않는다면? 남편이 나와 함께하는 삶보다는 일에 관심이 더 많다면?' 그녀 앞에 두렵고 거대하고 위협적인 미지의 미래가 다가오고 있었다.

우리는 모두 인생의 어느 시점에서 그런 의문을 품게 마련이다. 사회적인 성공과 출세에 자신의 전부를 쏟아붓고는 사람들이 자신을 원하고 필요로 하기를 바라는 경우에는 특히 더 그렇다. 예를 들어 스스로 자신이 늘 베푸는 사람이라고 철석같이 믿었는데 이제 자신에게는 줄 수 있는 게 아무것도 남아 있지 않다면 어떤 마음일까? 그때는 아마 계속 살아야 할 이유가 없다고 느낄 수 있다.

2020년 9월 그런 고민이 리자의 머리를 떠나지 않았다. 제프는 아내가 불행해 보이고 삶의 활력을 잃은 듯하다고 생각했지만 당시에는 그녀의 속마음과 느낌을 속속들이 알지 못했다. 리자는 죽고 싶다는 생각을 하나님과 동생 파커에게만 털어놓았다. 그녀는 만약 하나님이 사고나 병으로 자신을 죽게 함으로써 기도에 응답해 주신다면 소생이나 생명 연장을 위한 의학적인 조치를 하지 않아야 한다는 점을 확실히 해 두고 싶었다. "그래서 변호사를 찾아가서 유언장을 고쳤다. 내가 위독한 상태가 되었을 때 존엄사를 할 수 있게 해 달라는 뜻을 명확히 밝혔다. 그때만 해도 나는 인공호흡기가 무엇인지 잘 몰랐다. 만약 내가 병에 걸린다고 해도 10여 년 뒤에나 그런 장치를 고려할 필요가 있을 것으로 생각했다."

리자는 사람들이 자신을 어떻게 생각하는지를 크게 잘못 생각했다. 자기 삶이 텅 비었다는 생각도 터무니없는 오해였다. 그러나 자신이 병에 걸릴 것이라는 그녀의 생각은 틀리지 않았다. 결국 위독할 경우 생명 연장 조치를 하지 말라는 생전 유언이 적용되어야 하는 상황이 닥쳤다.

그로부터 몇 달 되지 않아 리자는 코로나19에 따른 합병증으로 위독해졌다. 그녀는 혼수상태로 병상에 누워 있었다. 방역을 위한 격리 규정이 허용하는 한도 내에서 가족들이 그녀 곁에 머물렀다. 시간이 얼마 남지 않은 듯했다.

리자가 잘 몰랐던 인공호흡기는 어떻게 되었을까? 가족들은 열하루 더 인공호흡기를 사용하기로 했다. 그 장치가 리자의 생명을 유지하고 있었다. 그녀의 신체 기능은 거의 중단되었다. 의사들은 임종이 시간 문제라고 가족들에게 통보했다.

이제 그 문제는 하나님의 손에 맡겨졌다.

* * *

스스로 강단이 있다고 말하는 리자는 어린 나이에 세례를 받기로 한 결정을 두고 조금도 의심하거나 회의하지 않았다고 말했다. "전혀 의문을 품지 않았다. 그 후 나는 늘 믿음을 가졌다."

리자는 하나님의 인도하심도 신실하게 따랐다. 그녀는 여섯 살 때 한 살 위인 미래의 남편 제프를 만났다. 그녀는 열다섯 살 때 계단을 내려가는 동안 누군가가 자기 귀에 대고 '너는 제프와 결혼할 거야'라고 속삭이는 소리를 들었다고 기억했다. "그건 하나님의 속삭임이었다. 하나님이 나에게 실제로 말씀하신 게 그때가 처음이었던 것 같다. 그러고도 여러 번 그와 같은 경험이 있다. 흔히 여성들은 아기를 갖게 되면 속에서 나비가 날개를 펄럭이는 듯한 느낌이 든다고 말한다. 하나님이 나에게 말씀하실 때면 나도 뜬금없이 내 마음속에서 그런 나비의 날갯짓 같은 것을 느낀다."

리자와 제프는 둘 다 하나님의 인도하심을 구했다. 결혼하기 전 제프는 목사로 부르심을 받은 것 같다고 말했다. 리자도 흔들림 없는 믿음으로 교회에서 적극적으로 활동했고, 성가대의 일원이었다. 그녀는 제프의 말을 그대로 받아들였다. 제프는 목회자 소명에 대해 좀 더 확신이 필요하다고 생각했다. 결혼 후 3년째 되던 해에 리자는 교사로 일했고, 제프는 아버지의 사업을 돕고 있었다. 그는 방송 분야의 학위를 갖고 있었지만 그 분야는 일자리가 적고 경쟁이 치열했다. 이런저런 사정을 감안하여 제프는 방송사에 바로 취직하기보다 먼저 자신이 목회자로서 하나님의 부르심을 받은 것이 확실한지 알아보는 기회를 갖기로 결심했다. 그는 목회자가 참된 소명이라는 확신을 하나님이 주시지 않는다면 바로 포기하기로 마음먹었다.

그래서 제프는 연초에 특이한 계획을 세웠다. TV 프로듀서로부터 일자리 제안 전화를 받는다면 그건 하나님이 그를 목회자로 부르시는 소명이 확실하다고 보고 그 제안을 거절한다는 계획이었다. 혹시 누가 그 계획을 망칠지 모른다는 생각에 제프는 아내와 교회 목사님에게만 그런 생각을 털어놓았다.

7월 어느 날 저녁 리자와 제프는 새집의 베란다에 앉아 귀뚜라미 우는 소리를 듣고 전등 불빛 아래 날개를 펄럭이는 나방을 보고 있었다. 그때 전화벨이 울렸다. 리자가 가서 전화를 받았다. 전화 건 사람이 자신을 소개했다. 그는 지역 제휴 방송사 소속이라며 제프에게 일자리와 관련해 통화하고 싶다고 했다. 리자는 그날 저녁 일을 이렇게 회상했다. "희한했다. 그는 제프를 바로 바꿔 달라고 하지 않고 모든 것을 나에게 설명했다. 하나님이 나를 통해 메시지를 전한다는 생각이 들자 나는 전화기를 떨어뜨리며 큰소리로 제프를 불렀다. '당신을 불렀어요.' 그는 어리둥절한 표정으로 나를 쳐다보았다. '누가 부르는데 그래요?' '하나님께서 당신을 목회자로 불렀다고요.'"

제프가 전화를 넘겨받아 자신을 소개했다. 전화를 건 사람은 용건을 다시 설명했다. 제프는 이야기를 다 듣고 고맙다며 전화를 끊었다. 나중에 그는 하나님이 그 사람을 사용해 자신에게 메시지를 전했다는 생각이 들었다고 말했다. 리자도 그 사람이 자신에게 먼저 모든 것을 설명한 것이 하나님의 의도였다고 믿었다. 제프가 가려는 길이 옳다는 사실을 하나님께서 확인해 주시는 것이라고 리자 자신도 믿을 수 있도록 그렇게 하셨다는 뜻이다.

"우리는 하나님의 부르심이 확실하다고 생각하고 바로 모든 것을 정리했다. 우리 둘 다 일자리를 그만두고 제프가 다닐 신학교가 있는 앨라배마주 버밍햄으로 이사했다. 하나님의 부르심을 확신할 수 있다는 사실이 너무 기뻤다."

하지만 삶의 큰 변화도 필요했다. "결혼하면서 나는 우리 인생이 이제 확정되었다고 생각했다. 조지아주 더글러스에서 가족 모두와 함께 남은 생을 살아가는 것이었다. 제프는 가업을 이어받을 생각이었다. 그런데 갑자기 가족과 친구들을 전부 떠나야 했다. 경제적으로 넉넉하지는 않았지만 버밍햄에 집을 하나 살 수 있었다. 제프가 신학교에 다니는 동안 빠듯하게나마 생활할 수 있었다. 결혼할 때 장만한 가구들이 새집의 인테리어와 잘 맞아 새로 구입할 게 별로 없었다. 하나님은 우리에게 필요한 것을 꼭 필요한 때 아주 적절한 방식으로 공급해 주신다." 그동안 저축한 돈으로 그들은 제프가 신학교를 졸업할 때까지 버텼다. 그때 그들은 세 딸의 자랑스러운 부모였다.

희한하게도 제프의 미래와 돈은 계속 연결되었다. 대다수 신학교 졸업생처럼 제프도 자신을 목사로 받아 줄 교회가 있을까 조바심이 났지만 전혀 걱정할 필요가 없었다. 그에게 관심을 보인 교회가 일곱 군데나 되었다. 전부 다 좋은 기회인 듯했다. 조지아주의 가족들과 가장 멀리 떨어진 곳에 있는 교회도 상당히 괜찮아 보였다. 어느 날 제프가 리자에게 말했다. "여보, 꿈을 꾸었는데 거기서 1972년 주조된 25센트짜리 동전이 나왔어요. 어느 교회로 갈지 결정할 때 이 동전이 관련 있나 봐요."

리자는 말도 안 된다고 생각했지만 그냥 따라 주기로 했다. 그들은 여러 교회를 다니며 선정위원들을 만나고 제프는 그들 앞에서 설교 시범을 보였다. 전부 다 좋아 보였다. 제프는 2주 동안 생각할 시간을 달라고 했다. "그동안 우리는 계속 1972년도 동전의 징표를 찾았다. 시내 광고판에서 볼 수 있을지 어떤 식으로 나타날지 알 수 없었다. 가족들은 더글러스 가까이 있는 교회를 선택하라고 우리를 설득하려 했다. 하지만 우리는 하나님의 뜻에 순종하고 싶었다."

제프와 리자도 마음으로는 더글러스에서 가까운 웨이크로스에 있는 교회의 제안을 받아들이고 싶었다. 제프는 주어진 2주 동안 웨이크로스 쪽으로 마음을 굳히고 동전 형태로 주어질 하나님의 징표만을 기다렸다. 그러던 어느 날 리자는 세 딸을 데리고 버밍햄의 윈딕시 슈퍼마켓에 갔다. 리자가 쇼핑을 마치고 계산할 때 점원이 잔돈으로 그녀의 손바닥에 지폐와 동전을 얹어 주었다. 그중에 1972년도 25센트짜리 동전이 있었다. "나는 바로 제프에게 전화를 걸었다. '부르심의 징표가 드디어 나타났어요. 웨이크로스의 교회를 선택하라는 뜻이 분명해요. 당신이 말했듯이 하나님이 응답하신 거예요. 슈퍼마켓 점원이 1972년도 25센트짜리 동전을 내 손에 쥐어 주었어요.' 나는 오늘날까지 그 동전을 갖고 있다."

같은 맥락에서 보면 리자가 절망에 빠졌을 때 또다시 하나님께 매달려 죽게 해 달라고 기도한 이유를 더 쉽게 이해할 수 있다. 하지만 이번에는 하나님께서 그 대신 그녀가 진정으로 사랑받는 존재라는 사실을 알도록 해 주는 징표를 보내 주셨다.

✳ ✳ ✳

2020년 9월이 시작되면서 미국에서 19만 명 이상이 코로나19로 사망했다. 새해가 시작될 때쯤 사망자 수는 37만 5000명 이상으로 급증했다. 리자는 코로나바이러스 감염을 막기 위해 권장되는 방역 조치를 철저히 따랐다. 반면 제프는 자녀들을 뒷바라지하기 위해 일에 몰두하며 코로나바이러스를 지나치게 걱정할 필요가 없다고 생각했다.

리자는 다른 건강 문제도 우려하고 있었다. 암이 의심된다는 검진 결과 때문이었다. 코로나19 팬데믹으로 받는 스트레스에 더해 암 걱정까지 해야 했다. 그런데 또 다른 경보가 울렸다. 얼마 후 찍은 유방 X선 촬영 영상에서 상당히 큰 덩어리가 보였다. 이른 시일에 조직검사를 하라는 통보를 받았다. 그녀의 암울한 정신 상태에 또 다른 환영이 나타났다. 죽음을 통해 끔찍한 심령의 고통에서 해방되는 것이었다.

리자는 제프에게 이렇게 말했다. "만약 암이면 치료받지 않겠어요. 그냥 가게 나를 내버려 두세요. 짧으면 몇 달, 길면 몇 년을 더 살려고 그 복잡한 화학요법과 치료를 받을 필요가 없어요. 죽으면 내가 어디로 가는지, 내가 누구에게 속하는지 잘 알아요."

제프는 아내의 정신과 정서 상태를 걱정했다. 시간이 흐르면서 갈수록 나빠지는 게 뻔히 보였기 때문이었다. 그는 아내에게 자신과 다른 사람들이 모두 그녀를 사랑한다고 말했지만 먹혀들지 않는 것 같다는 인상을 받았다.

하지만 그에게는 아내 문제 외에도 신경 쓰고 처리해야 할 일이 많았다. 목회를 그만둔 그는 딸 하퍼 리의 도움으로 사업체 여러 개를 운영하며 눈코 뜰 새 없이 바빴다. 제프는 사무실에서 코로나19 방역 규정을 엄격히 따르지 않았다. 리자가 아무리 이야기해도 소용이 없었다. 팬데믹 위기라고 요란을 떠는 것이 선거가 있는 해에 나타나는 정치 선동이라고 느꼈다. 그는 감염자와 사망자 수치를 보고는 걱정할 필요가 없다고 판단했다. 대부분 사흘 정도 감기를 앓는 정도인데 겁먹을 이유가 없다는 생각이었다.

9월 중순 제프가 고용한 회계사가 감기 기운으로 병원에 갔다. 검사 결과 코로나19 양성이었다. 파트타임 영업사원으로 일하던 그녀의 남편도 확진되었다. 제프는 속이 상했다. 사무실을 폐쇄하고 직원들 모두 검사를 받아야 했다. 또 사무실을 소독해야 했다. 그는 딸과 함께 선별진료소에 가서 검사받았다. 그는 양성, 딸은 음성이었다.

리자는 그 소식을 듣자 화가 머리끝까지 났다. 검사 자체가 싫어서가 아니라 남편이 자신의 충고를 무시하다가 모두 검사를 받아야 하는 상황을 초래했다는 것이 짜증 났다. 그녀는 제프가 고집을 부리지 않고 사업의 재정적 안정보다 직원들의 건강을 좀 더 걱정했더라면 충분히 피할 수 있었던 일이라고 느꼈다. 일의 가치와 코로나19 위험에 대한 부부간의 엇갈린 신념이 위기에 도달했다. 그러면서 그들 사이에 긴장이 높아졌다. 얄궂게도 그녀가 삶의 괴로움 없이 죽게 해 달라고 하나님께 구한 것을 생각하면 그에 대한 응답이 아니라 더 나쁜 걱정이 실현되고 있었다. 그녀는 코로나19 때문에 자신이 죽을 것이라고는 꿈에도 생각하지 않았다. 하지만 그 때문에 자신과 남편이 고통스럽고 불필요한 일을 겪어야 하는 것이 너무 괴로웠다.

그날 밤 리자는 약간 열이 났다. 리자와 제프는 각각 다른 방에서 격리하기로 했다. 하퍼 리가 아래층에서 지내며 부모님이 필요한 것을 날라 주면서 그들을 돌보았다. 그들은 항생제를 복용하고, 수분을 많이 섭취하고, 호흡에 지장이 없도록 기도 개방을 유지하기 위해 자주 샤워를 하며 이겨 내기로 했다. 리자의 상태가 더 빨리 악화했다. 열이 치솟았다. 차가운 실외 풀장에 몸을 담가도 열이 내리지 않았다. 제프는 활력징후를 철저히 모니터했다. 그들은 악화하는 증상을 관리하기 위해 집에서 할 수 있는 모든 조치를 다 취했다.

리자는 처음엔 감염된 남편을 자신이 돌봐야 한다고 생각했지만 역할이 뒤바뀌었다. 제프도 힘든 상태였지만 이제는 그가 리자를 돌봐야 했다. 9월 26일 리자는 혼자 격리된 침실에서 다급하게 제프를 불렀다. 호흡곤란 때문이었다. 폐에 심한 통증이 왔다. 제프가 힘든 몸을 끌고 나와 그녀를 살폈다. 그는 늦은 밤이라 어쩔 수 없고 힘들지만 견디다가 아침이 되면 산소통을 구할 수 있는지 알아보겠다고 말했다. 그는 자기 방으로 돌아갔다. 고열과 움직임으로 지친 그는 곧 깊은 잠에 빠져들었다.

밤사이에 리자의 상태가 더 나빠졌다. 그녀는 겨우 욕실에 들어가 샤워기를 틀었지만 서서 버틸 수가 없어 바닥에 쓰러졌다. 그녀 위로 물이 계속 쏟아졌다. 리자는 혹시 제프가 들을 수 있을까 싶어서 벽을 두드리며 소리쳤다. 그러나 제프도 열을 내리기 위해 천장의 팬을 틀어 놓아 그 소음 때문에 리자가 부르는 소리를 들을 수 없었다. 리자는 흐느끼다가 소리 지르기를 반복하며 계속 샤워실에 있어야 했다. 좀 쉬다가 마지막 힘을 내어 욕실에서 기어 나와 침실로 갔다. 리자는 전화기로 제프에게 문자 메시지를 보냈다. '나 지금 바로 병원에 가야 해요.' 그녀는 '보내기' 버튼을 누르고 기다렸다. 기다림은 다음 날 아침 10시까지 이어졌다. 그때가 되어서야 제프가 깨어났다.

제프는 리자의 상태를 보고는 더럭 겁이 났다. 호흡이 너무 힘들고 고열로 피부가 벌겋게 달아올랐다. 제프는 그녀의 활력징후를 측정했다. 심박수와 열, 산소포화도가 전부 위험 수준이었다. 제프는 의사인 친구에게 전화를 걸어 다급하게 문의했다. 의사 친구는 리자를 즉시 병원으로 데려가라고 했다. 제프는 처음에는 근처 웨이크로스에 있는 소규모 병원에 가려 했지만 플로리다주 잭슨빌이나 조지아주 서배너에 있는 큰 병원에서 최대한 높은 수준의 치료를 받아야 한다는 생각이 들었다. 그러나 그 병원들은 차로 적어도 한 시간 반 정도 달려가야 했다. 의사 친구는 그럴 시간이 없다고 말했다.

리자는 구급차를 불러 달라고 했다. 하지만 제프는 자신이 직접 차를 몰고 가면 그보다 빨리 갈 수 있다고 고집했다. 의사 친구는 가려는 병원의 응급실에 전화를 걸어 리자의 상태와 활력징후를 미리 알려 주는 게 좋다고 조언했다. 그들은 웨이크로스의 메모리얼 시킬라 헬스 병원 외에 다른 병원으로 가는 위험을 감수할 수 없었다. 그 지역 전체에 코로나19가 기승을 부리고 있어서 환자들 모두 분초를 다투어야 하는 상황이었기 때문이다.

리자는 병원으로 간 과정이나 그 후 여러 날에 관한 기억이 거의 없다. "만약 내가 죽는다면 예수님과 함께 살 것이라는 사실을 분명히 하고 싶다고 생각한 것만 기억이 난다. '주여, 제가 오늘 죽는다면 당신과 함께 살고 싶어요. 당신은 저의 구주예요. 저는 천국에 가고 싶어요.'"

리자는 집중치료실로 가지 못하고 응급실 구역에서 대기해야 했다. 병원은 코로나19 환자로 가득했다. 순서를 기다려야 했다. 제프도 여전히 코로나19로 몽롱한 상태여서 아내가 어떤지 어렴풋하게만 인식했다. 의사는 그에게 먼저 자신을 돌보는 게 최선이라고 말했다. 실제로 그러한 상태로는 리자에게 별 도움이 될 수 없었다. 게다가 방역 규정에 따라 보호자의 병간호가 허용되지도 않았다. 제프는 서서히 회복 중이었지만 리자의 치료에 신경 쓰기는 어려웠다. 또 딸들이 리자의 치료를 위해 최선을 다해 돕고 있었다.

리자도 코로나19 투병 초기 단계에서는 치료에 적극적이었다. 코로나바이러스 때문에 죽는 것은 예상하지도 않았기 때문이다. "임시로 마련된 병실에 실려 가 수액주사를 맞을 때 나는 인공호흡기를 사용하게 해 달라고 요구했다. 최소한 다섯 번은 그렇게 요구했던 것 같다. 응급실에 들어가기 전에는 인공호흡기에 관한 이야기조차 듣지 못했다. 하지만 희한하게도 응급실에 들어가자 나도 모르게 내가 인공호흡기를 요구하고 있었다. 하나님이 나에게 그렇게 속삭여 주신 게 분명했다. 결과적으로는 내가 그렇게 요구함으로써 내 가족들이 모여 머리를 맞대고 앞으로 어떻게 할지 논의할 시간을 가질 수 있었다."

리자는 대다수 코로나19 환자에게 인공호흡기 사용은 사망 선고와 다름없다는 사실을 몰랐다. 통계를 보면 인공호흡기를 사용한 코로나19 환자 중 소수만이 회복했다. 리자는 위중증이었지만 의사들은 희망적이었다. 나이가 49세로 비교적 젊고, 두 차례의 암 조짐에도 불구하고 건강한 상태였다. 무엇보다 리자는 흡연한 적이 없어서 감염에도 불구하고 폐의 상태가 비교적 좋았다. 하지만 상태는 계속 악화했다. 리자는 인공호흡기 대신 호흡보조 장치를 사용하는 이중형양압기(BiPAP)의 마스크 때문에 힘들어했다. 자주 메스꺼움을 느껴 토했다.

리자를 맡은 간호사 중 한 명이 딸 하퍼 리의 오랜 친구인 해녀였다. 해녀는 가족들에게 리자의 상태를 계속 알려 주며, 리자가 인공호흡기 사용을 요구하지 않도록 최대한 설득하라고 조언했다. 제프는 리자에게 문자 메시지를 보내 고열 상태에서 숨쉬기가 너무 힘들어 인공호흡기 사용을 요구했겠지만 이제 그 생각을 더는 하지 않는 게 좋겠다는 뜻을 전했다. 리자는 답하지 않았다. 제프는 인공호흡기 사용이 초래할 잠재적 피해를 리자가 이해하는지 확신이 서지 않았다. 인공호흡기 사용으로 폐에 점액이 쌓이면 폐가 약해져 신체의 치유 기능이 떨어질 수 있다.

제프는 최대한 많은 사람이 리자를 위해 기도해 주기를 바라는 마음에서 페이스북에 글을 올려 친구들과 가족, 친척들에게 리자의 상태를 알리기 시작했다. 10월 1일이 되자 제프가 두려워했고 리자가 요구한 것이 현실이 되었다. 의사들은 이제 인공호흡기 사용이 최선이라고 판단했다. 리자가 매우 허약한 상태이긴 하지만 의사들은 그녀가 여전히 바이러스와 싸울 수 있을 만큼 강하다고 믿었다. 너무 오래 기다렸다가 면역체계가 더 약해지면 바이러스를 물리치기가 어려워진다. 의사들이 자세히 설명하지 않았지만 제프는 다양한 출처를 통해 상황을 정확히 파악했다. 삽관을 통해 인공호흡기로 호흡하도록 하는 조치가 너무 늦게 취해지면 리자는 인공호흡기를 사용한 코로나19 환자 중 살아남지 못하는 75퍼센트에 속할 가능성이 크다는 사실 말이다.

삽관 시술을 하기 전 리자는 제프와 네 자녀 중 세 명과 영상통화를 했다. 딸 가운데 매디슨은 학생들을 가르쳐야 해서 참석하지 못했다. 자신도 교사 출신인 리자는 매디슨의 처지를 충분히 이해할 수 있었다. 그녀는 허약한 상태였지만 최대한 밝은 모습을 보이려고 애썼다. 가족들도 그녀에게 계속 잘 싸우고 강해져야 한다고 격려했다. 그들은 리자를 사랑한다며 곁에 있고 싶지만 방역 규정상 그럴 상황이 되지 못해 안타깝다고 말했다.

집으로 돌아가는 길에 비가 내렸다. 제프는 울며 기도했다. '사랑하는 아내를 잃는다면 어떻게 해야 하나? 지금 당장 아내를 위해 할 수 있는 일은 무엇일까?' 궁극적으로 그는 그 두 번째 질문의 답을 얻었다. 결과가 어떻게 나오든 이 시간을 하나님께 영광을 돌리는 일에 사용해야 한다고 생각했다.

아울러 그는 이전의 자신처럼 코로나19를 대수롭지 않게 생각하는 다른 사람들에게 경각심을 불러일으키기 위해 자기 가족이 겪는 어려움과 치료 과정을 좀 더 자세히 페이스북에 올리기로 마음먹었다. 또 자신도 하루빨리 완전한 회복을 위해 노력하기로 결심했다. 검사하면 아직 양성반응이 나오기 때문에 리자를 만날 수 없었다. 그는 9월 27일 이래 아내를 직접 본 적이 없어 많이 보고 싶었다.

드디어 10월 5일 제프는 코로나19 검사에서 음성 판정을 받았다. 그는 결과를 받자마자 바로 병원으로 달려갔다. 집중치료실에 들어갈 수는 없었지만 유리 차단막을 통해 리자를 볼 수 있었다. 리자가 평온해 보여 기뻤다. 의료진은 리자의 상태에 관한 모든 정보와 사용하는 약 등을 친절하게 알려 주었다. 인공호흡기의 수치가 무엇을 의미하는지도 자세히 설명해 주었다.

제프는 오전 8시, 오후 1시, 오후 6시 하루 세 차례 리자를 방문했다. 사업도 일부 재개했다. 그동안 하퍼 리가 혼자서 사업을 이어 가느라 고생했다. 제프는 자신이 가정생활보다 일에 더 몰두했다는 리자의 불만을 기억하고 일과 가정생활의 균형을 맞추려고 애썼다. 그는 리자의 병과 치료가 어떻게 진행될지 시간이 말해 줄 것이라고 마음먹고 코로나바이러스와 그 바이러스가 일으키는 질병에 관해 더 잘 알기 위해 열심히 공부했다.

제프는 코로나19에 관한 정보를 함께 나누는 온라인 모임도 만들었다. 그는 과거 목회자로서 여러 차례 의료봉사를 이끈 적이 있어서 의사들을 불편하게 하지 않고 그들과 편하게 소통하며 많은 정보를 얻을 수 있었다.

제프가 참고 견딘 보람이 있었다. 인공호흡기를 사용한 지 열하루가 지나자 리자는 24시간 안에 두 차례의 코로나19 검사에서 음성이 나왔다.

이제 제프와 자녀들이 리자의 병실에 들어갈 수 있었다. 제프는 리자의 손을 잡고 입을 맞추었다. 보름 만에 처음이었다. 나탈리는 어머니의 손톱을 다듬어 주었다. 매디슨은 어머니가 좋아하는 음악과 피부를 진정시키는 로션을 들고 병실에 나타났다. 리자는 진정제를 많이 써서 의식이 깨어 있지 않았다. 하지만 제프는 목회할 때의 경험으로 그런 상태에서도 리자가 들을 수 있다는 사실을 알았다. 그는 자신이 선곡한 찬양 음악을 휴대전화에 담아 침상 위에 두고 계속 틀어 주었다. 그는 "리자 주변을 하루 24시간 내내 하나님을 찬양하는 음악으로 둘러싸고 싶었다"고 말했다. 그들 모두 리자에게 사랑과 격려를 듬뿍 안겼다.

리자의 부모님은 고령이기 때문에 면회 오지 못했다. 제프의 여러 일 중 하나는 그들에게 리자의 상태를 알리는 일이었다. 그는 하루에도 여러 번 문자 메시지를 보내고 전화도 했다.

제프는 아내를 치료하는 의료진에게 고마움을 표하고 그들을 위해 무엇인가 해 주고 싶었다. 또 그렇게 해야 한다고 생각하고 그들에게 커피와 도넛을 가져갔다. 그들은 의료를 직업으로 선택했을 때는 미처 상상하지도 못했던 규모로 환자들의 죽음과 트라우마를 다루면서 많이 괴로워했다. 그는 병원 측에 의료진의 정서적이고 영적인 필요에 부응하기 위해 성직자의 도움을 받는 방안을 건의하기도 했다. 그런 고통과 고난, 스트레스 속에서도 의료진이 발휘한 친절과 배려 정신은 환자들에게 큰 위안이 되었다. 그처럼 조지아주 웨이크로스의 메모리얼 시킬라 헬스 병원에는 '주라 그리하면 너희에게 줄 것이니'(누가복음 6:38) 정신이 충만했다.

대도시나 그 주변에 사는 사람들은 최첨단 의료서비스를 당연하게 생각한다. 그러나 지방의 사정은 사뭇 다르다. 시골 주민들은 최신 치료법이나 첨단 장비 서비스를 받을 수도 없고, 비용을 감당하기 어려운 경우도 많다. 제프는 코로나19에 관한 정보나 리자 같은 위중증 환자를 치료하는 최선의 방법을 다양한 경로로 얻을 수 있었지만 그럴 여유나 여건이 안 되는 사람도 많다.

제프는 리자의 인공호흡기를 떼고 생존 가능성을 높일 수 있는 새로운 치료법을 알게 되었다. 체외막산소화(ECMO) 치료였다. 말 그대로 혈액을 빼내어 기계 속에서 산소를 넣은 다음 다시 체내로 주입하는 방법이다. 그러나 웨이크로스의 메모리얼 시킬라 헬스 병원은 ECMO 치료에 필요한 장비나 전문 인력이 없었다. 더구나 이 치료법은 인공호흡기를 사용한 지 8일 이내에 실시해야 성공률이 가장 높다. 제프는 그 정보를 리자의 집중치료를 맡은 의사로부터 들었다.

이전에 다른 의사들은 리자 같은 위중증 환자를 효과적으로 치료하는 데 필요한 첨단 장비가 있는 큰 병원으로 옮기면 어떻겠냐는 의견을 제시했다. 제프도 리자를 전원시키려고 애썼지만 병상이 남아 있는 큰 병원이 없었다.

ECMO 치료에 적합한 시기가 다 지나가자 더는 머뭇거릴 수 없었다. 제프는 가능한 모든 수단을 다 동원했다. 그러나 애틀랜타주에 머리 대학병원으로 전원하겠다는 요청은 그 병원 측의 행정적인 지연으로 거부되고 말았다. 제프는 화가 났지만 물러서지 않고 페이스북을 통해 다른 사람들에게 도움을 요청했다. 놀랍게도 친척의 한 친구로부터 연락이 왔다. 플로리다주 게인스빌 병원에 아는 사람이 있는데 그곳에는 병상이 있다는 소식이었다. 하지만 그날이 공교롭게도 토요일이어서 꼭 필요한 보험회사의 협조를 받을 수 없었다. 안타깝게도 그 기회 역시 사라졌다.

제프는 기회를 주신 하나님을 찬양하다가 절차와 시스템 문제로 낙담하기를 반복했지만 계속 노력했다. 그는 도움을 주려고 나서는 사람이 그렇게 많은 것을 보고 놀라움을 금치 못했다. 그러나 여러 가지 이유에서 그 많은 기회도 열매를 맺지 못했다. 단 한 번은 일이 성사될 뻔했다. 조지아주 메이컨에 있는 병원으로 옮길 준비가 다 갖추어졌다. 그러나 헬기로 리자를 옮길 준비를 하는 도중 그녀의 혈중 산소포화도가 위험 수준으로 떨어졌다. 결국 리자는 웨이크로스의 병원 집중치료실에서 나오지 못했다. 제프는 '하나님이 개입하시는 중이니 믿고 맡겨야 한다'고 생각했다.

제프와 리자는 시련을 겪는 내내 많은 사람의 도움을 받았다. 제프는 특히 의료진을 포함한 많은 사람의 기도로 거기까지 올 수 있었다고 생각했다. 어린 시절 동급생이던 한 친구가 메이컨의 병원에서 신망 높은 전문의로 근무하고 있었다. 그녀는 제프와 이야기를 나누면서 암울하지만 반드시 필요한 메시지를 전했다. 리자의 상태가 너무 위중해 최악의 시나리오에 대비해야 한다는 것이었다. 제프는 또다시 하나님의 도움을 구하며 열심으로 기도했다.

리자의 상태는 더 나빠졌다. 몸에 체액이 차기 시작하면서 약이 추가로 처방되었다. 리자 같은 상태에서 합병증이 생기거나 약이 추가되면 몸이 더욱 허약해져 사망에 이르기 쉽다. 리자의 몸은 균형을 잡기 위해 위태로운 곡예를 하는 중이었다. 치유에 필요한 에너지 보유고가 얼마 남지 않았다.

그러다가 리자의 증상이 조금씩 나아지기 시작했다. 의사는 인공호흡기를 떼는 시술을 할 수 있을 것 같다고 말했다. 인공호흡기를 오래 사용하면 체내에 이산화탄소가 축적되어 신부전과 사망으로 이어질 수 있으므로 가능하면 빨리 떼는 게 좋다. 리자의 상태는 그 시술 일정을 잡을 정도로 호전되었다.

그러나 또다시 산소포화도가 크게 떨어졌다. 그 상태로는 의사들이 시술할 수 없었다. 그동안 좋아졌다가 나빠지기를 여러 번 반복했지만 이번에 다시 나빠지는 상황을 겪으면서 제프는 그 과정이 얼마나 위태로우며 리자가 아직도 살아 있다는 사실 자체가 놀랍다는 생각이 들었다. 시술을 기대했던 외과의사 중 한 명은 제프에게 산소포화도가 리자처럼 크게 떨어지면 다시 올리기가 거의 불가능하다고 말했다. 곧이어 의사들은 제프에게 리자의 생존 확률이 매우 낮다고 솔직히 전했다.

제프는 그 소식을 가족들에게 전하지 않기로 마음먹었다. 그들이 희망을 가져야 자신도 기운이 날 듯했다. 생명을 구할 수 있는 시술이 취소된 상황에서는 특히 낙담하지 않는 게 매우 중요했다. 제프는 리자에게 아직은 희망이 있다고 판단했다. 그 작은 병원에 코로나19 환자가 4명 더 입원했다. 리자의 수치가 크게 떨어진 그 주말 동안 제프는 두 가족이 사랑하는 이를 잃고 슬퍼하는 모습을 보았다.

그는 그들을 매우 안타깝게 생각하며 동시에 하나님의 풍성한 자비 덕분에 리자의 상태가 안정되고 차차 호전되고 있다는 사실에 감사했다. 리자가 기력을 조금씩 되찾으면서 가족들은 상황을 더욱 낙관하게 되었다. 의사들은 진정제 투여량을 줄였다. 그러면서 리자는 눈을 움직여 가족들과 소통하고, 고개를 끄덕이거나 흔들어 가족들의 질문에 대답할 수 있었다. 편안한지 묻자 리자는 머리를 세게 흔들었다. 통증이 심하다는 뜻이었다. 그 역시 달콤 쓸쓸한 순간이었다. 제프는 리자가 소통할 수 있는 것을 보고 기뻐했지만 한편으로 통증이 너무 크다는 사실에 가슴이 아팠다. 리자는 정신이 맑아지면서 통증 호소가 더 잦아졌다.

제프는 늘 "주님의 뜻대로 이루소서"라고 기도했다. 우리의 뜻이 아니라 하나님의 뜻에 맡기면 그에 따르는 힘든 고통을 감내해야 한다. 하나님이 우리를 위해 예비하신 것을 받아들이는 결과의 일부로써 고통을 겪는 경우가 많기 때문이다.

10월 20일 바로 그런 현실이 제프에게 찾아왔다. 리자가 급성호흡곤란증후군(ARDS) 진단을 받았다. 폐 조직이 경직되면서 폐의 팽창과 수축이 힘들어졌다. 리자의 뇌는 산소가 부족했다. 인공호흡기로 100퍼센트 순수 산소를 폐에 공급해도 뻣뻣해진 조직이 제대로 반응하지 않았다. 심장마비가 올 정도로 심박수가 오르기 시작했다. 의사들은 폐가 파열되지 않을 정도의 압력으로만 산소를 공급할 수 있었다. 산소포화도가 너무 떨어지면 영구적인 뇌 손상을 입을 수 있었다. 그날은 의사들이 시도하는 모든 조치가 소용없는 듯했다.

의료진이 황급히 리자에게 조치를 취하는 동안 제프가 불려 들어갔다. 그는 아내의 굳은 표정과 고정된 시선을 보고 가슴이 덜컥 내려앉았다. 죽음의 시선처럼 느껴졌다. 제프는 리자의 병상 곁에 무릎을 꿇고 하나님께 아내를 구해 주시기를 기도했다. 또 아내의 발을 붙잡고 "여보, 제발 가지 말아요. 내 곁에 있어 줘요"라고 호소했다.

제프는 소리 없이 울었다. 아내의 생명을 구하려고 애쓰는 의료진의 눈에도 눈물이 고였다. 제프는 괴로웠다. 아내를 보내기 싫었지만 그녀가 과거에 한 말이 떠올랐다. "그냥 가게 나를 내버려 두세요. 죽으면 내가 어디로 가는지, 내가 누구에게 속하는지 잘 알아요." 그래도 아내를 잃는다는 것은 견디기 힘들었다. 제프는 의사에게 가족들을 불러서 같이 아내에게 작별 인사를 해야 할 때가 되었는지 물었다.

의사가 고개를 끄덕였다. 제프는 명치에 강한 펀치를 맞은 것처럼 폐에서 산소가 모조리 빠져나가는 듯했다. 그는 리자의 부모님에게 전화를 걸어 모든 부모가 끔찍하게 생각하는 소식을 전했다. 또 그는 세 딸과 아들에게 같은 내용의 메시지를 문자로 보냈다. 의사들은 리자가 임시로 인공호흡기를 다시 사용할 수 있을 정도로 그녀를 안정시켰다. 가족들이 모였다. 한 명씩 병실로 들어가 리자를 위로하며 작별 인사를 고했다. 후회와 안타까움. 질문들. …… 엄마는 하퍼 리의 결혼식에 참석하지 못할 거야. …… 현실이 믿어지지 않았다. 대기실에서 그들은 무엇을 기다리고 있단 말인가? 리자의 죽음? 아니면 리자의 회복?

천만다행으로 기다림의 결과는 회복 쪽으로 나타났다. 얼마나 오래 지속될지는 모르지만 리자는 일단 위기를 넘겼다. 리자의 아버지 하워드가 호흡 의지를 잃지 말도록 그녀를 격려하는 데 앞장섰다. 그는 제프에게 산소포화도 수치가 어느 정도가 되면 견딜 만한지 물었다. 처음에 제프는 75라고 말했다. 하워드는 고개를 끄덕였다. 그는 리자를 잘 알았고 늘 특별한 관계를 유지했기 때문에 그녀의 산소포화도 수치를 올릴 수 있을 것으로 생각했다. 몇 분 뒤 그가 병실에서 나와서 리자의 산소포화도 수치가 75로 올랐다고 말했다. "그

다음은 얼마까지 올려야 하지? 85라고? 좋아, 한번 해 보지."

그러나 수치는 더 오르지 않았다.

그 사투를 벌이는 동안 리자는 완전히 탈진해 겨우 숨만 붙어 있는 상태였다. 이제 어떻게 해야 할지 모두 솔직하게 논의해야 할 시점이었다. 제프는 가족들에게 리자의 목숨이 경각에 달려 있다고 말했다. 물론 이전에도 여러 번 그 상태까지 이르렀지만 매번 회복하는 데 시간이 더 오래 걸리고 기력이 더욱 약해져 다음 위기에 대처하기가 점점 더 어려워졌다고 설명했다. 게다가 웨이크로스의 병원에서는 의사들이 치료의 한계에 도달했다고 그는 덧붙였다. 따라서 이제 그들은 이동에 따르는 위험을 무릅쓰고 리자를 다른 병원으로 옮기는 방안과 이대로 세상을 떠나고 싶다는 리자의 소원을 들어주는 방안 사이에서 결정을 내려야 했다.

가족 모두가 필요한 정보를 다 듣고 난 뒤 선택안에 관한 의견을 제시했다. 제프는 6시간 뒤 다시 모여 결정할 것을 제안했다. 그들 모두 막중한 부담을 느끼기 때문에 잠시 휴식을 취하며 생각을 정리할 필요가 있었다. 그동안 더 많은 친구가 찾아와 제프를 격려하고 지지했다. 정해진 시간에 그들은 다시 모였다. 모두에게 발언의 기회가 주어졌다. 그들은 리자가 생전 유언에 명시한 내용과 마지막으로 자기 뜻을 이야기할 수 있었을 때 인공호흡기를 요구했던 것을 두고 논의했다.

그때 제프는 '사흘' 해법을 내놓았다. 사흘이 지나면 리자가 인공호흡기를 사용한 지 딱 한 달이 되는 시점이었다. 그때까지 리자가 다른 병원으로 이동할 수 있을 정도로 기력을 회복한다면 치료를 계속해야 한다는 하나님의 뜻이라고 제프는 믿었다. 그 상황은 이전에 그들이 진로 결정과 관련한 일자리 제안 전화나 1972년도 동전 등 하나님께 구한 징표, 또는 다른 결정과 관련해 경험한 하나님의 속삭임과는 차원이 완전히 달랐다. 그에 따른 결과가 이전에 겪었던 어떤 일보다 훨씬 더 중요하기 때문이었다. 그럼에도 제프는 과거에도 여러 번 그랬듯이 이번에도 하나님이 사흘이라는 선택 기준을 제시하셨다고 믿고 그대로 따르기로 했다.

실제로 하나님은 그들 가족과 친구 그리고 많은 다른 사람의 소망과 기도를 들으신 것 같았다. 리자의 상태가 꾸준히 호전되었다. 조지아주 서배너에 있는 한 병원에 병상이 하나 비었다는 소식이 날아들었다. 리자는 인공호흡기를 일시적으로 떼도 될 만큼 기력을 되찾은 듯했다. 간호사 한 명이 헬기에 함께 탑승해 수동 펌프로 리자의 폐에 산소를 공급하는 방안이 제시되었다. 제프는 병원 측의 제안에 동의했다. 그는 병원을 나서면서 구급헬기가 착륙해 있는 것을 보고 구급대원들에게 자신이 아내를 위해 기도하는 만큼 그들을 위해서도 기도하겠다고 크게 외쳤다. 그러고는 리자의 차를 몰고 가속 페달을 밟았다. 서배너의 병원에 먼저 도착해서 아내를 기다릴 생각이었다.

경찰이 제프가 몰던 차를 과속으로 단속했지만 사정을 듣고는 제프가 병원까지 최대한 빨리 갈 수 있도록 에스코트했다. 웨이크로스의 병원은 비록 첨단 장비가 없었지만 그곳에서 리자는 마음 따뜻하고 친절한 의료진의 보살핌을 받았다. 이제 그녀는 최상급 외상센터 중 하나인 대학병원에서 치료받게 되었다. 그곳 의사들은 제프에게 아내가 무사히 도착했다고 알려 주었다.

그러나 곧바로 좋지 않은 소식이 전해졌다. 그들은 리자의 폐 손상이 너무 심해 이중 폐 이식이 필요하다고 말했다. 제프는 팬데믹이 기승을 부리는 상황에서 과연 이식할 폐가 있을까 하는 생각이 들었다. 아울러 이중 폐 이식을 시술받는 환자의 생존 기간이 2~3년에 불과하다는 사실도 알았다. 또 무엇보다 생명 연장을 위한 극단적인 조치를 거부하는 리자의 생전 유언도 고려해야 했다. 결국 폐 이식은 선택지에서 제외되었다.

나중에 제프는 페이스북에 이렇게 적었다. "하나님은 아내를 이곳에 도착하게 하심으로써 내 마음의 울부짖음에 응답하셨다. 이제 나는 아내가 무엇을 간절히 바라는지 알았다. 나는 눈물 속에서 기도하기 시작했다. '주여, 지금까지 주님은 우리에게 넘치는 선을 행하셨습니다. 제발 리자를 보호하시고, 회복시키시고, 강건하게 살도록 자비를 베풀어 주시옵소서. 아내가 주님의 신실하심에 대한 증거가 되게 해 주시옵소서.'"

의사들은 다음 단계를 예측하려 했다. 그러나 리자의 폐는 그들의 표현대로 '구워진' 상태였다. 게다가 뇌졸중까지 왔다. 그들은 리자를 의학적인 처치로 혼수상태로 유도했다. 깨어났을 때 그녀가 받은 손상이 어느 정도일지는 아무도 몰랐다. 제프는 아내가 심한 고통을 겪고 있다고 판단했다. 이전에 그녀는 오래 고통을 받아야 하는 상황이 되면 삶을 끝내고 싶다고 명확히 밝힌 적이 있다. '만약 아내가 회복해서도 꼼짝하지 못하고 누워 있으면서 생명을 위협하는 위기를 계속 겪으며 여생을 보내야 한다면 치료를 고집한 나를 미워할까? 아내의 삶의 질은 어떻게 될까?'

제프는 끊임없이 기도했다. 리자의 오빠 파커에게도 더 해 볼 수 있는 방법이 거의 없다고 알렸다. 가족들은 애타게 기다리고 또 기다렸다. 신경학적 검사를 하는 동안 리자는 반응을 보이지 않았다. 여러 전문의가 리자를 검사했다.

그중 한 명이 이전에 여러 차례 나왔던 질문을 다시 꺼냈다. 이제 그녀를 떠나보내야 할 때가 아닐까? 제프는 아직 때가 아니라고 판단했다. 그는 나중에 페이스북에 이렇게 적었다.

"어느 날 밤 한 친구가 녹화된 설교 한 편을 보내왔다. 거기서 설교자는 이렇게 강조했다. '마음을 짓누르는 큰 짐이 있을 때 그것을 하나님의 뜻이라며 무조건 참고 견디지 마십시오. 마음이 원하는 바를 솔직하고 담대하게 구하십시오. …… 믿음을 갖고 소리 높여 구하십시오.' 평소 같으면 나는 그런 식의 교리를 거부한다. 그러나 절박한 상황에서 나는 그 설교에서 용기를 얻어 아주 구체적으로 하나님께 원하는 바를 구하는 쪽으로 기도의 초점을 바꾸었다. 마치 어린아이가 부모에게 말하듯이 하나님께 이야기했다. 타협하려 하거나 조건적인 약속은 하지 않았다. 이전에는 혹시 응답이 없으면 실망할까 두려워 꺼렸으나 이제는 내 마음이 원하는 그대로 솔직하게 리자를 위해 기도했다. 리자의 생명은 하나님이 궁극적으로 결정하신다. 그런 사실을 뻔히 알면서도 나는 의사들이 어떻게 말하든 하나님이 리자를 치유해 주시리라고 굳게 믿는다고 열정을 다해 기도했다. 그러자 내 마음속에서 리자가 깨어나 빠르게 회복하는 모습이 보였다. 나는 기쁨에 겨워 울부짖었다."

다음 날 아침 제프는 병원으로 차를 몰았다. 그는 리자를 위한 치유 찬양곡 중에서 올 선스 앤 도터스가 연주하는 〈광대하신 주님 (Great Are You Lord)〉을 따라 불렀다. 주차장에 도착했을 때 그의 마음은 기쁨과 슬픔이 뒤범벅된 혼란한 상태였다. 리자의 병실에 들어갔을 때 간호사가 있었다. 간호사는 리자의 눈이 제프의 이동을 따라 움직이는 것을 보고 놀랐다. 간호사는 제프에게 눈짓했다. 제프도 놀랐다. 그가 침대의 다른 편으로 돌아가자 리자의 눈도 그의 이동경로를 따라 움직였다.

제프는 리자에게 자신의 말이 들리는지 물었다.

리자가 고개를 끄덕였다.

제프는 리자에게 통증이 심한지 물었다.

리자가 고개를 흔들었다.

제프는 리자에게 자신의 말을 이해하느냐고 다시 물었다.

리자는 약간 짜증스러운 표정을 짓더니 고개를 끄덕였다.

제프가 보기를 원하던 게 바로 그것이었다. 짜증스러운 표정은 그만큼 정신과 몸이 좋아졌다는 신호였기 때문이다. 간호사는 리자의 상태를 의사에게 보고하려고 밖으로 나갔다. 제프는 리자 곁에 머물며 그녀에게 사랑한다는 말을 수백 번 반복했다. 리자의 회복 시점이 절묘했다. 가족들이 인공호흡기를 비롯한 생명유지 장치를 떼기로 합의한 열하루째 되는 날까지 단 24시간 남았을 때였다.

그때 현실적인 불안감이 고개를 들었다. 제프는 리자에게 조심스럽게 물었다. "살아 있어서 기뻐요?"

리자는 고개를 저었다. 기쁘지 않다는 뜻이었다.

리자는 나중에 이렇게 설명했다. "혼수상태에 있을 때 여러 가지 약을 투여받았다. 그중에는 진정제로 사용하는 강력한 마약성진통제 펜타닐도 있었다. 그래서인지 나는 주변을 인식하는 환각 상태에 있었다. 나는 갇혀 있는 듯이 느꼈다. 지옥이라는 생각도 들었다. 깨어날 수 없는 악몽에 시달렸다. 현실과 환각 상태를 구분할 수 없었다. 나는 아주 끔찍한 곳에 있었다. 아들이 죽는 꿈을 두 번이나 꾸었다. 다른 무시무시한 일도 일어났다. 깨어났을 때는 그 섬뜩한 일들이 실제로 일어났다고 생각했다. 아들이 없는 세상, 아주 고통스러운 세상으로 깨어났다. 그게 현실이 아니라는 것을 그때는 몰랐다."

몇 달 뒤 리자는 의사들이 자신의 신체적인 건강과 정신적인 건강 둘 다 회복시켜 주었다는 사실에 깊은 고마움을 느꼈다. 아들 잭슨이 죽지 않았으며, 혼수상태에서 목격한 끔찍한 일들이 실제로는 일어나지 않았다는 사실을 확실히 알게 되었기 때문이다. 하지만 리자가 회복하는 데는 아주 오랜 시간이 필요했다. 10월 말부터 병원과 재활치료 시설에서 몇 달을 보내야 했다.

지금 리자에게 살아 있어서 기쁘냐고 물으면 그녀는 주저 없이 "그럼요, 기쁘고 말고요!"라고 대답한다.

혼수상태에서 깨어나 제프를 다시 알아본 뒤 힘들었던 첫 몇 주 동안에도 사실 리자는 그렇게 느꼈다. "내가 코로나19로 병원에서 위기를 넘겼고 이제는 끔찍한 악몽을 꾸지 않는다는 사실을 알게 되면서 살아 있는 게 너무 행복하다고 느꼈다. 말을 못 하고 화장실에 혼자 갈 수 없다고 해도 상관없다는 생각이 들었다. 걷지 못하고 말하지 못해도 괜찮다고 느꼈다. 그 끔찍한 악몽에서 해방되었다는 생각에 살아 있는 것이 마냥 행복했다. 그리고 아주 중요한 문제를 이야기하고 싶다. 내가 깨어난 순간부터 의료진과 제프를 포함해 모두는 나에게 솔직해야 한다는 사실을 알았다. 그냥 위로하는 말은 내가 받아들이지 않는다는 사실을 그들 모두 인식했다. 그래서 그들은 내가 어떤 기능을 상실했는지 자세히 말해 주었다. 그러면서도 그들은 '그 기능들은 회복될 수 있어요. 되찾을 수 있어요. 이건 일시적인 증상이에요. 되돌릴 수 있어요'라고 계속 나에게 희망을 주었다. 나는 원래 머릿결이 검고 진하고 숱이 많았다. 머리만 보기 좋으면 화장 같은 것은 신경 쓰지 않을 정도로 나는 머릿결을 자랑스러워했다. 하지만 그 머리카락이 거의 다 없어졌다. 그런 사실을 알고 그들은 내 머리카락이 다시 자랄 것이라고 계속 나를 안심시키려고 애썼다."

리자의 회복은 많은 사람의 심금을 울리며 상상력을 발동시켰다. 그녀는 59일 동안 인공호흡기를 달고 지냈다. 그중에서 40일을 유도된 혼수상태 속에서 보냈다. 게다가 뇌의 전두엽에 영향을 미친 뇌졸중을 겪었다.

중요한 점은 리자가 살아남았다는 사실이다. 물론 그녀는 그 이후로 할 일이 더 많아졌지만 하나님의 도움으로, 또 카드와 꽃과 메시지를 보내 주고 무엇보다 기도로 그녀를 격려한 수천 명의 도움으로 지금 그녀는 생존을 넘어 완전히 새로운 삶을 살아가고 있다.

리자가 감사하는 또 다른 기적은 부부 사이의 관계가 치유되었다는 사실이다. "나에게 일어난 가장 좋은 일 중 하나는 남편과 내가 어느 때보다 더 가까워졌다는 사실이다. 시간을 초월하는 진정한 사랑의 이야기라고 할 수 있다." 제프의 직장과 가정생활의 균형은 크게 개선되었고, 그들 사이의 사랑은 코로나19의 시련을 통해 더욱 강해졌다.

✳ ✳ ✳

살고 싶지 않다고 생각했던 리자 마틴을 살리기 위해 그동안 하나님은 여러 번 개입하셨다. 리자가 하나님께 자신을 데려가 달라고 요청했지만 하나님은 그렇게 하지 않으셨다. 전지전능하고 자비로우신 하나님은 깊은 우울증에 빠져 죽음을 원했던 아내이자 어머니인 리자의 기도는 들어주지 않으시고 대신 그녀의 생존을 바라는 다른 수많은 사람의 기도에 응답하셨다. 하나님은 죽고 싶다는 리자의 기도를 들으셨지만 그 간구의 진정한 의미는 죽음이 아니라 삶이라는 사실을 이해하셨다.

리자는 우리 모두 원하는 바를 원했다. 자신이 사랑받는 존재인지 확인하는 것이었다. 그녀의 질문은 자신이 앞으로 무엇을 해야 하느냐가 아니라 자신이 사랑받는 존재인지 아닌지에 관한 것이었다. 그와 함께 리자는 자신의 마음에 들어 있는 풍성한 사랑으로 무엇을 할 수 있는지 고심했다. 그녀는 '가까이 다가가는' 대면적인 사랑에 너무나 익숙해져 '먼 거리'의 비대면적 사랑을 아주 생소하게 느꼈다. 그러나 코로나19에 따른 사회적 거리두기와 격리 같은 방역 조치로 우리 모두 알게 되었듯이 비대면적인 사랑을 원치는 않지만 때로는 그럴 수밖에 없다는 사실을 인정해야 한다. 비대면적 사랑이라고 사랑이 없는 것은 아니다.

리자가 수많은 사람에게서 넘치도록 받은 사랑과 관심이 그 증거다. 의료진, 남편과 자녀, 친구들의 온정과 헌신, 수많은 낯선 사람들의 격려와 성원은 하나님이 때로는 리자에게 나지막이 속삭이신다는 사실을 보여 주었다. 또 다른 때에는 하나님이 질병과 우울증, 혼수상태 또는 우리 모두 삶에서 마주치는 어떤 어려움도 깨뜨릴 수 있을 정도로 큰 소리로 외치신다. 우리가 처하는 상황이 아무리 나빠진다고 해도 하나님이 우리 모두를 사랑하신다는 사실은 누구도 부인할 수 없다. 우리는 매일매일 하나님이 베푸시는 풍성한 사랑의 증거를 목격하고 있다.

나의 북극성

용사였던 아버지의 지혜와 사랑의 빛을 보려고
나는 늘 하늘을 쳐다본다.

그리스도 안에서 일만 스승이 있으되
아버지는 많지 아니하니 그리스도 예수 안에서
내가 복음으로써 너희를 낳았음이라
그러므로 내가 너희에게 권하노니 너희는 나를 본받는 자가 되라

－고린도전서 4장 15~16절

2020년 성탄절에 아버지가 세상을 떠났다. 그로써 우리 가족은 크리스마스 북극성을 잃었다. 바비 해리스 미 육군 퇴역 중령. 그의 기품과 열정은 나를 포함해 많은 사람을 선한 길로 인도했다. 이제 아버지는 하나님의 명을 따라 하늘나라로 자리를 옮겨 나의 사랑하는 어머니 셜리 곁에 자리 잡았다. 그들은 그 새로운 지휘소에서 나를 보살피시는 하나님을 보조하는 임무를 계속 수행한다. 아버지는 전투기 조종사로 베트남전에 두 차례 파병되었다. 그 후에도 탁월한 능력을 인정받으며 조국을 위해 봉사함으로써 중령까지 진급했다. 아버지는 국방부에서 콜린 파월 대장의 지휘를 받으며 일했다.

나와 아버지의 관계는 아주 특별했다. 내가 아버지를 사랑했으며, 그와 같은 사람이 되고 싶었다고 말하는 것으로는 충분하지 않다. 나는 어렸을 때 부모님을 설득해 존경하는 아버지의 성을 내 이름으로 삼았다. 그 외에도 아버지는 나에게 많은 것을 주었다.

우선 아버지는 나에게 기도의 가치를 가르쳤다. 나는 아버지가 이렇게 말한 것을 기억한다. "사람들은 흔히 너를 위해 뭔가를 하겠다고 하지. 특히 너를 위해 기도하겠다는 말을 늘 할 거야. 하지만 현실은 다르단다. 그들은 너를 위해 기도하지 않아. 자신을 위해서도 거의 기도하지 않지. 하지만 나는 맹세코 너를 위해 끊임없이 기도할 거니 아무 걱정하지 마."

아버지의 다른 모든 면도 마찬가지이지만 특히 그의 믿음은 군 복무와 긴밀하게 연결되었다. 어머니도 '비공식적'으로 군에 복무했다.

군인 가족은 다 그렇다. 어머니는 여느 군인의 배우자와 다름없었다. 누군가 군에 있으면 그 가족도 책무로 생각하고 군에 헌신한다.

아버지는 어머니가 오랜 세월 자신을 위해, 또 군과 국가를 위해 얼마나 희생하고 기여했는지 잘 알고 고마워했다. 어머니의 사랑과 지지가 없었다면 뉴저지주 포트 몬머스에서 대대를 이끌던 아버지도 없었다. 어머니가 없었다면 포트 레븐워스의 육군 지휘참모대학에서 근무하던 아버지도 없었다. 아버지는 자신이 아는 한 어머니가 가장 훌륭한 용사라고 인정했다.

아버지는 조종사로서 항법에 관해 많이 배워야 했다. 요즘은 위성

항법장치(GPS) 기술이 조종사들을 표적으로 자동 안내하지만 그는 그런 정교한 첨단기술이 없던 시절에 전투기를 조종했다. 따라서 표적에 도달하는 것만큼 기지로 귀환하는 것도 중요했다.

비행기를 조종하다가 간단한 계기 하나만 고장이 나도 아버지는 감각을 최대한 활용한 추측항법에 의존해야 했다. 그러기 위해서는 주변, 특히 아래의 지형을 주의 깊게 봐 두고 눈에 익혀야 했다. 비행 경로에 영향을 미치는 바람 등의 움직임도 잘 알아야 했다. 아버지는 용감했을 뿐 아니라 그만큼 머리도 좋았다.

좀 더 큰 그림에서 보자면 베트남전에 참전한 아버지에게는 고국에 있는 우리에게 돌아오는 것만큼 중요한 게 없었다. 그러나 그는 무사 귀환이 결코 보장된 것이 아니라 하나님이 선물로 주셔야 한다는 사실을 잘 알았다. 육군이든 해군이든 공군이든 해병이든 모든 참전 군인에게는 살아서 고향으로 돌아가는 것이 기적의 선물이다.

구원

아버지는 용사였다. 지상이나 공중에서 전투에 임하는 용사에게는 매일 아침 잠에서 깨어나는 것 자체가 기적이다. 용사들은 누군가가 끊임없이 자신을 죽이려고 하는 아주 특이한 환경에서 존재한다. 거기서 살아남으려면 반드시 믿음이 필요하다. 어네스틴 리즈가 토네이도로 집이 완파된 후에도 살아남아 하나님을 찬양했던 것처럼, 또 헤더 브라운이 바다에서 표류하다가 기적적으로 구조되면서 '하나님은 실제로 계신다'고 외친 것처럼 아버지도 하나님을 자신의 보호자이자 구원자로 신뢰하고 의지했다.

아버지에게는 모든 것의 바탕이 믿음이었다. 그는 자신이 그런 사실을 인식하고 자신이 잘해서 성공한 게 아니라 모든 성공은 하나님이 주신 선물이라고 정직하게 밝혀야 한다고 느꼈다. 그는 인생의 모든 경험을 당연시하거나 대수롭지 않게 낭비해서는 안 된다고 생각했다. 따라서 나는 아버지를 보며 인생 싸움이 힘들수록 믿음이 얼마나 단단한지 더 잘 드러난다는 사실을 마음에 깊이 새겼다. 아버지는 도전과 시험을 두려워하지 않았다. 그러나 그는 또 자신이 놀라운 축복을 받았으며, 그럼에도 시험은 계속 닥친다는 사실을 알고 있었다. 일부는 자신의 선택에 따른 시험이었고, 나머지는 참전에서 비롯된 시험이었다.

그런 태도가 어느 특정한 전투 경험에서 비롯되었는지는 나도 모른다. 하지만 그는 모든 전투에서 최고의 용사인 주님과 함께했다. 주님은 아버지 곁에서 함께 싸웠을 뿐 아니라 그를 실족하지 않게 인도하셨다. 전쟁은 아버지에게 매우 힘들었다. 사람이 사람의 목숨을 앗는 것을 하나님이 바라실 리가 없다. 그러나 그런 행동이 불가피할 때도 있다는 사실을 아버지는 이해했다. 따라서 아버지는 자신이 무엇을 위해 싸우는지 그 목적과 명분을 진심으로 깊이 믿는 것이 매우 중요하다고 판단했다. 그는 사랑하는 조국을 위해 목숨을 바쳐 싸웠다.

또 아버지는 전쟁에 나가면서 자신이 미국의 미래를 위해 중요한 역할을 맡고 있다고 느꼈다. 그는 미국이 자유와 혁신을 바탕으로 하는 잠재력 때문에 위대한 나라라는 생각을 늘 갖고 있었다. 미국은 지구상의 어떤 나라보다 더 많은 사람을 사랑하고, 그들을 돕고, 그들을 위해 싸운다고 말했다. 지금도 그대로 적용되는 진실이다.

목적

얼마 전 나는 흑인 남성과 여성들이 이렇게 말하는 것을 들었다. "나는 내 나라를 사랑한다. 하지만 내 나라가 반드시 나를 사랑하지는 않는 것 같다." 그러나 아버지는 결코 그렇게 말한 적이 없다. 그는 미국에서 유색인이 지금처럼 자유를 누리지 못하던 시절인 1960년대에 군에 복무했다. 그 모든 차별에도 불구하고 올바른 명분이 있다는 확신에서 참전을 결심했다.

이사야 54장 17절은 이렇게 말한다. "너를 치려고 제조된 모든 연장이 쓸모가 없을 것이라 일어나 너를 대적하여 송사하는 모든 혀는 네게 정죄를 당하리니 이는 여호와의 종들의 기업이요 이는 그들이 내게서 얻은 공의니라 여호와의 말씀이니라." 다시 말해 하나님이 교회를 보호하신다는 뜻이다. 하나님은 폭력과 무력이 지배하는 전쟁터에서 믿음을 가진 우리를 적의 공격에서 보호하신다.

아버지는 나에게 하나님의 보호를 믿든 믿지 않든 둘 중 하나라고 말했다. 이도 저도 아닌 어중간한 것은 없다는 뜻이었다. 아버지는 믿음을 갖고 전투를 치렀으며 무사히 귀국했다. 아울러 하나님은 위의 성경 말씀처럼 비난하는 혀로부터도 아버지를 보호해 주셨다. 1970년대 베트남전에 반대하는 수많은 시위자는 표현의 자유라는 권리에 기대어 귀국하는 참전용사들을 힐난하고 인신공격을 일삼았다. 아버지도 모든 비난의 말을 들어야 했지만 하나님을 신뢰하고 그분의 보호에 의지함으로써 흔들림 없이 강건하고 올바르게 처신할 수 있었다.

나는 이 책 전체를 통해 하나님이 작정하신 목적을 올바로 찾은 사람들의 이야기를 다루었다. 나는 그 목적을 '신성한 사명'이라고 부르고 싶다. 하나님께서 그들에 대해 가지신 목적 덕분에 그들은 현실의 어려움을 뛰어넘어 새로운 가능성을 볼 수 있었다. 세라 올슨은 자신이 이룰 수 있는 선(善)을 세상 사람들이 제한하지 못하도록 함으로써 의료계 기성세력들의 독단적인 사고방식을 깨뜨리고 평범한 어머니에서 능력 있는 CEO가 될 수 있었다. 그것이 하나님이 그녀에게 작정하신 목적이었기 때문이다. 렌과 셰릴앤 젠절은 아이티에서 변화를 도모하기가 거의 불가능하다는 사실을 알고도 겁먹지 않고 도전함으로써 하나님이 작정하신 목적을 이루어 냈다. 아버지도 그랬다. 아버지는 도전하는 세상에 맞섰고, 하나님은 그에게 그 너머를 볼 수 있는 비전과 용기를 주셨다.

인내

인내는 믿음의 중요한 덕목 중 하나다. 나는 인내에 관해 생각할 때마다 아버지와 관련된 애틋한 기억 중 하나를 떠올린다. 아버지와 나는 〈스타워즈〉 영화를 좋아했다. 아버지는 조종사였기 때문에 당연히 그 영화를 좋아하셨다. 1977년 〈스타워즈〉 첫 편이 개봉되자 우리는 보고 싶어 안달했다. 하지만 어머니는 생각이 달랐다. "스톰 트루퍼라고? 무슨 아이들 장난 같은 소리야!" 어머니는 반농담으로 그 영화만은 도저히 못 보겠다고 하셨다. 아무튼 아버지와 나 둘이서만 영화관에 갔다. 나는 영화에 나오는 캐릭터 전부가 마음에 들었다. 특히 마스터 요다는 〈스타워즈〉 시리즈 전체를 통해 많은 명언을 남겼다. 그중 내가 가장 좋아하는 대사는 이것이다. "아니야! 한번 해 보겠다고 하지 마. 하거나 말거나 둘 중 하나야. 한번 해 보겠다는 건 없어."

바로 그것이 아버지의 철학이었다. 그는 하나님이 자신에게 어떤 목적을 사명으로 주셨는지 알고 확고히 믿었다. 정당한 명분을 위해 자신이 하는 일에 성심껏 임하면서 중령까지 진급했다. 지휘관으로서 아버지는 병력을 이끌려면 자신의 삶을 인도하는 궁극의 지도자가 있다는 사실을 늘 명심해야 한다는 사실을 알았다. 아버지는 그 궁극의 지도자의 인도에 따라 스스로 모범을 보임으로써 부하들을 이끌었다.

누구든 인생의 모든 전투에서 승리할 수는 없다. 모든 임무가 성공리에 완수되지는 않는다. 하지만 힘이 남아 있는 한 계속 싸워야 한다. 내가 아는 한 아버지는 "한번 해 보겠다"는 말을 한 적이 없다. 대신 언제나 "하겠다"고 했다. 물론 임무에 성공하지 못했을 때도 있다. 하지만 무슨 일에서든 언제나 "나는 한다"라는 자세로 임했다.

믿음도 그와 같다. 믿음은 반드시 행동으로 실천해야 한다. '한번 믿어 보겠다'는 것은 없다. 오직 '믿는다'만 있을 뿐이다.

리즈 하월스과 그의 기도 용사들처럼 아버지도 기도에는 훈련이 필요하다고 믿으셨다. 기도는 우리가 자신과 다른 사람들을 위해 반드시 해야 할 일이며, 어두움을 물리치는 무기다. 극한상황에 처했던 게리 미러클, 앤 밴 하인, 오스틴 캐넌에게 삶의 의지를 불어넣은 것도 바로 그런 믿음이다.

회복

우리에게 잠재력이 있다고 늘 긍정적으로 생각해 주는 사람이 있으면 인생에 큰 도움이 된다. 아버지에게는 언제나 그의 편에 강인하고 사랑스러운 여성이 있었다. 어떤 경우든 한결같이 아버지의 대의와 명분을 응원하고 지지해 준 든든한 여성, 나의 어머니였다. 어머니는 흔들리지 않는 믿음으로 아버지를 도왔다. 특히 해외에 파병된 흑인 군인도 안전하게 귀향할 수 있고, 또 자유롭게 일자리를 가질 수 있다는 믿음이 확고했다.

당시 미국은 흔히 피부색이 삶의 기회를 결정할 수 있는 그런 나라였다. 그러나 어머니는 아버지가 자신의 꿈과 기회를 최대한 활용할 수 있다는 사실을 추호도 의심하지 않았다. 자신의 어머니가 마침내 하나님께로 향하는 것을 볼 수 있었던 낸시 오언이나 튀르키예의 교도소에서 멀어져 가던 믿음을 되찾은 앤드루 브런슨 목사처럼 나의 어머니는 차별 없는 사회의 회복을 위해 기도했고, 회복이 가능하다고 굳게 믿었다.

내가 태어난 1960년대에는 특히 인종차별 문제가 심각했다. 아버지가 미국이나 독일에서 근무할 때 어머니는 주변의 민간인들을 자주 기지로 초대했다. 군인과 군인 가족의 생활이 어떤지 보여 주고, 또 인종 사이에 공통분모가 있음을 보여 주기 위해서였다. 어머니는 늘 "제가 빛이 되게 해 주시옵소서"라고 기도했다.

2016년 추수감사절 이틀 전에 어머니의 장례식이 있었다. 나는 추도사의 일부로 복음성가 〈나의 이 작은 빛(This Little Light of Mine)〉을 불렀다. 평소라면 나는 그렇게 못 한다. 교회의 단상 중앙 맨 앞에 서서 성가를 부른 적이 없다. 하지만 그때는 달랐다. 나와 내 동생 애니사에게 남긴 어머니의 교훈을 잘 이해했다는 뜻으로 어머니에게 바치는 노래였기 때문이다. "이같이 너희 빛이 사람 앞에 비치게 하여 그들로 너희 착한 행실을 보고 하늘에 계신 너희 아버지께 영광을 돌리게 하라"(마태복음 5:16). 나의 부모님 두 분 모두 나를 위해, 이 세상을 위해, 그리고 하늘에 계신 하나님께 영광을 돌리기 위해 예수님의 이 말씀을 그대로 실천했다.

또 예수님은 이렇게 말씀하셨다. "인자가 온 것은 섬김을 받으려 함이 아니라 도리어 섬기려 하고 자기 목숨을 많은 사람의 대속물로 주려 함이니라"(마가복음 10:45). 물론 일개 군인을 예수 그리스도와 비교할 수는 없지만 이 교훈은 다른 사람을 위해 봉사하고 자신의 위치를 올바로 알고 싶어 하던 아버지의 마음과 일치한다. 우리 모두 빛이 될 수 있다. 우리 안에 있는 빛은 놀랍게도 우리를 주님과 연결해 주며, 함께 중요한 일을 하도록 인도한다. 믿음의 빛은 산도 옮길 수 있다.

치유

아버지가 국방부의 고위직으로 승진하는 데는 지능과 용기, 믿음이 많이 필요했다. 특히 자신과 나의 어머니 그리고 하나님에 대한 믿음이 필수적이었다. 그 모든 요소를 합하면 실제로 산을 옮길 수 있는 강한 힘이 생긴다. 그러나 내가 아버지에게 자기 경험을 이야기해 달라고 조르지 않았거나 신경을 쓰지 않았다면 나는 아버지가 '산을 옮겼다'는 사실을 몰랐을 것이다.

국가를 위해 군에서 충실하게 복무한 많은 사람처럼 아버지도 드러내지 않고 묵묵히 임무를 수행했다. 그의 경우 자신이 한 일이 부끄럽거나 죄의식을 느껴서가 아니라 단지 겸허했기 때문에 그랬다. 그는 자신의 업적을 과시하는 것이 나약함과 불안감의 표시라고 여겼다. 그렇다고 훈장과 진급을 마다했다는 의미는 아니다. 그는 가슴에 쇠붙이를 더 많이 다는 것으로 충분하다고 말했다. 승진으로 계급장과 훈장이 늘어나는 것을 의미한다. 그는 그것으로 자신이 어떤 사람인지 보여 주는 데 충분하다고 생각했다. 나는 아버지가 술집에서 맥주를 들이켜며 자신의 공훈을 떠벌리며 자랑하는 모습을 상상도 할 수 없다. 그건 나의 아버지가 아니다. 나도 그렇게 자라지 않았다.

치유

겸손은 믿음의 기본이다. 아버지가 돌아가신 뒤 나는 동생과 함께 그가 아끼던 물건과 기념품을 나누어 가졌다. 내가 가진 유품 중 하나는 그가 읽던 성경책이었다. 성경을 펼치자 작게 접은 종잇조각들이 쏟아졌다. 아버지는 자주 묵상하던 구절들을 표시하고 몇 군데 페이지 사이에 손으로 적은 메모를 꽂아 두었다. 당시에는 자세히 살펴보지 않았다. 나의 곁을 떠나가신 아버지를 떠올리는 것이 너무 가슴 아팠기 때문이다. 그러나 시간이 흐르면서 아버지를 더 잘 알고 싶다는 생각에 그 성경책을 다시 펼쳤다. 아버지가 표시한 한 대목이 눈에 들어왔다.

> 여호와께서 이와 같이 말씀하시되 지혜로운 자는 그의 지혜를 자랑하지 말라 용사는 그의 용맹을 자랑하지 말라 부자는 그의 부함을 자랑하지 말라
> 자랑하는 자는 이것으로 자랑할지니 곧 명철하여 나를 아는 것과 나여호와는 사랑과 정의와 공의를 땅에 행하는 자인 줄 깨닫는 것이라 나는 이 일을 기뻐하노라 여호와의 말씀이니라
>
> -예레미야 9장 23~24절

성경은 겸손에 관한 구절로 가득하다. 잠언 22장 4절은 이렇게 말한다. "겸손과 여호와를 경외함의 보상은 재물과 영광과 생명이니라" 아버지는 재물에는 전혀 관심이 없었다. 그는 섬기고 봉사하기 위해 존재했다. 영예는 얻었지만 성경은 늘 영예 앞에 겸손을 강조한다. "주 앞에서 낮추라 그리하면 주께서 너희를 높이시리라"(야고보서 4:10). 또 잠언 18장 12절은 "사람의 마음의 교만은 멸망의 선봉이요 겸손은 존귀의 길잡이니라"이라고 말한다. 시편 149편 4절은

"여호와께서는 자기 백성을 기뻐하시며 겸손한 자를 구원으로 아름답게 하심이로다"라고 노래한다.

언젠가 아버지는 승리하거나 성공하면 자신이 잘해서가 아니라는 사실을 인정하기가 어렵다고 말했다. 인간으로서 우리의 성공은 언제나 다른 사람들의 등 위에 세워진다. 그러나 우리의 진정한 승리는 하나님을 통해서만 성취될 수 있다. 우리가 겸손해야 하는 이유다.

아버지의 어린 시절을 고려하면 그가 자신을 드러내지 않고 늘 겸손했던 이유를 이해하기 쉽다. 그는 텍사스주 동부에서 가난하게 자랐다. 가진 것은 적었지만 지적인 재능이 풍부하고 의지가 강했다. 그는 초등학교 입학 전에 독학으로 글을 깨쳤다.

그는 학창 시절 내내 우등생이었다. 그러나 자랑하지 않았다. 아니 자랑하고 싶어도 그럴 수 없었다. 성대가 제대로 발육하지 않았기 때문이다. 그래서 13세 때까지는 단어를 제대로 발음할 수 없었다. 음성이 거의 나오지 않았다. 그 나이가 되도록 자기 생각과 마음을 충분히 표현할 수 없는 상황을 우리는 상상하기도 힘들다. 말을 하지 못하면서도 우등생이었다는 사실은 정말 놀라운 일이다. 아버지가 남의 말을 듣는 것이 중요하다는 철학을 갖게 된 것도 그런 성장기 때문인 듯하다. 책의 서두에서 언급했지만 잘 듣는 기술의 필요성과 하나님의 말씀에 귀를 기울이는 것이 우리의 믿음과 기도에 필수적이라는 사실을 나는 여기서 다시 강조하고 싶다. "주의 말씀은 내 발에 등이요 내 길에 빛"(시편 119:105)이 되기 때문이다.

아버지는 자신이 기도를 어떻게 하는지에 대해 나에게 이렇게 말한 적이 있다. "나는 말을 많이 하려고 하지 않아. 그냥 듣는 거지. 하나님께 무엇을 해 달라고 말하지 말고 그냥 듣는 거야. 어린 시절 내가 실제로 말을 할 수 없었을 때 하나님의 말씀이 더 잘 들렸어. 그러니 너도 그렇게 해 봐."

나는 아버지의 조언을 따랐다. 지금도 나는 주님께서 나에게 하시고자 하는 말씀을 잘 듣고 순종하려고 노력한다.

참된 용사

또 아버지는 완전히 상반된 자신의 두 가지 특성을 아주 잘 조화시켰다. 그는 내가 아는 한 가장 친절한 사람이다. 그러나 다른 한편으로 그에게는 킬러 본능이 있다. 누구든 그 본능을 건드리지 않도록 조심해야 했다. 그 두 가지를 어떻게 한 몸에 다 소화하는지 믿기 힘들 정도였다. 특수부대원들 사이에서 그런 이야기를 하는 것을 들은 적이 있다. 그들은 진정한 용사다. 그들은 어떤 때는 나쁜 사람을 제거하지만 다른 때는 누군가 길을 잘 건널 수 있도록 부축해 준다. 그 두 가지가 그들 스스로 함양해야 하는 정신 상태이자 행동 방식이다. 자신을 철저히 제어하면서 국가를 위해 해야 하는 일을 정확히 파악하는 그러한 능력이 우리 같은 일반인과는 다른 진정한 용사의 특징이다.

아버지와 어머니 두 분 다 국가를 방어하고 믿음을 지키는 용사였다. 성경에도 전쟁과 용사 이야기가 많이 나온다. 성경에서 가장 잘 알려진 용사는 다윗이다. 다윗은 보잘것없는 양치기 소년에서 블레셋의 거인 장수 골리앗을 쓰러뜨린 용사로 우뚝 섰다. 하나님은 다윗을 선택하셨다. 다윗이 "하나님의 마음에 맞는 사람"이었기 때문이다. 하나님은 이스라엘의 초대 왕으로 세웠던 사울을 폐하고 그왕위를 다윗에게 주셨다.

용맹한 전사이자 나라를 잘 다스리는 왕을 원했던 이스라엘 사람들은 처음엔 사울이 왕위에 꼭 맞는 인물이라고 생각했다. 그러나그는 외면으로만 완벽한 왕이었다. 사울은 키가 크고 준수했다(사무엘상 9:2). 그러나 왕으로 부름을 받았을 때 사울은 짐보따리들 사이에 숨었다(사무엘상 10:22). 사람들이 그를 찾아다녀야 했다. 그처럼피해망상이 심했고, 교만했으며, 하나님의 말씀을 잘 들으려 하지않았다. 따라서 그는 무능할 수밖에 없었다. 사울은 하나님보다 자신을 더 믿었다. 그의 오만과 불순종, 하나님에 대한 불신은 결국 그의 몰락을 불렀다.

다윗은 달랐다. 남루한 차림에 홍조를 띤 어린 양치기 소년으로 사람들은 그를 왕이 될 인물로 보지 않았다. 그러나 하나님은 다윗의마음을 아셨다. '마음'은 '용기'와 연결된다. 우리가 '큰마음'을 가졌다고 말하는 사람들은 어떤 어려움에도 굴하지 않는 용기가 있다.그들은 강인하며 포기할 줄 모른다. 그러나 한편으로 '큰마음'을 가졌다는 표현은 자비롭고 친절하고 관대하다는 뜻으로도 사용된다.

'큰마음'이라는 바로 그 표현이 용사가 가진 특성의 두 가지 상반된 면 사이를 이어 준다. 다윗이 골리앗을 대적하는 데는 큰 용기가 필요했다. 다윗은 거인 골리앗에 비해 너무 왜소했으며 가진 무기도 형편없었다. 칼과 창을 휘두르는 적을 물매와 조약돌로 맞서려는 사람이 우리 중에 과연 있을까? 또 다윗이 골리앗을 이긴 것 같은 공로를 하나님의 영광으로 돌리려는 사람이 우리 중에 몇 명이나 될까? 다윗은 그러한 용기와 믿음, 겸손으로 이스라엘의 위대한 용사이자 통치자가 되었다.

다윗은 또 마음이 따뜻하고 분별력이 있었다. 사울은 끊임없이 다윗의 목숨을 노렸다. 다윗은 사울을 죽일 기회가 있었으나 그를 살려 두기로 마음먹었다. 다윗은 자신이 지켜야 할 본분을 잘 알고 받아들였다. 그는 사울을 하나님이 왕으로 택하신 사람으로 인정하고 그의 역할을 끝까지 존중했다. 또 다윗은 하나님의 말씀과 사역에 절대적으로 순종했다. 사울의 목숨을 빼앗는 것은 자기가 할 일이 아니었다. 왕위를 찬탈하는 것도 그가 할 일이 아니었다. 다윗은 하나님이 자신을 다음 왕으로 세우셨다는 사실을 알았지만 그 모든 일을 하나님이 하실 것으로 믿고 하나님의 뜻을 따랐다. 그는 하나님을 신뢰하고 인내하며 기다렸다. 하나님이 문제를 해결해 주실 때까지 참았다.

다윗은 하나님께 바치는 많은 시와 기도를 시편에 기록했다. 그는 골리앗과 싸울 때는 용기와 인내의 모범을 보였지만 다른 상황에서는 겸손의 모범을 보였다. 그는 자신을 연약한 아이에게 비유했다. 그 오만한 사울이 다음과 같은 시를 쓸 수 있을까? 천만에. 절대 불가능한 일이다.

여호와여 내 마음이 교만하지 아니하고 내 눈이 오만하지 아니하오며 내가 큰일과 감당하지 못할 놀라운 일을 하려고 힘쓰지 아니하나이다

실로 내가 내 영혼으로 고요하고 평온하게 하기를 젖 뗀 아이가 그의 어머니 품에 있음 같게 하였나니 내 영혼이 젖 뗀 아이와 같도다

-시편 131편 1~2절

다윗은 믿음의 사람이 되는 것이 무엇을 의미하는지 몸소 보여 주었다. 하나님을 향한 깊은 사랑, 겸손, 신뢰, 용서를 베풀고 용서를 구할 수 있는 능력. 이 전부 다윗을 우리 삶의 귀감으로 만들어 주는 속성들이다. 나의 아버지와 어머니도 자신들의 삶을 통해 나에게 그런 면모를 본보기로 보여 주었다.

나는 이 책을 쓰면서 기도가 우리의 나약함과 불완전함을 마음 깊이 일깨워 준다는 사실을 더욱 명확히 알게 되었다. 우리는 하나님이 필요하기 때문에 기도한다. 나는 기도할 때마다 나약하고 불완전한 나에게 하나님이 얼마나 필요한지 깊이 깨닫는다.

예수님은 누구도 범접할 수 없는 기도의 용사이시다. 처음부터 그는 자신이 하나님 아버지로부터 부여받은 사명이 무엇인지 알고 계셨다. 우리의 죄 사함과 구원을 위해 자신이 궁극적인 희생 제물이 되는 것이 그의 임무였다. 예수님은 신성만이 아니라 인성도 가지셨기 때문에 박해와 십자가 처형의 고통을 일반 사람과 똑같이 느끼셨다. 또 예수님은 자신의 가장 나약한 순간에 기도로 하나님 아버지

께 부르짖으셨다. 마태는 신약성경의 가장 감동적인 이야기 중 하나에서 예수님이 겟세마네 동산으로 기도하러 가셨을 때의 일을 이렇게 기록한다.

이에 예수께서 제자들과 함께 겟세마네라 하는 곳에 이르러 제자들에게 이르시되 내가 저기 가서 기도할 동안에 너희는 여기 앉아 있으라 하시고
베드로와 세베대의 두 아들을 데리고 가실새 고민하고 슬퍼하사
이에 말씀하시되 내 마음이 매우 고민하여 죽게 되었으니 너희는 여기 머물러 나와 함께 깨어 있으라 하시고
조금 나아가사 얼굴을 땅에 대시고 엎드려 기도하여 이르시되 내 아버지여 만일 할 만하시거든 이 잔을 내게서 지나가게 하옵소서 그러나 나의 원대로 마시옵고 아버지의 원대로 하옵소서 하시고
-마태복음 26장 36~39절

예수님은 그렇게 기도했고 하나님 아버지는 아들의 기도를 들으셨다.

천사가 하늘로부터 예수께 나타나 힘을 더하더라
예수께서 힘쓰고 애써 더욱 간절히 기도하시니 땀이 땅에 떨어지는 핏방울같이 되더라
-누가복음 22장 43~44절

치유

잠시 후 예수님은 마음을 가다듬었다. 힘과 용기, 믿음이 그를 이끌었다.

> 제자들에게 오사 그 자는 것을 보시고 베드로에게 말씀하시되 너희가 나와 함께 한 시간도 이렇게 깨어 있을 수 없더냐
> 시험에 들지 않게 깨어 기도하라 마음에는 원이로되 육신이 약하도다 하시고
>
> ―마태복음 26장 40~41절

예수님 제자들의 인간적인 면이 잘 드러난 대목이다. 그 상황에서 우리라고 더 낫게 처신할 수 있었을까? 제자들은 길고 힘든 날을 보내며 몸과 마음이 지쳐 잠이 들 수밖에 없었다. 그들은 어떤 천지개벽할 일이 일어날지 전혀 몰랐다. 그들은 예수님이 자신들에게 부여한 임무의 모든 측면을 충분히 이해하지 못했다. 그들은 앞으로 어떤 유혹을 견뎌 내야 할지 알지 못했다. 그들은 사탄을 상대로 치러야 할 싸움의 치열성을 제대로 알지 못했다.

예수님은 두 번 더 혼자 나아가서 똑같이 기도했다. 그러나 마지막에는 "만일 내가 마시지 않고는 이 잔이 내게서 지나갈 수 없거든 아버지의 원대로 되기를 원하나이다"라고 덧붙였다.

잠시 후 예수님은 잡히셨고, 몇 시간 뒤 재판을 받고 십자가에 매달려 처형되고 장사되셨다.

"아버지의 원대로 되기를 원하나이다."

삼위일체 하나님의 한 위격으로 신성과 인성을 함께 가지신 예수님도 기도가 필요했다. 그 기도는 우리를 위해 보여 주신 본보기의 일부였다. 따라서 우리도 가장 허약해진 순간에 반드시 하나님을 찾아 기도해야 한다.

나는 아버지가 생애 내내 그런 생각을 가졌었다고 믿는다. 아버지가 나에게 권고하신 기도 방식은 여러 면에서 그 개념에 잘 들어맞는다. 말을 많이 하지 말고 귀 기울여 잘 들으라는 충고 말이다.

예수님의 기도를 들으신 하나님이 무엇이라고 말씀하셨는지 성경에는 언급이 없다. 침묵을 지키셨다는 뜻이다. 때로는 우리 삶에서도 하나님은 침묵하신다. 하지만 그 침묵 속에 우리의 답이 있다. 하나님은 우리 사명이 무엇인지 이미 여러 차례 말씀하셨다. 우리 행동과 생활에 지침이 되는 계명도 주셨다. 우리가 귀를 기울인다면, 우리 마음이 열려 있다면, 우리가 깨어 있다면 우리는 하나님이 맡기신 임무를 수행할 수 있을 것이다.

좀 더 개인적인 차원에서 보면 하나님은 우리 각자에게 이 세상에 사는 동안 맡아야 할 역할을 할당하셨다. 나는 하나님으로부터 받은 나의 역할을 감사하는 마음으로 기쁘게 수행하고 싶다. 나의 임무는 저널리스트로서 사람들이 자신의 경험을 이야기할 수 있도록 그들을 돕고, 그들의 체험담을 널리 퍼뜨려 다른 사람들이 생존하고 번창하고 보람찬 삶을 누릴 수 있도록 교훈을 주는 것이다.

내가 이 책을 기획하고 집필한 것도 그 소명을 수행하기 위해서였다. 내가 매일 TV 뉴스를 전달하는 것도 같은 목적에서다. 나는 믿음을 갖고 있다. 나의 믿음을 보고 하나님이 기뻐하시기를 간절히 기도한다.

여러분 모두 그렇게 하기를 바란다. 개인적인 생활과 일터에서 기쁨과 만족을 찾고, 모든 일에서 하나님께 영광을 돌리며, 언제나 하나님이 기뻐하시는 일과 행동을 할 수 있기를 소원한다. 하나님의 뜻이 여러분을 통해서 이루어지고, 기도를 통해서 여러분이 하나님께로 좀 더 가까이 다가갈 수 있기를 마음 깊이 소망한다. 아멘.

　좋은 책과 좋은 이야기는 우리 삶을 변화시키는 힘이 있다고 나는 믿는다. 이 책에 나오는 많은 이야기의 주인공들은 실제로 나의 삶을 변화시켰다. 나는 그들의 감동적인 이야기를 전하는 특전을 누렸을 뿐 아니라 그 과정에서 나의 삶도 달라졌기 때문에 크나큰 축복을 받았다고 생각한다. 나는 늘 기도해 왔다. 그러나 이 책을 쓰면서 얻은 교훈 덕분에 이제 나는 특히 다른 사람들을 위해 하는 기도가 놀라운 힘과 능력을 발휘한다는 사실을 어느 때보다 더 확고히 믿는다. 나를 지탱해 주는 믿음이 자라고 있다는 증거이기를 소원한다.

　이 책이 전하는 이야기의 주인공들은 자신의 경험, 기쁨과 슬픔, 의심의 순간, 흔들리지 않는 믿음의 순간을 나에게 기꺼이 말해 주었다. 많은 교훈을 담은 그런 개인적이고도 중요한 증언을 이 책을 통해 나눌 수 있게 해 준 모든 사람에게 심심한 감사를 표한다. 하나님은 위대하시다. 나는 그들의 생생한 경험 속에서 하나님이 역사하시는 모습을 보았다. 감사하게도 하나님은 그들이 받은 개인적이고 집단적인 은혜와 그들의 기도와 믿음이 가진 능력을 생생하게 드러내 보여 주셨다.

이 경험을 나눌 수 있게 해 준 그들과 독자 여러분에게 겸허하게 감사의 마음을 전한다. 아울러 지금까지 나를 위해 기도해 준 많은 사람에게도 진심으로 감사하고 싶다.

나는 기도의 힘을 지금처럼 깊이 느낀 적이 없다. 이제 기도가 발휘하는 능력을 주변 사람들과 멀리 있는 모르는 사람들에게까지 널리 전하는 일에 더욱 힘쓰기로 다짐한다.

내가 앞으로도 만나지 못할 사람들부터 바로 내 곁에 있는 사람들까지 모두에게 믿음을 따라 행하는 나의 길이 얼마나 아름답고 은혜로운지 진심으로 알리고 싶다.

나를 가장 열렬히 응원하고 넘치는 사랑으로 도움을 주는 팀은 언제나 내 가족이다. 내가 하나님이 주신 사명과 나의 개인적인 꿈을 실행하는 데 전념할 수 있도록 그들은 모든 배려를 아끼지 않았다. 내가 일하는 폭스 뉴스 그리고 하퍼콜린스 출판사는 이 책의 기획 단계부터 발행까지 다양한 실무에서 많은 도움을 주어 감사를 표하고 싶다.

쓰인 글은 읽을 때만이 유용하다. 이 책이 읽히도록 물심양면으로 도움을 준 모든 사람에게 감사한다.

당신에게
기 도 가
필 요 한
순   간

상황별 기도문 14

예배를 위한 기도

모든 시와 때, 모든 곳에 계시는 하나님. 하나님은 우리 주변 세계의 아름다움을 통해, 또 우리에게 주시는 기쁨과 사랑의 모든 경험을 통해 우리가 당신을 예배할 수 있게 해 주셨습니다. 이 모든 은혜를 베푸신 하나님을 우리가 칭송할 수 있도록 우리 마음을 열어 주시옵소서. 우리 마음이 감사로 넘쳐나게 하셔서 사랑의 강물이 우리에게서 흘러나와 우리가 만나는 모든 사람에게 전해질 수 있게 인도해 주시옵소서. 신령과 진정으로 드리는 우리의 예배를 축복해 주시고, 오늘 그리고 매일 우리에게 말씀하시는 주님의 음성을 들을 수 있도록 우리의 귀를 열어 주시기를 간구하옵나이다. 아멘.

[함께 묵상하면 좋은 성경 구절]

이사야 6장 1~10절, 시편 118편

감사를 위한 기도

만유의 주가 되시는 하나님 아버지. 이 세상에 살아 있는
동안 우리에게 베푸시는 모든 축복에 감사드립니다. 우리
에게 매일 드러내 보여 주시는 선하심, 형편이 어려운 모
든 사람에게 베푸시는 자비와 긍휼, 온 우주 만물을 지탱
하고 다스리시는 신실하신 사랑에 감사드립니다. 모든 것
이 협력하여 선을 이루도록 해 주신 것에 감사드립니다.
무엇보다 하나님의 독생자 예수 그리스도를 이 땅에 보내
주셔서 이 세상을 죄에서 건져 주신 놀라운 구원의 은혜에
감사를 드립니다. 무엇보다 크나큰 기쁨 안에서 주님과 함
께 살아갈 하늘의 부르심을 소망할 수 있게 해 주신 것에
감사를 드리옵나이다. 아멘.

[함께 묵상하면 좋은 성경 구절]

디모데전서 4장 4~5절, 골로새서 3장 15절, 4장 2절,
로마서 8장 28절

애도를 위한 기도

우리의 구주 예수님, 주님은 이 세상에 계시는 동안 사랑하는 사람의 죽음이 가져다주는 슬픔을 우리와 같이 느끼시고, 고통당하는 모든 사람을 보고 통분히 여기셨습니다. 주여, 제가 저의 애통을 이해하고 주님이 이곳에 저와 함께하심을 잊지 않도록 도와주시고, 저의 기쁨을 축복하신 것같이 저의 슬픔도 축복해 주시옵소서. 이 세상이 줄 수 있는 위안은 없다는 것을 알고 저를 주님의 품에 맡기옵니다. 저는 언젠가 저의 애통이 부활의 기쁨으로 끝나리라고 믿습니다. 모든 것에 생명을 주시고, 어두운 밤에 새벽을 가져다주시는 그 무한한 자비와 사랑으로 부활에 이를 그날까지 저를 굳게 붙들어 주시옵소서. 아멘.

[함께 묵상하면 좋은 성경 구절]

요한복음 11장 33~37절

평강을 위한 기도

주여, 주님은 사도들에게 당신이 주는 평안은 세상이 주는 것과 같지 않다고 말씀하셨습니다. 그러나 주님께서 이 땅을 걸으면서 죄와 비참함을 보시고 가슴 아파하셨던 것처럼 제 마음도 이 세상의 고난 때문에 몹시 아픕니다. 주님은 이 세상의 황폐함을 보시고 전쟁과 폭력, 압제로 신음하는 피해자들을 위해 애통해하십니다. 주님, 전쟁을 일으키는 사람들의 강퍅한 마음을 부드럽게 녹여 주셔서 하늘의 평화가 이 땅에서도 이루어지도록 역사해 주시옵소서. 저의 가족, 저의 일터, 저의 교회에서 저를 그 평화의 도구로 사용하여 주시고, 성령이 평안의 품으로 이 땅을 덮어 모두가 평강의 왕을 잘 알고 경배할 수 있도록 인도해 주시옵소서. 아멘.

[함께 묵상하면 좋은 성경 구절]

이사야 11장 6~9절, 요한복음 14장 27절

가족을 위한 기도

거룩하신 하나님. 하나님은 처음부터 우리를 가족 단위로 함께 살도록 창조하셨습니다. 우리는 가족으로서 서로 사랑함으로써 하나님의 사랑을 더 충만하게 느끼고 이해할 수 있습니다. 서로 짐을 나눠서 지고, 슬픔과 기쁨을 함께할 수 있도록 은혜로 우리 가족을 이끌어 주시옵소서. 우리 마음을 온정으로 가득 채워 서로 실망할 때 하나님이 우리 각자에게 베푸신 용서와 자비를 기억할 수 있도록 일깨워 주시옵소서. 우리 가족이 힘들어하는 모든 사람에게 평안의 안식처가 되도록 예수님을 닮아 가게 도와주시옵소서. 우리를 천국으로 인도하셔서 하나님과 함께 즐거워하고 영원히 하나님을 경배하고 칭송할 수 있기를 소망하옵나이다. 아멘.

[함께 묵상하면 좋은 성경 구절]

시편 127편

치유를 위한 기도

자비로우신 하나님. 모든 일의 때와 계절이 하나님의 손안에 있습니다. 환난의 시기에 하나님은 우리 영혼을 붙드시고 병든 우리를 불쌍히 여기시고 위안을 주십니다. 예수님이 그에게 찾아오는 병자의 병을 고쳐 주셨듯이 저에게도 힘과 건강을 허락해 주시옵소서. 제가 하나님께 더욱 가까이 다가갈 수 있도록 저의 영혼을 온전케 보듬어 주시기를 간절히 원하옵니다. 하나님의 임재 없이는 진실한 건강도 없다는 사실을 저는 압니다. 오직 하나님의 사랑만이 저에게 온전한 힘을 줍니다. 어떤 어려움이 있더라도 어떤 고난이 닥치더라도 하나님의 뜻 안에서 성령님께서 제 영혼에 평안을 허락해 주시기를 바라옵나이다. 아멘.

[함께 묵상하면 좋은 성경 구절]

이사야 38장 1~6절, 마가복음 10장 46~52절

회개를 위한 기도

주여, 주님은 당신의 발 앞에 엎드려 우는 여인을 용서하셨습니다. 또 죄인들에게 회개하고 새 생명을 얻도록 촉구하셨습니다. 그들처럼 저도 주님께서 베푸신 사랑을 저버렸습니다. 그러나 이제 저는 돌이켜 주님을 사랑하옵니다. 저의 사랑을 보여 줄 기회를 원하옵니다. 제가 주님 앞에서 눈물로 회개할 때 저는 이미 모든 죄를 용서받았다는 사실을 아옵니다. 탕자의 아버지처럼 주님은 저를 얼싸안아 들어 올려 주셨습니다. 용서해 주시옵소서. 다시는 죄를 짓지 않도록 성령의 힘을 저에게 부어 주시옵소서. 주님을 섬길 기회를 다시 주신 것에 감사를 드립니다. 주님이 베푸신 자비를 잊지 않고, 저를 부당하게 대하고 다치게 한 모든 사람에게 저도 똑같은 자비를 보일 수 있도록 인도해 주시옵소서. 아멘.

[함께 묵상하면 좋은 성경 구절]

사무엘하 12장 1~13절, 시편 51편,
마태복음 6장 12절. 누가복음 15장 11~32절

묵상을 위한 기도

만유의 주이신 하나님. 제가 하나님의 말씀을 귀 기울여 잘 들을 수 있도록 도와주시옵소서. 저를 잠잠할 수 있게 가르치시고 당신이 하나님이신 것을 알도록 일깨워 주시옵소서. 저의 마음을 진정시켜 하나님이 저에게 하시는 말씀을 듣고 새길 수 있도록 도와주시옵소서. 저의 영혼이 한결같이 하나님을 향하도록 저의 성급한 생각을 가라앉혀 주시고, 저의 방황하는 마음을 평안하게 인도하여 주시옵소서. 저의 마음이 하나님만으로 채워질 수 있도록 다른 것을 다 비워 주시기를 간절히 소원하옵나이다. 제 마음 안에 하나님의 축복받은 독생자 예수님을 위한 거처를 마련해 주시옵소서. 아멘.

[함께 묵상하면 좋은 성경 구절]

히브리서 1장 1~2절

경배를 위한 기도

만유를 다스리시는 하나님. 하나님의 권능은 놀랍고 경탄스럽기 한이 없습니다. 깊고 깊은 우주의 행성들이 하나님의 명령에 따라 돌며, 하나님의 손이 모든 우주를 지탱하십니다. 한편으로 하나님은 저와 함께 이 땅에서 살아가는 당신의 자녀 각각을 친히 돌보아 주십니다. 이 세상에서나 천국에서나 하루하루가 지날 때마다 마음을 다하고 정성을 다하고 목숨을 다해 하나님을 더욱더 사랑할 수 있는 은혜를 하나님의 뜻 안에서 저에게 허락해 주시옵소서. 거룩한 천사들이 하나님을 칭송하고 경배할 때 저의 목소리가 더해질 수 있도록 이 세상에 사는 동안과 그다음까지 계속 인도해 주시기를 소망하옵나이다. 아멘.

[함께 묵상하면 좋은 성경 구절]

히브리서 1장 3절

더 큰 목적을 위한 기도

전지전능하신 하나님 아버지. 새로운 길을 나서는 저를 축복해 주시고 성결케 해 주시옵소서. 이 거룩한 목적과 이 새로운 삶으로 저를 부르시고, 하나님의 음성을 들을 수 있는 은혜를 저에게 허락하신 것에 감사드립니다. 무엇보다 하나님의 뜻을 행사하는 데 제가 헌신할 수 있도록 저를 이끌어 주시옵소서. 옛 선지자들처럼 하나님의 뜻에 순종하며 하나님을 섬길 수 있는 용기와 힘을 저에게도 주시옵소서. 성령으로 저를 채워 주셔서 두려움을 물리치고 하나님의 사랑에 감사하며 이 부르심에 성실히 임할 수 있도록 도와주시옵소서. 지금부터 영원까지 제가 항상 하나님의 길을 걷고 하나님의 거룩하신 이름에 영광을 돌릴 수 있도록 이끌어 주시기를 소원하옵나이다. 아멘.

[함께 묵상하면 좋은 성경 구절]

출애굽기 3장 1~17절, 15장 20~21절,
사무엘상 3장, 예레미야 1장 4~10절

하나님의 인도를 구하는 기도

우리의 주 되시는 하나님. 하나님은 당신의 이름과 진리를 구하는 모든 사람에게 빛을 보내 주시기로 약속하셨습니다. 지금 어두움 속에서 길을 볼 수 없는 저에게 빛을 보내 주시옵소서. 저의 발에 등이 되어 저의 길을 비추어 주시옵소서. 저는 저의 길을 잘 모르니 오직 하나님만 의지합니다. 하나님은 제 곁을 떠나시지도 저를 버리시지도 않으심을 저는 압니다. 저의 마음에서 모든 두려움과 불안을 깨끗이 씻어 내 주시고, 하나님께서 원하시는 길로 저를 한 걸음 한 걸음 인도해 주시옵소서. 그 길을 갈 수 있는 용기를 주옵시고, 무슨 일이 있더라도 예수님이 저와 동행하신다는 믿음을 잃지 않도록 늘 일깨워 주시옵소서. 아멘.

[함께 묵상하면 좋은 성경 구절]

신명기 31장 8절, 시편 119편 105절, 요한복음 8장 12절

순례를 위한 기도

언제나 길을 인도해 주시는 하나님. 하나님은 거룩한 말씀으로 믿음의 백성들을 거듭 부르셔서 더 큰 명철과 더 깊은 믿음으로 가는 길을 나서도록 하셨습니다. 하나님은 나오미와 룻이 당신의 거룩한 땅에서 안식처를 구할 때 그들의 발걸음을 인도하셨습니다. 또 예수님은 부활하신 후 엠마오로 가는 길에서 제자 두 명과 동행하셨습니다. 제가 하나님을 사모하는 마음에 다시 불을 지필 수 있는 곳으로 순례를 떠날 때 예수님이 엠마오 길에서 제자들에게 하셨던 것처럼 저에게도 모습을 드러내고 동행하여 주시옵소서. 또 제가 순례를 마치고 하나님의 사랑 안에서 무사히 집으로 돌아갈 수 있도록 저를 거룩하신 호의로 감싸 주시옵소서. 아멘.

[함께 묵상하면 좋은 성경 구절]

창세기 12장 1~5절, 룻기 1장 7~22절, 누가복음 24장 13~35절

어린이를 위한 기도

사랑의 하나님 아버지. 우리 아이들이 오만과 분노와 원망에서 행동하지 않도록 그들의 마음과 정신을 지켜 주시옵소서. 그들이 이기적인 욕심에서 행동하려는 유혹을 받을 때 기도로 하나님께 도움을 청할 수 있도록 인도하여 주시옵소서. 하나님의 사랑이 저의 손을 이끌어 아이들에게 예수님을 닮아 가도록 가르칠 수 있는 능력을 저에게 허락해 주시옵소서. 우리 아이들이 모든 일을 친절과 감사의 정신으로 행할 수 있도록 지켜 주시옵소서. 우리 주 예수 그리스도의 이름으로 기도하옵나이다. 아멘.

[함께 묵상하면 좋은 성경 구절]

에베소서 4장 31~32절, 빌립보서 2장 3~4절

다른 사람을 위한 기도

우리 구주 예수님은 십자가에 매달려 처형당하시기 전날 밤 제자들을 위해 하나님 아버지께 기도하셨습니다. 당신이 이 세상을 떠나 있는 동안 그들이 마음을 강건하게 가질 수 있도록 하나님께서 위로해 주시도록 간구하셨습니다. 그처럼 지금 제가 사랑하는 사람들을 위해 하는 저의 기도를 하나님께서 들어주시옵소서. 특별히 [기도가 필요한 사람의 이름]를 위해 기도하오니 하나님의 은혜로우신 뜻이 이루어지고 하나님의 사랑과 자비를 그에게 충만히 내려 주시기를 소원하옵나이다. 또 제가 중보자가 필요할 때 말할 수 없는 탄식으로 저를 위해 기도하여 주시는 성령님께 감사를 드립니다. 우리 주 예수 그리스도의 이름으로 기도하옵나이다. 아멘.

[함께 묵상하면 좋은 성경 구절]

열왕기상 17장 17~24절, 요한복음 17장,
로마서 8장 26절, 사도행전 9장 36~43절